〔漢〕許　慎撰
〔宋〕徐　鉉等校定

說文解字（大字本）下

中華書局

說文解字弟九上

漢 太尉祭酒 許慎 記
宋 右散騎常侍 徐鉉 等校定

四十六部　四百九十六文　重六十三

凡七千二百四十七字

文三十八 新附

^{xié}頁

頁、頭也。从𦣻从儿。古文䭫首如此。凡頁之屬皆从頁。百者、䭫首字也。胡結切

^{tóu}頭

頭、首也。从頁豆聲。度侯切

^{yán}顏

顏、眉目之間也。从頁彥聲。五姦切　𩕢籀文。

róng	duó	lú	yuàn	diān	dǐng	sǎng	tí	é	è
頌	碩	顱	顴	顛	頂	顙	題	額	頞

頌：皃也、从頁公聲、余封切又似用切 籀文、

碩：頭也、从頁石聲、徒谷切

顱：顱也、从頁盧聲、洛乎切

顴：顴頂也、从頁異聲、魚怨切

顛：頂也、从頁真聲、都季切

頂：頂也、从頁丁聲、都挺切 或从賞作、籀文从鼎

顙：頟也、从頁桑聲、蘇朗切

題：頟也、从頁是聲、杜兮切

額：顙也、从頁各聲、五陌切 臣鉉等曰今俗作額

頞：鼻莖也、从頁安聲、烏割切 或从鼻曷

kuí	jiá	gěn	hàn	hán	jǐng	lǐng	xiàng	zhèn	chuí
頯	頰	頏	頷	頇	頸	領	項	頵	頹

頯 權也、从頁弇聲、渠追切

頰 面旁也、从頁夾聲、古叶切 籀文頰

頏 頰後也、从頁艮聲、古恨切

頷 頤也、从頁合聲、胡感切

頇 顄也、从頁圅聲、胡男切

頸 頭莖也、从頁巠聲、居郢切

領 項也、从頁令聲、艮郢切

項 頭後也、从頁工聲、胡講切

頵 項枕也、从頁冘聲、章衽切

頹 出頟也、从頁隹聲、直追切

| péi 頯 | yǎn 頷 | yǔn 頵 | yūn 頹 | hùn 顐 | yán 顩 | shuò 碩 | bān 頒 | yóng 顒 | qiāo 顤 |

頯：曲頤也、从頁不聲、薄回切

頷：齞皃、从頁僉聲、魚檢切

頵：面目不正皃、从頁尹聲、余準切

頹：頭頵頵大也、从頁君聲、於倫切

顐：面色頓顐皃、从頁員聲、讀若隕、于閔切

顩：頭頰長也、从頁兼聲、五咸切

碩：頭大也、从頁石聲、常隻切

頒：大頭也、从頁分聲、一曰鬢也、詩曰有頒其首、布還切

顒：大頭也、从頁禺聲、詩曰其大有顒、魚容切

顤：大頭也、从頁堯聲、口幺切

| kuī 頯 | yuàn 願 | yáo 顤 | ào 贅 | yuè 頣 | mèi 頖 | líng 顲 | wài 頮 | wán 頑 | guī 䟽 |

頯 大頭也、从頁骨聲讀若魁 苦骨切

願 大頭也、从頁原聲 魚怨切

顤 高長頭、从頁堯聲 五弔切

贅 贅顤高也、从頁敖聲 五到切

頣 面前岳岳也、从頁岳聲 五角切

頖 昧前也、从頁昊聲讀若昧 莫佩切

顲 面瘦淺顲顲也、从頁靁聲 郎丁切

頮 頭薉額也、从頁豖聲 五怪切

頑 梱頭也、从頁元聲 五還切

䟽 小頭䟽䟽也、从頁枝聲讀若規 又恚切

kě	kuò	tǐng	wěi	hàn	yuǎn	kuǐ	mò	gù	shùn
顆	頡	頲	頠	頷	頠	頍	頞	顧	順

顆 小頭也、从頁果聲、苦惰切

頡 短面也、从頁昏聲、五活切 下括切又

頲 狹頭頲也、从頁廷聲、他挺切

頠 頭閑習也、从頁危聲、語委切

頷 面黃也、从頁含聲、胡感切

頠 面不正也、从頁委聲、于反切

頍 舉頭也、从頁支聲、詩曰有頍者弁、丘弭切上

頞 內頭水中也、从頁曼曼亦聲、烏沒切

顧 還視也、从頁雇聲、古慕切

順 理也、从頁从巛、食閏切

shěn|| fǔ	dùn	ǎn	xū	zhuān	lǐn	zhěn
頣|| 頫	頓	頷	項	顓	鱗	顉

顉 顏色顉鱗慎事也、从頁參聲、之忍切

鱗 顉鱗也、从頁粦聲、一曰頭少髮、良忍切

顓 頭顓顓謹皃、从頁耑聲、職緣切

項 頭項項謹皃、从頁王聲、許王切

頷 頭頷頷也、从頁金聲、春秋傳曰迎于門頷之而已、五感切

頓 下首也、从頁屯聲、都困切

頫 低頭也、从頁逃省、太史卜書頫仰字如此楊雄曰人面頫、臣鉉等曰頫首者逃亡之皃故从逃省今俗作俯非是方矩切 俯 頫或从人

頣 舉目視人皃、从頁臣聲、式忍切

zhǎn	xié	zhuō	hào		fán	jìng	yǔ	yǐ
顠	頡	頵	顥		顭	頚	頵	顗

顠 倨視人也、从頁善聲、旨善切

頡 直項也、从頁吉聲、胡結切

頵 頭頵頵也、从頁出聲、讀又若骨、胡骨切

顥 白皃、从頁从景、楚詞曰天白顥顥、南山四顥白首人也、臣鉉等曰景日月之光明白也、胡老切

顭 大醜皃、从頁樊聲、附袁切

頚 好皃、从頁爭聲、詩所謂頚首、疾正切

頵 頭妍也、从頁翩省聲、讀若翩、臣鉉等曰从翩聲又讀若翩則是古今異音也、王矩切

顗 謹莊皃、从頁豈聲、魚豈切

qiān	kūn	kū	lèi	pǐ	qì	kuǐ	pō	yòu
顅	顐	頎	頛	頯	頯	魁	頗	頄

顅 頭鬢少髮也，從頁肩聲。周禮數目顅脰。苦閑切

顐 無髮也，一曰耳門也，從頁圂聲。苦昆切

頎 禿也，從頁气聲。苦骨切

頛 頭不正也，從頁從耒，耒，頭傾也。讀又若春秋陳夏齧之齧。盧對切

頯 傾首也，從頁卑聲。匹米切

頯 司人也，一曰恐也，從頁契聲。讀若禊。胡計切

魁 頭不正也，從頁鬼聲。口猥切

頗 頭偏也，從頁皮聲。滂禾切

頄 顫也，從頁尤聲。于救切 頄或從疒。

chàn	kǎn	lǎn	fán	wài	lèi		qiáo	cuì	mén
顫	顑	顲	煩	頠	頛		顦	顇	顝

顫 頭不正也、从頁亶聲、之繕切

顑 飯不飽面黃起行也、从頁咸聲讀若戇下坎二切感下

顲 面顑顲皃、从頁籨聲、盧感切

煩 熱頭痛也、从頁从火、一曰焚省聲、附袁切

頠 癡不聰明也、从頁豙聲、五怪切

頛 難曉也、从頁釆、一曰鮮白皃、从粉省、臣鉉等曰難曉亦不聰之義盧對切

顦 顲頰也、从頁焦聲、昨焦切

頖 顦頖也、从頁卒聲、秦醉切

顝 繫頭殟也、从頁昬聲、莫奔切

頯 頯也从頁亥聲戶來切

頯 醜也从頁其聲今逐疫有頯頭去其切

籲 呼也从頁籥聲讀與籥同商書曰率籲眾戚羊戍切

顯 頭明飾也从頁㬎聲臣鉉等曰㬎古以為顯字故从㬎聲呼典切

頨 選具也从二頁士戀切

預 安也案經典通用豫从頁未詳羊洳切

文九十三 重八

文一 新附

首 頭也象形凡𦣻之屬皆从𦣻書九切

脜 面和也从𦣻从肉讀若柔耳由切

面 miàn

顏前也、从𦣻象人面形、凡面之屬皆从面、彌箭切

靦 tiǎn

面見也、从面見、亦聲、詩曰有靦面目、他典切 或从旦、

酺 fǔ

頰也、从面甫聲、符遇切

醮 jiāo

面焦枯小也、从面焦、即消切

文四 重一

靨 yè

姿也、从面厭聲、於叶切

文一 新附

丏 miǎn

不見也、象雝蔽之形、凡丏之屬皆从丏、彌兗切

文二

shǒu 首

百同、古文百也、𡿯象髮、謂之鬊鬢𩠐、从𡿯也、凡𩠐之屬皆从𩠐、書九切

qǐ 𦣻

下首也、从𩠐、𢉢聲、康禮切

tuán 𩠔

𢧵也、从𩠐从斷、沈丸二切 𡿩或从刀、專聲、

文三 重一

jiāo 𩠐(𡿯)

到首也、賈侍中說此斷首到縣𩠐字、凡𩠐之屬皆从𩠐、古堯切

xuán 縣

繫也、从系持𩠐、臣鉉等曰、此本是縣挂之縣、借爲州縣之縣、今俗加心別作懸、義無所取、胡涓切

說文解字 第九上 首 𩠐

七一五

須 xū　頿 zī　頱 rán　頯 bēi　頯 pī　彡 shān　形 xíng

須 面毛也、从頁从彡、凡須之屬皆从須。臣鉉等曰、此本須髮之須、頁首也、彡毛飾也、借爲所須之須、俗書从水、非是、相俞切

頿 口上須也、从須此聲。臣鉉等曰、今俗別作髭、非是、即移切

頱 頰須也、从須冄、冄亦聲。臣鉉等曰、今俗別作髯、非是、汝鹽切

頯 須髮半白也、从須卑聲、府移切

頯 短須髮皃、从須否聲、敷悲切

文五

彡 毛飾畫文也、象形、凡彡之屬皆从彡、所銜切

形 象形也、从彡幵聲、戶經切

文二

zhěn 鬒、稠髮也、从彡、从人。詩曰、鬒髮如雲、之忍切。䯰、鬒、或从髟、眞聲。

xiū 修、飾也、从彡、攸聲、息流切。

zhāng 彰、文彰也、从彡、从章、章亦聲、諸良切。

diāo 彫、琢文也、从彡、周聲、都僚切。

jìng 彭、清飾也、从彡、青聲、疾郢切。

mù 彡、細文也、从彡、㣎省聲、莫卜切。

ruò 弱、橈也、上象橈曲、彡象毛氂、橈弱也、弱物并、故从二弓、而勺切。

文九 重一

彩 cǎi

彩 文章也。从彡、采聲。倉宰切 新附

文一 新附

彣 wén

彣 䎵也。从彡从文。凡彣之屬皆从彣。無分切

彥(彦) yàn

彥 美士有文。人所言也。从彣厂聲。魚變切

文一

文 wén

文 錯畫也。象交文。凡文之屬皆从文。無分切

斐 fěi

斐 分別文也。从文、非聲。易曰君子豹變其文斐也。敷尾切

辬 bān

辬 駁文也。从文、辡聲。布還切

嫠 lí

嫠 微畫也。从文、犛省聲。里之切

文四

髟

biāo 髟 長髮猋猋也。从長从彡。凡髟之屬皆从彡。必凋切 又 所銜切

fà 髮 根也。从髟犮聲。方伐切 𩬊 髮或从首。古文

bìn 鬢 頰髮也。从髟賓聲。必刃切

mán 鬗 髮也。从髟萬聲。讀若蔓。母官切

lán 鬖 髮長也。从髟監聲。讀若春秋黑肱以濫來奔。魯甘切

cuǒ 鬌 髮好也。从髟𢏱聲。詩曰其人美且鬌。衢員切

quán 鬈 髮好也。从髟卷聲。千可切

máo 髦 髮也。从髟从毛。莫袍切

mián 鬋 髮見。从髟免聲。讀若幎。莫賢切

tiáo 髫 髮多也。从髟周聲。直由切

cì	bì	xī	jié	lián	jiǎn	máo	póu	nǐ
髮	髲	鬄	鬠	鬑	鬋	髳	髻	鬙

髮見、从髟爾聲、讀若江南謂酢母爲鬙、奴礼切

髮見、从髟音聲、步矛切

髮至眉也、从髟孜聲、詩曰、紞彼兩髦、亡牢切 髳髮或

省、漢令有髳長、

女鬢垂見、从髟前聲、作踐切

鬑也、一曰長見、从髟兼聲、讀若慊、力臨切

束髮少也、从髟截聲、子結切

髮也、从髟易聲、先彳切 又大計切

髮也、从髟皮聲、平義切

用櫛比也、从髟次聲、七四切

kuò	pán	fù	mà	kuì	jiè	liè	lú	fú	róng
髺	鬑	髳	髦	髻	㓥	鬣	鬖	髴	髶

髺 潔髮也、从髟昏聲、古活切

鬑 臥結也、从髟般聲讀若槃、薄官切

髳 結也、从髟付聲、方遇切

髦 結飾也、从髟莫聲、莫駕切

髻 帶結也、从髟貴聲、上媿切

㓥 屈髮也、从髟貴聲、古拜切

鬣 簪結也、从髟介聲、良涉切 鬛 鬣或从毛 獵 鬣或从豕

鬖 髮鬣鬣也从髟鬣聲、洛乎切

髴 髴若似也、从髟弗聲、敷勿切

髶 亂髮也、从髟茸省聲、而容切

髻 chuí 髮隋也、从髟隋省、直追切
髻 shùn 鬢髮也、从髟春聲、舒閏切
髻 qiān 鬢髮也、从髟閒聲、苦閑切
髻 tì 鬢禿也、从髟刀易聲、他歷切 髻或从元、
髻 kūn 鬄髮也、从髟兀聲、苦昆切
髻 tì 鬄髮也、从髟弟聲、大人曰髡、小人曰鬄、盡及身毛曰鬄、臣鉉等曰、今俗別鬄、作剔、非是、他計切 蒲浪切

髲 bàng 鬄也、从髟录聲、录籒文魅、亦忽見意、芳未切

髲 fèi 鬄也、忽見也、从髟录聲

髲 zhuā 喪結、禮、女子髻衰弔則不髽、魯臧武仲與齊戰于狐

鮨魯人迎喪者始髺也从髟坐聲、臸華切

文三十八　重六

qí
髻　馬鬛也从髟者聲渠脂切

tiáo
髫　小兒垂結也从髟召聲徒聊切

jì
髻　緫髮也从髟吉聲古通用結古詣切

huán
鬟　緫髮也从髟睘聲案古婦人首飾琢玉爲兩環此二字皆後人所加从戶關切

文四　新附

hòu
后　繼體君也象人之形施令以告四方故厂之从一口發號者君后也凡后之屬皆从后胡口切

hǒu
后　厚怒聲、从口后后亦聲呼后切

sī
司
司臣司事於外者、从反后凡司之屬皆从司、息茲切

cí
詞
詞意內而言外也从司从言、似茲切

文二

zhī
卮
卮圜器也一名觛、所以節飲食象人、卪在其下也、易曰、君子節飲食凡卮之屬皆从卮、章移切

shuàn zhuǎn
𢂥 𢂊
𢂥小卮有耳蓋者、从卮耑聲、市沇切
𢂊小卮也、从卮耑聲讀若捶擊之捶、旨沇切

文三

jié
卪
卪瑞信也、守國者用玉卪守都鄙者用角卪、使山邦者

用虎卪、土邦者用人卪、澤邦者用龍卪、門關者用符卪、貨賄用璽卪、道路用旌卪、象相合之形、凡卪之屬皆从卪、子結切

令 lìng

發號也、从亼卪、徐鍇曰、號令者集而爲之卪制也、力正切

卽 bì

輔信也、从卪、比聲、虞書曰、卽成五服、毗必切

卶 chǐ

有大度也、从卪、多聲、讀若侈、充豉切

卹 bì

宰之也、从卪、必聲、兵媚切

卲 shào

高也、从卪、召聲、寔照切

厄 ě

科厄木節也、从卪、厂聲、賈侍中說以爲厄裏也、一曰、厄蓋也、臣鉉等曰厂非聲未詳、五果切

卻 脛頭卩也、从卩、桼聲、臣鉉等曰今俗作膝非是息七切

卷 𠥵曲也、从卩、关聲、居轉切

卻 節欲也、从卩、谷聲、去約切

卸 舍車解馬也、从卩止午、讀若汝南人寫書之寫、臣鉉等曰寫猶置也、司夜切

㔆 二卩也、巽从此、闕、士戀切

叩 卩也、闕、則候切

印 執政所持信也、从爪从卩、凡印之屬皆从印、於刃切

文十三

归 按也、从反印、於棘切 𢱧 俗从手

sè
色 顏气也、从人从卪、凡色之屬皆从色、所力切

bó
艴 色艴如也、从色弗聲、論語曰色艴如也、蒲沒切

píng
皵 縹色也、从色并聲、普丁切

文三 重一

古文

qīng
卯 事之制也、从卩㔾、凡卯之屬皆从卯、闕、去京切

qīng
卿 章也、六卿天官冢宰地官司徒春官宗伯夏官司馬秋官司寇冬官司空、从卯皂聲、去京切

文二

bì
辟 法也、从卩从辛、節制其辠也、从口用法者也、凡辟之

擗 屬皆从辟、切必益

擘 治也、从辟从井、周書曰我之不擘、必益切

𤰇 治也、从辟乂聲、虞書曰有能俾𤰇、魚廢切

勹 bāo

𠅃 裏也、象人曲形有所包裏、凡勹之屬皆从勹、布交切

文三

匊 曲脊也、从勹、䈞省聲、巨六切

匍 手行也、从勹、甫聲、薄乎切

匐 伏地也、从勹、畐聲、蒲北切

匊 在手曰匊、从勹米、臣鉉等曰今俗作掬非是、居六切

勻 少也、从勹二、羊倫切

jiū	xún	bào	xiōng	zhōu	gé	jiù	fù	zhǒng
勼	旬	勽	匈	匔	匌	餀	復	冢

勼 聚也、从勹九聲、讀若鳩、居求切

旬 徧也、十日爲旬、从勹日、詳遵切 ⊙古文、

勽 覆也、从勹覆人、薄皓切

匈 聲也、从勹凶聲、許容切 ⊗匈或从肉、

匔 徧也、从勹舟聲、職流切

匌 帀也、从勹從合亦聲、矦閣切

餀 飽也、从勹殷聲民祭祝曰厭餀、巳又切又乙庚切 ⊙或省彳、

復 重也、从勹復聲、扶富切

冢 高墳也、从勹豕聲、知隴切

文十五 重三

包 bāo

包 象人裹妊，巳在中象子未成形也。元气起於子，子人所生也。男左行三十，女右行二十，俱立於巳爲夫婦，裹妊於巳，巳爲子，十月而生，男起巳至寅，女起巳至申，故男季始寅，女季始申也。凡包之屬皆從包。布交切

胞 bāo

胞 兒生裹也。從肉從包。匹交切

匏 páo

匏 瓠也。從包從夸聲，包取其可包藏物也。薄交切

文三

苟 jì

苟 自急敕也。從羊省從包省從口，口猶慎言也。從羊，羊與義善美同意。凡苟之屬皆從苟。己力切

𦱤 古文羊不省。

敬 jìng

敬 肅也、从攴茍、居慶切

鬼 guǐ

鬼 人所歸爲鬼、从人象鬼頭鬼陰气賊害、从厶、凡鬼之屬皆从鬼、居偉切 𩲡 古文从示

文二 重一

魓 shēn

魓 神也、从鬼申聲、食鄰切

魂 hún

魂 陽气也、从鬼云聲、戶昆切

魄 pò

魄 陰神也、从鬼白聲、普百切

魅 chì

魅 鬼屬也、从鬼失聲、丑利切

魖 xū

魖 耗神也、从鬼虛聲、朽居切

魃 bá

魃 旱鬼也、从鬼犮聲、周禮有赤魃氏除牆屋之物也、詩

說文解字 第九上 鬼

mèi 魅 老精物也、从鬼彡、彡鬼毛、密祕切 籀文从彖首从尾省聲、 或从未聲

jì 魃 鬼服也、一曰小兒鬼、从鬼支聲、韓詩傳曰鄭交甫逢二女魃服、奇寄切

hū 魖 鬼皃、从鬼虎聲、虎烏切

qí 鬾 鬼俗也、从鬼幾聲、淮南傳曰吳人鬼越人鬾、居衣切

rú 魌 鬼皃聲、魌魌不止也、从鬼需聲、奴豆切

huà 魄 鬼變也、从鬼化聲、呼駕切

nuó 魌 見鬼驚詞、从鬼難省聲讀若詩受福不儺、諾何切

旱魃為虐、蒲撥切

pín	chǒu	tuí		chī	mó	yǎn	fú	wèi
覭	醜	魋		螭	魔	魘	甶	畏

覭 鬼皃从鬼賓聲、符眞切

醜 可惡也、从鬼酉聲、昌九切

魋 神獸也、从鬼隹聲、杜回切

文十七 重四

螭 鬼屬从鬼从离、离亦聲、丑知切

魔 鬼也、从鬼麻聲、莫波切

魘 瘆驚也、从鬼厭聲、於琰切

文三 新附

甶 鬼頭也、象形、凡甶之屬皆从甶、敷勿切

畏 惡也、从甶虎省、鬼頭而虎爪可畏也、於胃切 古文

yù
禺

禺母猴屬、頭似鬼、从甶从内、牛具切

文三　重一

sī
厶

姦衺也、韓非曰蒼頡作字自營爲厶、凡厶之屬皆从厶、息夷切

cuàn
篡

屰而奪取曰篡从厶算聲、初官切

yóu
䜧

相詒呼也、从厶从羑、與久切

𢽎古文从言秀、譸或如此

𦍋古文羑、臣鉉等案羊部有羑、羑進善也、此古文重出

文三　重三

wéi
嵬

高不平也、从山鬼聲、凡嵬之屬皆从嵬、五灰切

巍 高也。从嵬委聲。牛威切。臣鉉等曰今人省山以爲魏國之魏語韋切

文二

說文解字弟九上

李承緒篆
黎永椿校
廖廷相覆校
陳昌治校刊

說文解字弟九下

漢 太尉祭酒 許慎 記
宋 右散騎常侍 徐鉉等 校定

山 shān

山 宣也、宣气散生萬物、有石而高、象形、凡山之屬皆从山、所閒切

嶽 yuè

嶽 東岱南霍西華北恆中泰室、王者之所以巡狩所至、从山獄聲、五角切

凶 古文象高形、

岱 dài

岱 太山也、从山代聲、徒耐切

島 dǎo

島 海中往往有山可依止曰島、从山鳥聲、讀若詩曰蔦與女蘿、都皓切

huà	niè	jié	jǐ	mín	yí	yú	yì	náo
崋	巀	嶻	屼	崏	嶷	嵎	嶧	猺

崋 山在弘農華陰从山華省聲 胡化切

巀 巀嶭山也从山截聲 才葛切

嶻 巀嶭山在馮翊池陽从山𢧢聲 五葛切

屼 山也或曰弱水之所出从山几聲 居履切

崏 山在蜀湔氐西徼外从山敯聲 武巾切

嶷 九嶷山舜所葬在零陵營道从山疑聲 語其切

嵎 封嵎之山在吳楚之閒汪芒之國从山禺聲 噳俱切

嶧 葛嶧山在東海下邳从山睪聲夏書曰嶧陽孤桐 羊益切

猺 山在齊地从山狃聲詩曰遭我于猺之閒兮 奴刀切

yín	cén	gāng	qū	áo	xué	qǐ	hù	yáng	guō
崟	岑	岡	岨	嶅	嶨	屺	岵	崵	嶹

崟 山之岑崟也、从山金聲。魚音切

岑 山小而高、从山今聲。鉏箴切

岡 山骨也、从山网聲。古郎切

岨 石戴土也、从山且聲、詩曰陟彼岨矣、七余切

嶅 山多小石也、从山敖聲、五交切

嶨 山多大石也、从山學省聲。胡角切

屺 山無草木也、从山已聲詩曰陟彼屺兮、墟里切

岵 山有草木也、从山古聲詩曰陟彼岵兮、矦古切

崵 崵山在遼西、从山昜聲、一曰嵎鐵崵谷也、與章切

嶹 山在鴈門、从山𩫏聲、古博切

崒 zú 崒危高也、从山卒聲、醉綏切

巒 luán 巒山小而銳、从山䜌聲、洛官切

密 mì 密山如堂者、从山宓聲、美畢切

岫 xiù 岫山穴也、从山由聲、似又切 㞶 籒文从穴、

陖 jùn 陖高也、从山陵聲、私閏切 峻 陖或省、

嶞 duò 嶞山之嶞嶞者、从山从隓省聲、讀若相推落之嶞、徒果切

棧 zhàn 棧尤高也、从山棧聲、士限切 衢勿切

崛 jué 崛山短高也、从山屈聲、衢勿切

巁 lì 巁巍高也、从山蠆聲、讀若厲、力制切

峯 fēng 峯山耑也、从山夆聲、敷容切

yán	yán	lěi	zuì	gào	duò	cuó	é	zhēng	róng
巖	嵒	崣	崒	峼	隓	嵯	峨	崝	嶸

巖 岸也、从山嚴聲、五緘切

嵒 山巖也、从山品、讀若吟、臣鉉等曰、从品象巖厓連屬之形、五咸切

崣 山皃、从山絫聲、落猥切

崒 山皃、从山辠聲、徂賄切

峼 山皃、一曰山名、从山告聲、古到切

隓 山皃、从山陸聲、徒果切、臣鉉等案陸與隋同、隋今亦音徒果切、則是陸兼有此音

嵯 山皃、从山𨽥聲、昨何切

峨 嵯峨也、从山我聲、五何切

崝 嶸也、从山青聲、臣鉉等曰、今俗別作嶙非是、七耕切

嶸 崝嶸也、从山榮聲、戶萌切

七四〇

kēng	bēng	fú	wù	yáo	qiáng	zōng	jié	chóng	cuī
陘	崩	岪	崟	嶢	嶈	嵏	岊	崇	崔

陘 谷也、从山、巠聲、戶經切

崩 山壞也、从山、朋聲、北滕切 𩄇 古文从𨸏

岪 山脅道也、从山、弗聲、敷勿切

崟 山名、从山、敔聲、己遇切

嶢 焦嶢、山高皃、从山、堯聲、古僚切

嶈 山陵也、从山、戕聲、慈良切

嵏 九嵏山、在馮翊谷口、从山、嵏聲、子紅切

岊 陬隅高山之節、从山、从卪、子結切

崇 嵬高也、从山、宗聲、鉏弓切

崔 大高也、从山、隹、昨回切

lín	xún	jí	qiáo	qiàn	xù	lǐng	lán	sōng
嶙	峋	岌	嶠	嵌	嶼	嶺	嵐	嵩

文五十三　重四

嶙　嶙峋深崖皃从山粦聲力珍切

峋　嶙峋也从山旬聲相倫切

岌　山高皃也从山及聲魚汲切

嶠　山銳而高也从山喬聲古通用喬渠廟切

嵌　山深皃从山欠省聲口銜切

嶼　島也从山與聲徐呂切

嶺　山道也从山領聲良郢切

嵐　山名也从山嵐省聲盧含切

嵩　中岳嵩高山也从山从高亦从松章昭國語注云古通用崇字息弓切

kūn	lún	xí	shēn	tú	è	àn
崑	崙	嵇	屾	嵞	屵	岸

崑 崑崙山名、从山昆聲漢書楊雄文通用昆侖古渾切

崙 崑崙也、从山侖聲盧昆切

嵇 山名从山稽省聲奚氏避難特造此字非古胡雞切

文十二 新附

屾 二山也凡屾之屬皆从屾 所臻切

嵞 會稽山、一曰九江當嵞也民以辛壬癸甲之日嫁娶、从屾余聲虞書曰予娶嵞山 同都切

文二

屵 岸高也、从山厂厂亦聲凡屵之屬皆从屵 五葛切

岸 水厓而高者从屵干聲 五肝切

崖 高邊也、从屵、圭聲、五佳切

崔 高也、从屵、隹聲、都回切

嶏 崩也、从屵、肥聲、符鄙切

嶏 崩聲、从屵、配聲、讀若費、蒲沒切

文六

广 因广爲屋、象對剌高屋之形、凡广之屬皆从广、讀若儼然之儼、魚儉切

府 文書藏也、从广付聲、臣鉉等曰今藏腑字俗書从肉非是、方矩切

廱 天子饗飲辟廱、从广雝聲、於容切

庠 禮官養老、夏曰校、殷曰庠、周曰序、从广、羊聲、似陽切

lú	tíng	liù	dùn	yǎ	wǔ	lǔ	páo	chú	kù
廬	庭	廇	庉	庌	廡	廬	庖	廚	庫

廬：寄也。秋冬去，春夏居。从广，盧聲。力居切

庭：宮中也。从广，廷聲。特丁切

廇：中庭也。从广，畱聲。力救切

庉：樓牆也。从广，屯聲。徒損切

庌：廡也。从广，牙聲。周禮曰：夏庌馬。五下切 文甫切

廡：堂下周屋。从广，無聲。文甫切 𢉠籀文从舞。

廬：廡也。从广，虜聲。讀若鹵。郎古切

庖：廚也。从广，包聲。薄交切

廚：庖屋也。从广，尌聲。直株切

庫：兵車藏也。从車在广下。苦故切

廄 jiù 馬舍也、从广、殷聲、周禮曰馬有二百十四匹爲廄、廄有僕夫、居又切

序 xù 東西牆也、从广、予聲、徐呂切 古文从九

庳 bì 牆也、从广、辟聲、比激切

廣 guǎng 殿之大屋也、从广、黃聲、古晃切

廥 kuài 芻藁之藏、从广、會聲、古外切

庾 yǔ 水槽倉也、从广、臾聲、一曰倉無屋者、以主切

庰 bìng 蔽也、从广、幷聲、必郢切

廁 cì 清也、从广、則聲、初吏切

廛 chán 一畝半、一家之居、从广、里、八、土、直連切

庌 huán 屋牡瓦下、一曰維綱也、从广閔省聲讀若環、戶關切

廥 cōng 屋階中會也、从广怱聲、倉紅切

庤 chǐ 廣也、从广侈聲春秋國語曰俠溝而庤我、尺氏切

廉 lián 仄也、从广兼聲、力兼切

庨 chá 廣也、从广㐁聲齊陰有庨縣、宅加切

庞 páng 高屋也、从广龍聲、薄江切

底 dǐ 山居也、一曰下也、从广氐聲、都礼切

庢 zhì 礙止也、从广至聲、陟栗切

廮 yǐng 安止也、从广嬰聲鉅鹿有廮陶縣、於郢切

废 bá 舍也、从广犮聲詩曰召伯所废、蒲撥切

說文解字 第九下 广

bì 庫
庫 中伏舍、从广車聲、一曰屋庫或讀若蘧、⟨⟩便俾

bì 庀
庀 蔭也、从广比聲、⟨⟩必至

shù 庶
庶 屋下眾也、从广炗、炗古文光字、臣鉉等曰光亦眾盛也商署⟨⟩

zhì 庤
庤 儲置屋下也、从广寺聲、⟨⟩直里

yì 廙
廙 行屋也、从广異聲、⟨⟩與職

lóu 廔
廔 屋麗廔也、从广婁聲、一曰穜也、⟨⟩洛侯

tuí 廆
廆 屋从上傾下也、从广隹聲、⟨⟩都回

fèi 廢
廢 屋頓也、从广發聲、⟨⟩方肺

yǒu 庮
庮 久屋朽木、从广酉聲、周禮曰牛夜鳴則庮臭如朽木、⟨⟩與久

廑 少劣之居也。从广、堇聲。巨斤切

廟 尊先祖皃也。从广、朝聲。眉召切 庿 古文。

庙 人相依庙也。从广、且聲。子余切

㢊 屋迫也。从广、曷聲。於歇切

庌 邸屋也。从广、牙聲。五下切

庌 空虛也。从广、欽聲。讀若歆。許今切

廖 陳輿服於庭也。从广、膠聲。臣鉉等曰今別作寥，非是。洛蕭切

文四十九 重三

廈 屋也。从广、夏聲。胡雅切

廊 東西序也。从广、郎聲。漢書通用郎。魯當切

xiāng 廂
廂 廊也。从广相聲。息良切。

guǐ 庪
庪 祭山曰庪縣。从广技聲。過委切。

chěng 庱
庱 地名。从广夌聲。丑拯切。

liào 廖
廖 人姓。从广未詳。當是膠省廫字尒。力救切。

文六 新附

hǎn 厂
厂 山石之厓巖，人可居。象形。凡厂之屬皆从厂。呼旱切。

厈 籀文从干。

yá 厓
厓 山邊也。从厂圭聲。五佳切。

zuī 厜
厜 厜羲，山顛也。从厂垂聲。姊宜切。

wéi 羛
羛 厜羛也。从厂義聲。魚爲切。

| yín | guǐ | zhǐ | jué | lì | lán | lì | xǐ | hù | tí |

厰 盫也、一曰地名、从厂敢聲、魚音切

厬 仄出泉也、从厂晷聲、讀若軌、居洧切

厎 柔石也、从厂氐聲、職雉切 砥 厎或从石

厥 發石也、从厂欮聲、俱月切

厲 旱石也、从厂蠆省聲、力制切 䜉 厲或不省

厱 諸治玉石也、从厂僉聲、讀若藍、魯甘切

厤 治也、从厂秝聲、郎擊切

厬 石利也、从厂異聲、讀若棄、眉里切

厝 石美也、从厂古聲、倉故切

厗 唐厗石也、从厂屖省聲、杜兮切

lā	yì	qín	fū	cuò	máng	yuè	xiá	zè
厬	厴	厱	厬	厝	厖	厃	厌	仄

厬 石聲也、从厂、立聲。盧荅切

厴 石地惡也、从厂兒聲。五歷切

厱 石地也、从厂金聲、讀若黔。巨今切

厬 石開見、从厂甫聲、讀若敷。芳無切

厝 厲石也、从厂昔聲、詩曰他山之石可以爲厝。倉各切 又七互切

厖 石大也、从厂尨聲。莫江切

厃 岸上見也、从厂从之省讀若躍。以灼切

厌 屏也、从厂夾聲。胡甲切

仄 側傾也、从人在厂下。阻力切 夨 籀文从矢、矢亦聲。

pì 廦

廦 仄也、从厂、辟聲、普擊切

fèi 厞

厞 隱也、从厂、非聲、扶沸切

yā 厭

厭 笮也、从厂、猒聲、一曰合也、於輒切、又一琰切

wěi 广

广 仰也、从人在厂上、一曰屋梠也、秦謂之桷、齊謂之广、魚毀切

文二十七 重四

wán 丸

丸 圜傾側而轉者、从反仄、凡丸之屬皆从丸、胡官切

wěi 㿚

㿚 鷙鳥食已吐其皮毛如丸、从丸咼聲、讀若骫、於跪切

nuó 㼝

㼝 丸之孰也、从丸而聲、奴禾切

fàn 㪰

㪰 闕、芳萬切

wēi
危

𐅗在高而懼也、从厃、自卪止之。凡危之屬皆从危、魚爲切

qī
攲

攲 𠩄也、从危支聲、去其切

文四

shí
石

⺁ 山石也、在厂之下、口象形、凡石之屬皆从石、常隻切 𪚔 古文礦、周

文二

gǒng
礦

礦 銅鐵樸石也、从石黃聲、讀若穬、古猛切

禮有卄人、

dàng
碭

碭 文石也、从石昜聲、徒浪切

ruǎn
碝

碝 石次玉者、从石耎聲、而沇切

nú
砮

砮 石可以爲矢鏃、从石奴聲、夏書曰、梁州貢砮丹、春秋

yù	jié	lián	xiá	lì	gǒng	qì	bēi	zhuì
礜	碣	磏	碬	礫	碧	磧	碑	碌

礜：毒石也。出漢中。从石與聲。羊茹切

碣：特立之石。東海有碣石山。从石曷聲。渠列切

磏：厲石也。一曰赤色。从石兼聲。讀若鎌。力鹽切

碬：厲石也。从石叚聲。春秋傳曰：鄭公孫碬字子石。乎加切

礫：小石也。从石樂聲。郎擊切

碧：水邊石也。从石巩聲。春秋傳曰：闕碧之甲。居竦切

磧：水陼有石者。从石責聲。七迹切

碑：豎石也。从石卑聲。府眉切

碌：陵也。从石豕聲。徒對切

說文解字 第九下　石

七五五

yǔn	suǒ	què	láng	què	qià	kài	kēng	lì	chán
碩	硋	硞	硍	礐	硈	磕	磬	磿	蹔

碩 落也、从石員聲、春秋傳曰碩石于宋五、于敏切

硋 碎石隕聲、从石炙聲、所責切

硞 石聲、从石告聲、苦角切

硍 石聲、从石艮聲、魯當切

礐 石聲、从石學省聲、胡角切

硈 石堅也、从石吉聲、一曰突也、格八切

磕 石聲、从石盍聲、若盍、口太切又口荅切

磬 餘堅者、从石堅省、口莖切

磿 石聲也、从石厤聲、郎擊切

蹔 礦石也、从石斬聲、鉅銜切

yán 礹 礹石山也、从石、嚴聲。五銜切

kè 礉 礉堅也、从石、毃聲。楷革切

què 确 确磬石也、从石、角聲。臣鉉等曰、确非是、胡角切。今俗作𥓾 确或从殼。

qiāo 磽 磽磬石也、从石、堯聲。口交切

é 硪 硪石巖也、从石、我聲。五何切

yán 碞 碞磬嵒也、从石、品聲。周書曰、畏于民碞、讀與嚴同。臣鉉等曰、从品、與嵒同意。五銜切

qìng 磬 磬樂石也、从石、殸、象縣虡之形、殳擊之也、古者毋句氏作磬。苦定切 𣪁籒文省。 𣪉古文从巠。

ài 礙 礙止也、从石、疑聲。五溉切

chè	chàn	suì	pò	lóng	yán	mò	wèi	duì
䂽	硟	碎	破	礱	研	䃺	磑	碓

䂽 上摘巖空青珊瑚墮之从石折聲周禮有䂽族氏 列丑切

硟 以石扞繒也从石延聲 尺戰切

碎 䃺也从石卒聲 蘇對切

破 石碎也从石皮聲 普過切

礱 䃺也从石龍聲天子之桷椓而礱之 盧紅切

研 䃺也从石幵聲 五堅切

䃺 石磑也从石靡聲 模臥切

磑 䃺也从石豈聲古者公輸班作磑 五對切

碓 舂也从石隹聲 都隊切

| tà 磋 | bō 磻 | zhuó 礱 | yàn 硯 | biān 砭 | hé 礣 | luǒ 砢 | lěi 磊 | lì 礪 |

磋 舂已復擣之曰磋，从石沓聲。徒合切

磻 以石箸隿繁也，从石番聲。博禾切

礱 礛䃴也，从石龍聲。張略切

硯 石滑也，从石見聲。五甸切

砭 以石刺病也，从石乏聲。方驗切

礣 石也，惡也，从石高聲。方驗切 又下革切

砢 磊砢也，从石可聲。來可切

磊 眾石也，从三石。落猥切

文四十九 重五

礪 礣也，从石厲聲。經典通用厲。力制切

说文解字 第九下 石

七五九

確 què　左氏傳衞大夫石碏。唐韻云、敬也。从石。未詳昔聲。七削切

磯 jī　石激水也。从石幾聲。居衣切

碌 lù　石皃。从石彔聲。盧谷切

砧 zhēn　石柎也。从石占聲。知林切

砌 qì　階甃也。从石切聲。千計切

礩 zhì　柱下石也。从石質聲。之日切

礎 chǔ　礩也。从石楚聲。創舉切

磓 zhuì　擣也。从石垂聲。直類切

文九　新附

長 cháng　久遠也。从兀从匕。兀者、高遠意也。久則變化。亾聲。

肆 sì

極陳也。从長隶聲。息利切

镾 mí

久長也。从長爾聲。武夷切

䘷 dié

蛇惡毒長也。从長失聲。徒結切

文四 重三

勿 wù

州里所建旗。象其柄有三游。雜帛幅半異。所以趣民。故遽稱勿勿。凡勿之屬皆从勿。文弗切 或从㫃。

昜 yáng

開也。从日一勿。一曰飛揚。一曰長也。一曰彊者眾皃。與章切

者倒亡也。凡長之屬皆从長。臣鉉等曰。倒亡不亡也。長久之義也。直良切

上古文長 亦古文長

冉(ranˇ)

毛冉冉也、象形凡冉之屬皆从冉。而琰切

文一

而(ér)

頰毛也、象毛之形、周禮曰作其鱗之而凡而之屬皆从而。臣鉉等曰今俗別作髭、非是如之切

文一

耏(nài)

罪不至髡也从而从彡。奴代切 或从寸、諸法度字从寸、

文二 重一

豕(shiˇ)

彘也、竭其尾、故謂之豕、象毛足而後有尾、讀與豨同

按今世字誤以豕爲彘、以彘爲豕、何以明之爲啄琢

zhū
豬

豬 豕而三毛叢居者、从豕者聲、陟魚切

凡豕之屬皆从豕、式視切 丞 古文

从豕醜从豈皆取其聲以是明之、臣鉉等曰、此語未詳或後人所加

bó
豰

豰 小豚也、从豕殼聲、步角切

xī
豯

豯 生三月豚腹豯豯皃也、从豕奚聲、胡雞切

zōng
豵

豵 生六月豚从豕從聲、一曰一歲豵尙叢聚也、子紅切

bā
豝

豝 牝豕也、从豕巴聲、一曰一歲能相把拏也、詩曰一發

jiān
豣

豣 三歲豕肩相及者、从豕幵聲、詩曰並驅从兩豣兮、古賢切

五豝、伯加切

豶 fén 豝也。从豕賁聲。符分切

豭 jiā 牡豕也。从豕叚聲。古牙切

豛 yì 上谷名豬豭。从豕役省聲。營隻切

獮 wéi 豕也。从豕隋聲。臣鉉等曰當從隨省以水切

豤 kěn 齧也。从豕艮聲。康很切

豷 yì 豕息也。从豕壹聲。春秋傳曰生敖及豷。許利切

豧 fū 豕息也。从豕甫聲。芳無切

豢 huàn 以穀圈養豕也。从豕关聲。胡慣切

豠 chú 豕屬。从豕且聲。疾余切

豲 huán 逸也。从豕原聲。周書曰豲有爪而不敢以撅。讀若桓。

xī
豨 豕走豨豨、从豕、希聲古有封豨脩虺之害、虛豈切

chù
豖 豕絆足行豖豖、从豕繫二足、丑六切

jù
豦 鬭相丮不解也、从豕虍、豕虍之鬭不解也、讀若蘮蒠、草之蘮、司馬相如說、豦封豕之屬、一曰虎兩足舉、強魚切

yì
豙 豕怒毛豎、一曰殘艾也、从豕辛、臣鉉等曰从辛、未詳、魚既切

bīn
豩 二豕也、闕从此闕、伯貧切、又呼關切

文二十二 重一

yì
彑 脩豪獸、一曰河內名豕也、从彑、下象毛足、凡彑之屬

皆从彑讀若弟羊至切 𢑚 籀文

𢑜 豕屬从彑回聲 呼骨切

𢑹 豕鬣如筆管者出南郡从彑高聲 乎刀切 𢑹 籀文从豕臣鉉等曰今俗別作毫非是

彙 蟲似豪豬者从彑胃省聲 于貴切 𧑐 或从虫

𢑽 彑屬从二彑 息利切 𢑽 古文虞書曰𢑽類于上帝

文五 重五

彑 豕之頭象其銳而上見也凡彑之屬皆从彑讀若罽 居例切

𢑫 豕也後蹏發謂之𢑫从彑矢聲从二匕𢑫足與鹿足

彘 zhì　豩 wèi　豚 tún　彖 tuàn　彖 xiá　彖 chǐ

彖 豕也、从彑从豕、讀若弛、式視切

彖 豕也、从彑下象其足、讀若瑕、乎加切

彖 豕走也、从彑从豕省、通貫切

文五

豚 小豕也、从彖省象形、从又持肉以給祠祀、凡豚之屬皆从豚、徒魂切　篆文从肉豕、

豩 豚屬、从豚衞聲、讀若䘙、于歲切

文二　重一

彘 獸長脊行豕豕然欲有所司殺形、凡彘之屬皆从彘、

說文解字 第九下　彑豚彘

七六七

bào
豹 似虎圜文、从豸、勺聲。北教切

chū
貙 貙獀似貍者、从豸、區聲。敕俱切

tán
貚 貙屬也、从豸、單聲。徒干切

pí
貔 豹屬出貉國、从豸、毘聲、詩曰、獻其貔皮、周書曰、如虎如貔、貔猛獸。房脂切 𧳁 或从比。

chái
豺 狼屬狗聲、从豸、才聲。士皆切

yǔ
貐 猰貐似貙虎爪食人迅走、从豸、俞聲。以主切

mò
貘 似熊而黃黑色、出蜀中、从豸、莫聲。莫白切

yōng
貐 猛獸也、从豸、庸聲。余封切

池爾切司殺讀若伺候之伺

玃 jué 玃也。从豸瞿聲。王縛切

貀 nà 獸無前足。从豸出聲。漢律能捕豺貀購百錢。女滑切

貈 hé 似狐善睡獸。从豸舟聲。論語曰狐貈之厚以居。臣鉉等曰舟非聲未詳下各切

豻 àn 胡地野狗。从豸干聲。五旰切 犴 豻或从犬。詩曰宜犴宜獄。

貂 diāo 鼠屬大而黃黑出胡丁零國。从豸召聲。都僚切

貉 mò 北方豸穜。从豸各聲。孔子曰貉之為言惡也。莫白切

貆 huán 貉之類。从豸亘聲。胡官切

貍 lí 伏獸似貙。从豸里聲。里之切

貒 tuān
獸也、从豸耑聲、讀若湍、他端切

貛 huān
野豕也、从豸雚聲、呼官切

貁 yòu
鼠屬善旋、从豸穴聲、余救切

文二十 重二

貓 māo
貍屬、从豸苗聲、莫交切

文一 新附

𧰼 sì
如野牛而青象形、與禽离頭同、凡𧰼之屬皆从𧰼、徐姊切

𧰼 古文从几

文一 重一

易 yì
蜥易蝘蜓守宮也、象形、祕書說曰日月爲易、象陰陽也、

象 xiàng

象 長鼻牙，南越大獸，三秊一乳，象耳牙四足之形。凡象之屬皆从象。徐兩切

豫 yù

𧰿 古文

豫 象之大者。賈侍中說不害於物。从象予聲。羊茹切

文二 重一

說文解字弟九下

　　　　李承緒篆

　　　　黎永椿校

廖廷相覆校
陳昌治校刊

說文解字弟十上

漢太尉祭酒許慎記
宋右散騎常侍徐鉉等校定

四十部　八百一十文　重八十七

凡萬四千字

文三十一　新附

馬　怒也、武也、象馬頭髦尾四足之形、凡馬之屬皆从馬、古文、籒文馬與影同有髦、莫下切

騭　牡馬也、从馬陟聲、讀若郅、之日切

馵　馬一歲也、从馬一絆其足、讀若弦、一曰若環、戶關切

| jū 駒 | bā 馬八 | xián 騆 | qí 騏 | lí 驪 | xuān 騚 | guī 騩 | liú 駠 | xiá 騢 | zhuī 騅 |

駒　馬二歲曰駒、三歲曰駣、從馬句聲、舉朱切

馬八　馬八歲也、從馬從八、博拔切

騆　馬一目白曰瞯、二目白曰魚、從馬閒聲、戶閒切

騏　馬青驪文如博棊也、從馬其聲、渠之切

驪　馬深黑色、從馬麗聲、呂支切

騚　青驪馬、從馬肙聲、詩曰騚彼乘騚、火玄切

騩　馬淺黑色、從馬鬼聲、俱位切

駠　赤馬黑毛尾也、從馬畱聲、力求切

騢　馬赤白雜毛、從馬叚聲、謂色似鰕魚也、乎加切

騅　馬蒼黑雜毛、從馬隹聲、職追切

luò 駱

駱 馬白色黑鬣尾也、从馬各聲、盧各切

yīn 駰

駰 馬陰白雜毛黑、从馬因聲、詩曰有駰有騢、於眞切

cōng 驄

驄 馬青白雜毛也、从馬悤聲、倉紅切

yù 驈

驈 驪馬白胯也、从馬矞聲、詩曰有驈有騜、食聿切

máng 駹

駹 馬面顙皆白也、从馬尨聲、莫江切

guā 騧

騧 黃馬黑喙、从馬咼聲、古華切、籀文騧、

piào 驃(驃)

驃 黃馬發白色、一曰白髦尾也、从馬㶾聲、毗召切

pī 駓

駓 黃馬白毛也、从馬丕聲、敷悲切

tiě 驖

驖 馬赤黑色、从馬戴聲、詩曰四驖孔阜、他結切

àn 䮗

䮗 馬頭有發赤色者、从馬岸聲、五旰切

| dí 駒 | bó 駁 | zhù 驻 | diàn 驔 | yàn 驠 | xí 騽 | hàn 騝 | fēi 騑 | ào 驁 | jì 驥 |

駒 馬白額也、从馬的省聲、一曰駿也、易曰爲的顙、都歷切

駁 馬色不純、从馬爻聲、臣鉉等曰爻非聲疑象駁文北角切

驻 馬後左足白也、从馬二其足讀若注、之戍切

驔 馬黃脊、从馬覃聲讀若簟、徒玷切

驠 馬白州也、从馬燕聲、於甸切

騽 馬豪骭也、从馬習聲、似入切

騝 馬毛長也、从馬軑聲、矣旰切

騑 馬逸足也、从馬飛司馬法曰飛衛斯輿、甫微切

驁 駿馬、以壬申日死、乘馬忌之从馬敖聲、五到切

驥 千里馬也、孫陽所相者从馬冀聲、天水有驥縣、几利切

jùn	xiāo	zuī	jiāo	lái	huān	yàn	cǐ
駿	驍	騄	驕	騋	驩	驗	㸌

駿 馬之良材者、从馬夋聲、子峻切

驍 馬也、从馬堯聲、古堯切

騄 馬小皃、从馬垂聲、讀若箠、之壘切 𩡘 籒文从𠂹

驕 馬高六尺為驕、从馬喬聲、詩曰、我馬唯驕、一曰野馬、舉喬切

騋 馬七尺為騋、八尺為龍、从馬來聲、詩曰、騋牝驪牝、洛哀切

驩 馬名、从馬雚聲、呼官切

驗 馬名、从馬僉聲、魚窆切

㸌 馬名、从馬此聲、雌氏切

xiāng	àng	péng	jiōng	bì	zhī		wén	xiū
驤	駠	騯	駫	駜	馶		馼	俰

馬之低仰也、从馬襄聲、息良切

駠駠、馬怒皃、从馬印聲、吾浪切

騯騯、馬盛也、从馬旁聲詩曰四牡騯騯、薄庚切

馬盛肥也、从馬光聲詩曰四牡駫駫、古熒切

馬飽也、从馬必聲詩云有駜有駜、毗必切

馬彊也、从馬支聲、章移切

馬也、西伯獻紂以全其身、無分切

犬戎獻之、从馬从文、文亦聲、春秋傳曰馬百駟畫、

馬赤鬣縞身目若黃金名曰媽吉皇之乘周文王時、

馬名、从馬休聲、許尤切

mò	qí	jià	fēi	pián	cān	sì	fù	xié	ě
驀	騎	駕	騑	駢	驂	駟	駙	騿	騀

驀 上馬也、从馬莫聲、莫白切

騎 跨馬也、从馬奇聲、渠羈切

駕 馬在軛中从馬加聲、古訝切   籀文駕

騑 驂旁馬、从馬非聲、甫微切

駢 駕二馬也、从馬并聲、部田切

驂 駕三馬也、从馬參聲、倉含切

駟 一乘也、从馬四聲、息利切

駙 副馬也、从馬付聲、一曰近也、一曰疾也、符遇切

騿 馬和也、从馬皆聲、戶皆切

騀 馬搖頭也、从馬我聲、五可切

駊 pǒ 駊也。从馬皮聲。普火切
騊 táo 馬行皃。从馬舀聲。土刀切
篤 dǔ 馬行頓遲。从馬竹聲。冬毒切
騤 kuí 馬行威儀也。从馬癸聲。詩曰四牡騤騤。渠追切
鶩 wò 馬行徐而疾也。从馬學省聲。於角切
駸 qīn 馬行疾也。从馬侵省聲。詩曰載驂駸駸。子林切
馺 sà 馬行相及也。从馬从及。讀若爾雅小山馺大山峘。蘇荅切
馮 píng 馬行疾也。从馬冫聲。臣鉉等曰本音皮冰切，經典通用爲依馮之馮，今別作憑非是。房戎切

niè	sì	zhòu	gě	fān	qū	chí	wù	liè	chěng
騽	駃	驟	駒	颿	驅	馳	騖	駕	騁

騽 馬步疾也。從馬耴聲。尼輒切

駃 馬行仡仡也。從馬矣聲。五駃切

驟 馬疾步也。從馬聚聲。鉏又切

駒 馬疾走也。從馬匈聲。古達切

颿 馬疾步也。從馬風聲。臣鉉等曰：舟船之颿本用此字，今別作帆，非是。符嚴切

驅 馬馳也。從馬區聲。豈俱切 驅 古文驅從攴

馳 大驅也。從馬也聲。直离切

騖 亂馳也。從馬孜聲。亡遇切

駕 次弟馳也。從馬劉聲。力制切

騁 直馳也。從馬甹聲。丑郢切

說文解字 第十上 馬

tuì	yì	hàn	dòng	jīng	hài	huāng	qiān	zhù	xún
駾	駃	駻	駧	驚	駭	駴	騫	駐	馴

駾 馬行疾來見、从馬兌聲、詩曰昆夷駾矣、他外切

駃 馬有疾足、从馬失聲、大結切

駻 馬突也、从馬旱聲、矦旰切

駧 馳馬洞去也、从馬同聲、徒弄切

驚 馬駭也、从馬敬聲、舉卿切

駭 驚也、从馬亥聲、矦楷切

駴 馬奔也、从馬巟聲、呼光切

騫 馬腹執也、从馬寒省聲、去虔切

駐 馬立也、从馬主聲、中句切

馴 馬順也、从馬川聲、詳遵切

| zhēn | zhān | zhì | jú | chéng | jiè | sāo | zhí | tái |

駗 馬載重難也、從馬参聲、張人切
驙 駗驙也、從馬亶聲、易曰乘馬驙如、張連切
騺 馬重皃、從馬執聲、陟利切
驧 馬曲骻也、從馬鞠聲、巨六切
騬 馬乘也、從馬乘聲、食陵切
䪁 系馬尾也、從馬介聲、古拜切
䭴 擾也、一曰摩馬、從馬蚤聲、穌遭切
駽 絆馬也、從馬口其足、春秋傳曰韓厥執馬前、讀若輒、陟立切 䋝 騺馬或從糸執聲、徒哀切
駘 馬銜脫也、從馬台聲、徒哀切

說文解字 第十上 馬

七八三

zǎng	zōu	yì	rì	téng	hé	jiōng	shēn	bó	jué
駔	騶	驛	駠	騰	驊	駉	駪	駮	駃

駔 牡馬也、从馬且聲、一曰馬蹲駔也、子朗切

騶 廄御也、从馬芻聲、側鳩切

驛 置騎也、从馬睪聲、羊益切

駠 驛傳也、从馬日聲、人質切

騰 傳也、从馬朕聲、一曰騰、犗馬也、徒登切

驊 苑名、一曰馬白額、从馬崔聲、下各切

駉 牧馬苑也、从馬冋聲、詩曰在駉之野、古熒切

駪 馬眾多皃、从馬先聲、所臻切

駮 獸、如馬倨牙、食虎豹、从馬交聲、北角切

駃 駃騠、馬父驘子也、从馬夬聲、臣鉉等曰今俗與快同用古穴切

tí	luó	lú	méng	tuó	xī	táo	tú	biāo
騠	驘	驢	䮉	驒	騱	駣	駼	驫

騠 䭾騠也。从馬是聲。杜兮切

驘 驢父馬母。从馬羸聲。洛戈切 𩣡 或从𦣞。

驢 似馬長耳。从馬盧聲。力居切

䮉 䮉子也。从馬冡聲。莫紅切

驒 驒騱野馬也。从馬單聲。一曰青驒白鱗。文如鼉魚。代何切

騱 驒騱馬也。从馬奚聲。胡雞切

駣 駼騄北野之良馬。从馬匋聲。徒刀切

駼 騊駼也。从馬余聲。同都切

驫 眾馬也。从三馬。甫虬切

駛 shǐ 疾也。从馬吏聲。疏吏切

駥 róng 馬高八尺。从馬戎聲。如融切

騣 zōng 馬鬣也。从馬嵏聲。子紅切

馱 tuó 負物也。从馬大聲。此俗語也。唐佐切

騂 xīng 馬赤色也。从馬觲省聲。息營切

文五 新附

文二百一十五 重八

廌 zhì 解廌獸也。似山牛一角、古者決訟令觸不直。象形。从豸省。凡廌之屬皆从廌。宅買切

薦 xiào 解廌屬。从廌孝聲。闕。古孝切

薦 jiàn
獸之所食艸,从廌从艸。古者神人以廌遺黃帝,帝曰:何食何處。曰食薦,夏處水澤,冬處松柏。作甸切

灋 fǎ
刑也。平之如水,从水,廌所以觸不直者去之,从去。今文省。古文。

鹿 lù
獸也。象頭角四足之形。鳥鹿足相似,从匕。凡鹿之屬皆从鹿。盧谷切

文四 重二

麚 jiā
牡鹿。从鹿叚聲。以夏至解角。古牙切

麟 lín
大牡鹿也。从鹿粦聲。力珍切

麎 nuàn
鹿麎也。从鹿耎聲。讀若偄弱之偄。奴亂切

說文解字 第十上 鹿

麤 鹿迹也从鹿速聲桑谷切

麛 鹿子也从鹿弭聲莫兮切

麉 鹿之絕有力者从鹿开聲古賢切

麒 仁獸也麋身牛尾一角从鹿其聲渠之切

麟 牝麒也从鹿吝聲力珍切

麇 牝麋也从鹿吝聲力珍切

麋 鹿屬从鹿米聲麋冬至解其角武悲切

麎 牝麋也从鹿辰聲植鄰切

麚 大麋也狗足从鹿丙聲居履切 䕨 或从几

麇 麞也从鹿囷省聲居筠切 䕨 籀文不省

麞 麇屬从鹿章聲諸良切

麛 jiù
麛牝者、从鹿咎聲。其久切

麞 jīng
麞大鹿也、牛尾一角、从鹿畺聲。舉卿切 麠或从京。

麃 páo
麃鹿屬、从鹿票省聲。薄交切

麈 zhǔ
麈麋屬、从鹿主聲。之庾切

麑 ní
麑狻麑獸也、从鹿兒聲。五雞切

麙 xián
麙山羊而大者細角、从鹿咸聲。胡毚切

麢 líng
麢大羊而細角、从鹿霝聲。郎丁切

麈 guī
麈鹿屬、从鹿圭聲。古攜切

麝 shè (麝)
麝如小麋臍有香、从鹿射聲。神夜切

麌 yù
麌似鹿而大也、从鹿與聲。羊茹切

麗 lì 鹿 yōu 麤 cū 麤 chén 怠 chuò 毚 chán

麗 旅行也、鹿之性見食急則必旅行、从鹿、丽聲、禮麗皮、納聘、蓋鹿皮也、郎計切 丽古文、篆文麗字、

鹿 牝鹿也、从鹿、从牝省、於蚪切 或从幽聲、

文二十六 重六

麤 行超遠也、从三鹿、凡麤之屬皆从麤、倉胡切

麤 鹿行揚土也、从麤从土、直珍切 籒文、

文二 重一

怠 獸也、似兔青色而大、象形、頭與兔同、足與鹿同、凡怠之屬皆从怠、丑略切 篆文、

毚 狡兔也、兔之駿者、从怠兔、士咸切

鼻 xiè 獸名从㲋吾聲讀若寫 同夜切

㲋 jué 獸也似兕牲从㲋夫聲 古穴切

兔 tù 獸名象踞、後其尾形、兔頭與㲋頭同、凡兔之屬皆从兔 湯故切

文四 重一

逸 yì 失也从辵兔兔謾訑善逃也 夷質切

冤 yuān 屈也、从兔从冂、兔在冂下不得走益屈折也 於袁切

娩 fàn 兔子也、娩疾也、从女兔 芳萬切

毚 fù 疾也、从三兔闕 芳遇切

文五

说文解字 第十上 兔莧犬

qūn 夋
夋 狡兔也，从兔、夋聲。七旬切

huán 莧
莧 山羊細角者。从兔足、苜聲。凡莧之屬皆从莧。讀若丸。寬字从此。臣鉉等曰：苜非聲，疑象形。胡官切徒結切

文一 新附

quǎn 犬
犬 狗之有縣蹏者也，象形。孔子曰，視犬之字如畫狗也。凡犬之屬皆从犬。苦泫切

gǒu 狗
狗 孔子曰，狗叩也，叩气吠以守。从犬、句聲。古厚切

sōu 獀
獀 南趙名犬獿獀。从犬、叜聲。所鳩切

máng 尨
尨 犬之多毛者，从犬、从彡。詩曰，無使尨也吠。莫江切

jiǎo	kuài	nóng	xiē		xiāo	xiǎn	zhǔ	bài	yī
狡	獪	獿	猲		獢	猃	狋	狴	猗

少狗也、从犬交聲、匈奴地有狡犬、巨口而黑身、古巧切

狡獪也、从犬會聲、古外切

犬惡毛也、从犬農聲、奴刀切

短喙犬也、从犬曷聲、詩曰載獫猲獢、爾雅曰短喙犬謂之猲獢、許謁切

猲獢也、从犬喬聲、許喬切

長喙犬、一曰黑犬黃頭、从犬僉聲、虛檢切

黃犬黑頭、从犬主聲、讀若注、之戍切

短脛狗、从犬卑聲、薄蟹切

犗犬也、从犬奇聲、於离切

说文解字 第十上 犬

七九三

jú	yān	mò	cù	xīng	xiàn	hǎn	wěi	nǎo	xiāo
昊	猒	默	猝	猩	獫	獙	猥	獶	獥

昊 犬視皃。从犬目。古闃切

猒 竇中犬聲。从犬从音，音亦聲。乙咸切

默 犬暫逐人也。从犬黑聲。讀若墨。莫北切

猝 犬从艸暴出逐人也。从犬卒聲。麤没切

猩 猩猩，犬吠聲。从犬星聲。桑經切

獫 犬吠聲。从犬兼聲。讀若檻。一曰兩犬爭也。胡黯切

獙 犬吠不止也。从犬兼聲。荒檻切

猥 小犬吠。从犬敢聲。南陽新亭有獙鄉。烏賄切

獶 犬吠聲。从犬畏聲。烏賄切

獥 獶獥也。从犬憂聲。女交切

獥 犬獶獥咳吠也。从犬翏聲。火包切

- 獜 shān 犬容頭進也、从犬參聲、一曰賊疾也、山檻切
- 獎 jiǎng 嗾犬厲之也、从犬將省聲、即兩切
- 獫 chǎn 謁也、从犬戔聲、初版切
- 狦 shàn 惡健犬也、从犬刪省聲、所晏切
- 狠 yán 吠鬥聲、从犬艮聲、五還切
- 獠 fán 犬鬥聲、从犬番聲、附袁切
- 㺃 yí 犬怒皃、从犬示聲、一曰犬難得、代郡有㺃氏縣、讀又若銀切
- 狺 yín 犬吠聲、从犬斤聲、語斤切
- 猲 shuò 犬猲猲不附人也、从犬舄聲、南楚謂相驚曰猲、讀若

獷 guǎng 犬獷獷不可附也。从犬廣聲。漁陽有獷平縣。古猛切

狀 zhuàng 犬形也。从犬爿聲。盈亮切

奘 zàng 妄彊犬也。从犬从壯,壯亦聲。徂朗切

獒 áo 犬如人心可使者。从犬敖聲。春秋傳曰公嗾夫獒。五牢切

獳 nóu 怒犬皃。从犬需聲。讀若槈。奴豆切又乃侯切

猲 tà 犬食也。从犬从舌。讀若比目魚鰈之鰈。他合切

狎 xiá 犬可習也。从犬甲聲。胡甲切

狃 niǔ 犬性驕也。从犬丑聲。女久切

恕,式略切

fàn	cāi	měng	kàng	qiè	lín	juàn	shū	huán	bó
犯	猜	猛	犺	狧	獜	獧	倏	狟	狥

犯 侵也、从犬巳聲。防險切

猜 恨賊也、从犬青聲。倉才切

猛 健犬也、从犬孟聲。莫杏切

犺 健犬也、从犬亢聲。苦浪切

狧 多畏也、从犬去聲。去劫切 𢓠 杜林說狧从心

獜 健也、从犬粦聲。詩曰盧獜獜。力珍切

獧 疾跳也、一曰急也、从犬䙺聲。古縣切

倏 走也、从犬攸聲。讀若叔。式竹切

狟 犬行也、从犬亘聲、周書曰尚狟狟。胡官切

狥 過弗取也、从犬市聲、讀若字。蒲没切

說文解字 第十上 犬

zhé 猲
犬張耳皃。从犬、易聲。陟革切

yìn 犾
犬張齗怒也。从犬、來聲。讀又若銀。魚僅切

bá 犮
走犬皃。从犬而丿之曳其足則剌犮也。蒲撥切

lì 戾
曲也。从犬出戶下。戾者身曲戾也。郎計切

dú 獨
犬相得而鬬也。从犬、蜀聲。羊爲羣、犬爲獨也。一曰北瞷山有獨㺨獸如虎白身豕鬛尾如馬。徒谷切

yù 㺨
獨㺨獸也。从犬、谷聲。余蜀切

xiǎn 獮
秋田也。从犬、璽聲。息淺切
禰 獮或从豕宗廟之田也。

liè 獵
放獵逐禽也。从犬、巤聲。良涉切

獠 liáo 獵也、从犬尞聲、力昭切

狩 shóu 犬田也、从犬守聲、易曰明夷于南狩、書究切

臭 xiù 禽走臭而知其迹者犬也、从犬从自、臣鉉等曰自古鼻字犬走以鼻知臭故从自、尺救切

獲 huò 獵所獲也、从犬蒦聲、胡伯切

獘 bì 頓仆也、从犬敝聲、春秋傳曰與犬犬獘、毗祭切 𤿣 或从死

獻 xiàn 宗廟犬名羹獻犬肥者以獻之、从犬鬳聲、許建切

狦 yàn 獟犬也、从犬幵聲、一曰逐虎犬也、五甸切

獟 yào 狦犬也、从犬堯聲、五吊切

猘 zhì
狂犬也、从犬、折聲、春秋傳曰猘犬入華臣氏之門、例征切

類 lèi
種類相似唯犬爲甚、从犬頪聲、力遂切

狂(狂) kuáng
狾犬也、从犬㞷聲、巨王切 𢘽古文从心

狄 dí
赤狄本犬種狄之爲言淫辟也、从犬亦省聲、徒歷切

猰 suān
猰麑如虦貓食虎豹者、从犬㕚聲、素官切

玃 jué
母猴也、从犬矍聲、爾雅云、玃父善顧攫持人也、俱縛切

猶 yóu
玃屬、从犬酋聲、一曰隴西謂犬子爲猷、以周切

狙 jū
玃屬、从犬且聲、一曰狙犬也暫齧人者、一曰犬不齧人也、親去切

猴 hóu 夒也、从犬矦聲。乎溝切

豰 hù 犬屬、署巳上黃署巳下黑食母猴、从犬殼聲讀若構、或曰豰似牂羊、出蜀北嶶山中、犬首而馬尾、火屋切

狼 láng 似犬銳頭白頰高前廣後、从犬良聲。魯當切

狛 pò 如狼善驅羊、从犬白聲讀若蘗甯嚴讀之若淺泊。匹各切

獌 màn 狼屬、从犬曼聲爾雅曰貙獌似貍、舞販切

狐 hú 䄏獸也鬼所乘之有三德其色中和小前大後死則丘首、从犬瓜聲。戶吳切

獺 tǎ 如小狗也水居食魚、从犬賴聲。他達切 㺚 或从賓

猵 biān 獺屬、从犬扁聲。布玄切

犬走皃从三犬、甫遙切

獘 獸走皃从犬、月切

狘 獸戉聲、許月切

獋 獸名从犬軍聲、許歸切

狷 褊急也从犬𩏑聲、古縣切

獡 獡偷獸名从犬㫺聲、

契 契聲鳥黠切

文八十三 重五

文四 新附

狀 兩犬相齧也从二犬凡狀之屬皆从狀、語斤切

獄 司空也从狀匚聲復說獄司空、息茲切

獄 确也从狀从言二犬所以守也、魚欲切

文三

鼠 shǔ 穴蟲之緫名也、象形、凡鼠之屬皆从鼠、書呂切

鼶 fán 鼠也、从鼠番聲、讀若樊、或曰鼠婦、附袁切

貉 hé 鼠出胡地皮可作裘、从鼠各聲、下各切

鼢 fén 地行鼠伯勞所作也、一曰偃鼠从鼠分聲、芳吻切

或从虫分.

鼤 píng 鼶令鼠从鼠平聲、薄經切

鼶 sī 鼠也从鼠虒聲、息移切

鼬 liú 竹鼠也、如犬从鼠畱省聲、力求切

鼫 shí 五技鼠也、能飛不能過屋能緣不能窮木能游不能

| rǒng | zhuó | yòu | hán | xiàn | qú | xī | è | zhōng |

鼨 鼸 鼩 鼷 鼶 鼢（略） 鼫

鼫、渡谷、能宂不能掩身、能走不能先人、从鼠石聲、常隻切

鼩、豹文鼠也、从鼠冬聲、職戎切（籀文省）或从豸

鼶、鼠屬、从鼠益聲、於革切

鼷、小鼠也、从鼠奚聲、胡雞切

鼩、精鼩鼠也、从鼠句聲、其俱切

鼶、鼠也、从鼠兼聲、巨淹切

鼷、鼠屬、从鼠今聲、讀若含、胡男切

鼬、如鼠、赤黃而大、食鼠者、从鼠由聲、余救切

鼸、胡地風鼠、从鼠勺聲、之若切

鼨、鼠屬、从鼠宂聲、而隴切

zī
鼒 鼠似雞鼠尾从鼠此聲、即移切

hún
鼲 鼠出丁零胡皮可作裘从鼠軍聲、乎昆切

hú
鼴 斬鼴鼠黑身白腰若帶手有長白毛似握版之狀類蠵蜼之屬从鼠胡聲、戶吳切

文二十 重三

néng
熊 熊屬足似鹿从肉㠯聲能獸堅中、故稱賢能而彊壯稱能傑也凡能之屬皆从能 臣鉉等曰㠯非聲疑皆象形 奴登切

文一

xióng
熊 獸似豕山居冬蟄从能炎省聲、凡熊之屬皆从熊、羽弓切

pí 羆 huǒ 火 dá 炟 huǐ 烜 huǐ 燬 xiǎn 燹 jùn 焌 liào 尞

羆 如熊黃白文、从熊罷省聲。彼爲切 古文从皮。

火 燬也。南方之行炎而上象形。凡火之屬皆从火。呼果切

文二 重一

炟 上諱。臣鉉等曰漢章帝名也唐韻曰火起也从火旦聲當割切

烜 火也从火尾聲詩曰王室如烜、許偉切

燬 火也从火毀聲春秋傳曰衞侯燬、許偉切

燹 火也从火豩聲、穌典切

焌 然火也从火夋聲周禮曰遂籥其焌、焌火在前以焞焯窺龜、子寸切又倉聿切

尞 柴祭天也从火从昚昚古文慎字祭天所以慎也力照

然 rán
燒也。从火肰聲。臣鉉等曰：今俗別作燃，蓋後人增加。如延切

難 或从艸、難。注云：艸也。此重出。

蓺 ruò
燒也。从火蓺聲。春秋傳曰：蓺僖負羈。臣鉉等曰：說文無蓺字，當从艸、熱省聲。如劣切

燔 fán
蓺也。从火番聲。附袁切

燒 shāo
蓺也。从火堯聲。式昭切

烈 liè
火猛也。从火列聲。良薛切

灼 zhuō
火光也。从火出聲。商書曰：予亦灼謀。讀若巧拙之拙。職悅切

| yàn | lìn | liáo | fú | hàn | xù | fú | zhēng | fú | bì |

煒爕、火皃、从火、畢聲、甲吉切

爕、煒爕也、从火熨聲、籀文悖字、敷勿切

烝、火气上行也、从火丞聲、煮仍切

烰、烝也、从火孚聲、詩曰、烝之烰烰、縛牟切

煦、烝也、一曰赤皃、一曰溫潤也、从火昫聲、香句切

熯、乾皃、从火漢省聲、詩曰、我孔熯矣、人善切

烸、火皃、从火弗聲、普活切

燎、火皃、从火尞聲、逸周書曰、味辛而不焫、洛蕭切

閦、火皃、从火、兩省聲、讀若燹、良刃切

厭、火色也、从火雁聲、讀若鴈、五旱切

jiǒng	yuè	biāo	hè	jiǎo	chán	jiāo		tàn	zhǎ
熲	爚	熛	熇	烄	烾	燋		炭	羕

熲 火光也、从火頃聲、古迥切

爚 火飛也、从火龠聲、一曰爇也、以灼切

熛 火飛也、从火㶳聲、讀若摽、甫遙切

熇 火熱也、从火高聲、詩曰多將熇熇、臣鉉等曰高非聲當從暠省、火屋切

烄 交木然也、从火交聲、古巧切

烾 小熱也、从火于聲、詩曰憂心烾烾、臣鉉等曰于非聲、未詳、直廉切

燋 所以然持火也、从火焦聲、周禮曰以明火爇燋也、即消切

炭 燒木餘也、从火岸省聲、他案切

羕 束炭也、从火羑省聲、讀若齹、楚宜切

jiǎo 敎

敎 交灼木也、从火敎省聲讀若狡、古巧切

bá 炊

炊 火气也、从火犮聲、蒲撥切

huī 灰

灰 死火餘烎也、从火从又、又手也、火既滅可以執持、呼恢切

tái 炱

炱 灰炱煤也、从火台聲、徒哀切

wēi 煨

煨 盆中火、从火畏聲、烏灰切

xī 熄

熄 畜火也、从火息聲亦曰滅火、相即切、口迥切

wēi 烓

烓 行竈也、从火圭聲讀若同、

chén 煁

煁 烓也、从火甚聲、氏任切

chǎn 燀

燀 炊也、从火單聲春秋傳曰燀之以薪、充善切

chuī	hōng	jì	xī	jiān	áo	páo	ēn	zēng	bì
炊	烘	齌	熹	煎	熬	炮	裵	竇	穐

炊 爨也、从火吹省聲、昌垂切

烘 尞也、从火共聲、詩曰卬烘于煁、呼東切

齌 炊䭾疾也、从火齊聲、在詣切

熹 炙也、从火喜聲、許其切

煎 熬也、从火前聲、子仙切

熬 乾煎也、从火敖聲、五牢切 麷 熬或从麥、

炮 毛炙肉也、从火包聲、薄交切

裵 炮肉以微火溫肉也、从火衣聲、烏痕切

竇 置魚筒中炙也、从火曾聲、作滕切

穐 以火乾肉、从火稲聲、臣鉉等案說文無穐字當从䆃省疑傳寫之誤符逼切

說文解字 第十上 火

爆 bào 爗 灼也、从火暴聲、蒲木切、臣鉉等曰、今俗音豹、火裂也、

煬 yàng 炙燥也、从火昜聲、余亮切、

煔 hú 灼也、从火隺聲、胡沃切、

爛 làn 孰也、从火蘭聲、郎旰切、爤 或从閒、

麋 mí 爛也、从火麋聲、靡為切、

尉 (慰) wèi 从上案下也、从𡰪又持火以尉申繒也、臣鉉等曰今俗別作慰非是、於胃切、

燋 jiāo 灼龜不兆也、从火从龜、春秋傳曰龜熸不兆、讀若焦、消即切、

| jiǔ 灸 | zhuó 灼 | liàn 煉 | zhú 燭 | zǒng 熜 | xiè 炧 | jìn 妻 | cuì 焠 | rǒu 煣 |

灸 灼也、从火久聲、舉友切

灼 炙也、从火勺聲、之若切

煉 鑠治金也、从火柬聲、郎電切

燭 庭燎火燭也、从火蜀聲、之欲切

熜 然麻蒸也、从火悤聲、作孔切

炧 燭妻也、从火也聲、徐野切

妻 火餘也、从火聿聲、一曰薪也、臣鉉等曰聿非聲疑从聿省今俗別作燼非是、徐刃切

焠 堅刀刃也、从火卒聲、七內切

煣 屈申木也、从火柔柔亦聲、人久切

說文解字 第十上 火

fán 樊
燓 燒田也。从火棥，棥亦聲。附袁切

lián 爁
爁 火燡車網絕也。从火兼聲。周禮曰：燡牙外不爁。力臨切

liǎo 燎
燎 放火也。从火尞聲。力小切

biāo 熛
熛 火飛也。从火黑聲。與慄同意。方昭切

zāo 熷
熷 焦也。从火曹聲。作曹切

jiāo 雥
雥 火所傷也。从火雥聲。即消切 雥或省

zāi 烖
烖 天火曰烖。从火戈聲。祖才切 烖或从宀火、灾古文从才、災籀文从巛

yān 煙
煙 火气也。从火垔聲。烏前切 烟或从因、靊古文、𤈦籀文从宀

八一四

chǐ	wěi	zhào	zhuó	bǐng	tūn	tán	dí	yūn	yè	
炽	煒	照	焯	炳	焞	燂	炪	煴	焆	

煔 煔煙皃、从火、昌聲。因悅切

煴 鬱煙也、从火、昷聲。於云切

炪 望火皃、从火、㫃聲、讀若馴顑之馴。都歷切

燂 火熱也、从火、覃聲。徐鹽切

焞 明也、从火、臺聲。春秋傳曰焞燿天地。他昆切

炳 明也、从火、卓聲。周書曰焯見三有俊心。之若切

炳 明也、从火、丙聲。兵永切

照 明也、从火、昭聲。之少切

煒 盛赤也、从火、韋聲。詩曰彤管有煒。于鬼切

炽 盛火也、从火、从多。昌氏切

xuàn	yàn	yè	jiǒng	kūn	huáng	huī	yào	yù	yì
炫	爓	爗	炯	焜	煌	煇	燿	煜	熠

�熠 盛光也、从火習聲、詩曰熠熠宵行、羊入切

煜 熠也、从火昱聲、余六切

燿 照也、从火翟聲、弋笑切

煇 光也、从火軍聲、況韋切

煌 煌煇也、从火皇聲、胡光切

焜 煌也、从火昆聲、孤本切

炯 光也、从火冋聲、古迥切

爗 盛也、从火曅聲、詩曰爗爗震電、筠輒切

爓 火門也、从火閻聲、余廉切

炫 燿燿也、从火玄聲、胡畎切

| guāng | ruò | chì | ào | xuān | nuǎn | jiǒng | kàng | zào |
| 光 | 熱 | 熾 | 燠 | 煊 | 煖 | 炅 | 炕 | 燥 |

光 明也、从火在人上、光明意也、古皇切 炎 古文 炎 古

熱 溫也、从火埶聲、如列切

熾 盛也、从火戠聲、昌志切 燹 古文熾、

燠 熱在中也、从火奥聲、烏到切

煊 溫也、从火耎聲、況袁切

煖 溫也、从火爰聲、乃管切

炅 見也、从火日、古迥切

炕 乾也、从火亢聲、苦浪切

燥 乾也、从火喿聲、穌到切

威 滅也、从火戌、火死於戌、陽氣至戌而盡、詩曰、赫赫宗周、襃似威之、許劣切

焅 旱气也、从火告聲、苦沃切

燾 溥覆照也、从火壽聲、徒到切

爟 取火於日官名舉火曰爟、周禮曰司爟掌行火之政令、从火雚聲、古玩切 烜 或从亘

燹 燧候表也、邊有警則舉火、从火逢聲、敷容切

熮 苣火祓也、从火爵聲、呂不韋曰、湯得伊尹、爓以爟火、釁以犧貑、子肖切

熭 暴乾火也、从火彗聲、于歲切

熙　燥也、从火配聲、許其切

文一百一十二　重十五

爞　蟲盛也、从火、蟲聲、直弓切

煽　扇熾盛也、从火、扇聲、式戰切

烙　灼也、从火、各聲、盧各切

爍　灼爍光也、从火、樂聲、書藥切

燦　燦爛明瀞皃、从火、粲聲、倉案切

煥　火光也、从火、奐聲、呼貫切

文六　新附

炎　火光上也、从重火、凡炎之屬皆从炎、于廉切

yǎn	yǎn	lǐn	shǎn	xián	xiè	lín
燄	烻	燣	煔	燅	燮	燊

燄 火行微燄燄也、从炎臽聲、以冉切

烻 火光也、从炎延聲、臣鉉等曰、延非聲、當从㢟省、以冉切 余廉切

燣 僈火也、从炎𠆢聲、讀若桑葚之葚、力荏切

煔 火行也、从炎占聲、舒贍切

燅 於湯中爚肉、从炎从熱省、徐鹽切 𤎱或从炙

燮 大熟也、从又持炎辛、辛者物熟味也、蘇俠切

燊 兵死及牛馬之血爲粦、粦鬼火也、从炎舛、良刃切徐鍇曰、䅁博物志、戰鬬死亡之處、有人馬血積中爲粦、著地入艸木、如霜露不可見、有觸者、著人體後有光、拂拭即散無數、又有吒聲、如嚼豆、外者人足也、言光行著人

文八 重一

hēi 黑 火所熏之色也。从炎上出𠕎，𠕎古窻字。凡黑之屬皆从黑。呼北切

lú 黸 齊謂黑爲黸。从黑盧聲。洛乎切

wèi 黴 沃黑色。从黑會聲。惡外切

àn 黯 深黑也。从黑音聲。乙減切

yǎn 黶 申黑也。从黑厭聲。於琰切

yī 黳 小黑子。从黑殹聲。烏雞切

dá 黕 白而有黑也。从黑冝聲。五原有莫𪐗縣。當割切

jiān 黰 雖皙而黑也。从黑箴聲。古人名黰字皙。古咸切

yàng 煬 赤黑也。从黑易聲。讀若煬。餘亮切

căn	yǎn	yǒu	tūn	diǎn	qián	jiān	yuè	chuā
黲	黤	黝	黜	點	黚	黔	䵓	䮰

淺青黑也、从黑參聲、七感切

青黑也、从黑奄聲、於檻切

微青黑色、从黑幼聲、爾雅曰地謂之黝、於糾切

黃濁黑也、从黑屯聲、他袞切

小黑也、从黑占聲、多忝切

淺黃黑也、从黑甘聲、讀若染繒中束緅黚、巨淹切

黃黑也、从黑金聲、古咸切

黑有文也、从黑冤聲、讀若飴謈字、於月切

黃黑而白也、从黑算聲、一曰短黑讀若以芥為齏名曰芥荃也、初刮切

黷 jiǎn 黑繎也从黑幵聲古典切

黠 xiá 堅黑也从黑吉聲胡八切

黔 qián 黎也从黑今聲秦謂民為黔首謂黑色也周謂之黎民易曰為黔喙巨淹切

黕 dǎn 滓垢也从黑冘聲都感切

黨 dǎng 不鮮也从黑尚聲多朗切

黷 dú 握持垢也从黑賣聲易曰再三黷徒谷切

黵 dǎn 大污也从黑詹聲當敢切

黴 méi 中久雨青黑从黑微省聲武悲切

黜 chù 貶下也从黑出聲丑律切

pán	dài	shū	yù	diàn	dǎn	yǎn	qíng	yǎn	yī
黵	黱	儵	黦	黰	黮	黔	黥	黯	黟

䵳 䵧姍、下哂从黑般聲、薄官切

黱 畫眉也、从黑朕聲、徒耐切

儵 青黑繒縫白色也、从黑攸聲、式竹切

黦 羔裘之縫、从黑或聲、于逼切

黰 謂之垔垔滓也、从黑殿省聲、堂練切

黮 桑葚之黑也、从黑甚聲、他感切

黔 果實黲黷黑也、从黑今聲、烏感切

黥 墨刑在面也、从黑京聲、渠京切 䵞 黥或从刀

黯 黬者忘而息也、从黑敢聲、於檻切

黟 黑木也、从黑多聲、丹陽有黟縣、烏雞切

說文解字弟十上

李承緒篆
黎永椿校
廖廷相覆校
陳昌治校刊

文三十七 重一

說文解字弟十下

漢太尉祭酒許愼記

宋右散騎常侍徐鉉等校定

囪 chuāng
在牆曰牖，在屋曰囪，象形。凡囪之屬皆从囪。楚江切
㐥 古文。
或从穴。

恖 cōng
多遽恖恖也。从心囪，囪亦聲。倉紅切

焱 yàn
火華也。从三火。凡焱之屬皆从焱。以冄切
文二

熒 yíng
屋下鐙燭之光。从焱冂。戶扃切

燊 shēn
盛皃。从焱在木上，讀若詩莘莘征夫。一曰役也。所臻切

zhì
炙

炙 炮肉也。从肉在火上。凡炙之屬皆从炙。之石切

fán
燔

燔 宗廟火孰肉。从炙番聲。春秋傳曰、天子有事燔焉、以饋同姓諸矦。附袁切

liǎo
䞭

䞭 炙也。从炙尞聲。讀若嬌燎。力照切

文三 重一

chì
赤

赤 南方色也。从大从火。凡赤之屬皆从赤。昌石切 古文从炎土。

tóng
䞓

䞓 赤色也。从赤蟲省聲。徒冬切

說文解字 第十下 赤

hù 縠 日出之赤,从赤,縠省聲。火沃切

nǎn 赧 面慙赤也,从赤,反聲。周失天下於赧王。女版切

chēng 䞓 赤色也,从赤,巠聲。詩曰魴魚䞓尾。敕貞切

䞓或从貞。𩔲或从丁。

經棠棗之汁或从水。

zhě 赭 赤土也,从赤,者聲。之也切

gàn 赣 赤色也,从赤,倝聲,讀若浣。胡玩切

hè 赫 火赤皃,从二赤。呼格切

文八 重五

xì 䞓 大赤也,从赤,色,色亦聲。許力切

xiá
煆 赤色也从赤、叚聲、乎加切

dà
大 天大地大人亦大故大象人形、古文大、他達也、凡大之屬皆从大、徒蓋切

文二 新附

kuí
奎 兩髀之閒、从大圭聲、苦圭切

jiā
夾 持也、从大俠二人、古狎切

yǎn
奄 覆也、大有餘也、又欠也、从大从申申展也、依檢切

kuā
夸 奢也、从大于聲、苦瓜切

huán
奐 奢也、从大𠀆聲、胡官切

gū
奯 大也、从大瓜聲、烏瓜切

奯 huò 空大也、从大歲聲、讀若詩施罛濊濊、呼括切

戴 zhì 大也、从大戔聲、讀若詩戴戴大猷、直質切

奅 pào 大也、从大卯聲、匹貌切

奫 yǔn 大也、从大云聲、魚吻切

妏 dī 大也、从大氐聲、讀若氐、都兮切

奊 jiè 大也、从大介聲、讀若蓋、古拜切

奰 xiè 瞋大也、从大此聲、火戒切

奜 bì 大也、从大弗聲、讀若予違汝弼、房密切

奄 chún 大也、从大屯聲、讀若鶉、常倫切

契 qì 大約也、从大从韧、易曰後代聖人易之以書契、苦計切

夷 平也、从大从弓、東方之人也。以脂切

亦 人之臂亦也、从大象兩亦之形、凡亦之屬皆从亦。臣鉉等曰、今別作腋、非是。羊益切

夾 盜竊裏物也、从亦有所持、俗謂蔽人俾夾、是也、弘農陝字从此。失冉切

文二

矢 傾頭也、从大象形、凡矢之屬皆从矢。阻力切

㚔 頭傾也、从矢吉聲、讀若子。古屑切

奊 頭衺骫奊態也、从矢圭聲。胡結切

文十八

说文解字 第十下 大 亦 矢

八三一

wú 吴(吳)

吳 姓也、亦郡也、一曰吳大言也、从矢口、五乎切、徐鍇曰、大言、故夨口以出聲、詩曰不吳不揚、今寫詩者改吳作吴、又音乎化切、其謬甚矣。 𠔚 古文如此。

yāo 夭

夭 屈也、从大象形、凡夭之屬皆从夭、於兆切

文四　重一

qiáo 喬

喬 高而曲也、从夭从高省、詩曰南有喬木、巨嬌切

xìng 㚔

㚔 吉而免凶也、从屰从夭、夭死之事故死謂之不㚔、胡耿切

bēn 奔

奔 走也、从夭賁省聲、與走同意、俱从夭、博昆切

文四

jiāo 交

交 交脛也、从大象交形、凡交之屬皆从交、古爻切

wéi	jiǎo	wāng	hú	bǒ	zuǒ	yào	gān
蘷	絞	尢	尵	尳	尲	旭	尷

褭也、从交韋聲。(於非切)

絞 縊也、从交从糸。(古巧切)

尢 㝿曲脛也、从大象偏曲之形。凡尢之屬皆从尢。(烏光切)

桂 古文从㞷。

文三

尵 尵病也、从尢从骨骨亦聲。(戶骨切)

尳 蹇也、从尢皮聲。(布火切)

尲 尲尲行不正也、从尢左聲。(則箇切)

旭 行不正也、从尢艮聲、讀若耀。(弋笑切)

尷 不正也、从尢兼聲。(古咸切)

尬 jiè 从从也。从允介聲。古拜切 又公八切

㚔 liào 㚔 行脛相交也。从允力吊聲。力吊切

㞢 dī 㞢 也不能行爲人所引曰㞢㞢。从允从爪是聲。都兮切

尵 xié 尵 㞢 也。从允从爪舊聲。戶圭切

尪 yū 尪 股尪也。从允于聲。羽俱切

羸 léi 羸 尪中病也。从允从羸。力爲切 即果

文十二 重一

壺 hú 壺 昆吾圓器也。象形。从大象其蓋也。凡壺之屬皆从壺。戶吳切

壹 yūn 壹 壹壺也。从凶从壺不得泄。凶也。易曰天地壹壹。於云切

壹 yī
壴 專壹也、从壺吉聲、凡壹之屬皆从壹、於悉切

懿 yì
懿 專久而美也、从壹从恣省聲、乙冀切

文二

夲 niè
夲 所以驚人也、从大从羊、一曰大聲也、凡夲之屬皆从夲讀若籋、一曰讀若瓠、一曰俗語以盜不止為夲、夲讀若佩、尼輒切

文二

睪 yì
睪 目視也、从橫目从夲、令吏將目捕罪人也、羊益切

執 zhí
執 捕罪人也、从丮从夲、夲亦聲、切

圉 yǔ
圉 所以拘罪人、从夲从囗、一曰圉垂也、一曰圉人

盩 zhōu　掌馬者、魚舉切

盩 引擊也、从幸攴見血也、扶風有盩厔縣、張流切

報 bào　當罪人也、从幸从𠬝、𠬝、服罪也、博号切

鞫 jū　窮理罪人也、从幸从人从言竹聲、居六切　鞫或省言

文七　重一

奢 shē　張也、从大者聲、凡奢之屬皆从奢、式車切　奓籒文
臣鉉等曰、今俗作陟加切以爲奓厚之奓非是、

奲 duǒ　富奲奲皃、从奢單聲、丁可切

文二　重一

亢 gāng　人頸也、从大省象頸脈形、凡亢之屬皆从亢、古郎切

亢 或从頁。

𡗕 直項莽兒也。从亢从夋。倨也。亢亦聲。胡朗切 又 岡朗切

夲

文二 重一

夲 進趣也。从大从十。大十猶兼十人也。凡夲之屬皆从夲。讀若滔。土刀切

莽 疾也。从夲卉聲。拜从此。呼骨切

暴 疾有所趣也。从日出夲廾之。薄報切

𡘾 進也。从夲从申。申𡗡聲。易曰𡘾夬。余準切

奏 進也。从夲从廾从屮。屮上進之義。則候切

𢍧 亦古文

𢍧 古文

說文解字 第十下 本 夲

gāo 皋
皋气皋白之進也。从夲从白。禮祝曰皋，登謌曰奏，故皋奏皆从夲。周禮曰：詔來鼓皋舞。皋，告之也。古勞切

gǎo 夲
夲放也。从大而八分也。凡夲之屬皆从夲。古老切

文六 重二

jù 界
舉目驚界然也。从夲从䀠，䀠亦聲。九遇切

ào 㚔
嫚也。从百从夲，夲亦聲。虞書曰：若丹朱㚔。讀若傲。論語：㚔湯舟。五到切

hào 昦
春為昦天，元气昦昦。从日夲，夲亦聲。胡老切

guǎng 奊
驚走也。一曰往來也。从夲䮷。周書曰：伯奊。古文䮷。
文囷字。臣鉉等曰：䮷居況切，䮷猶乖也。䮷亦聲。言古囷字未詳。具往切

又五

dà 大 ㄣ 籒文大改古文亦象人形凡大之屬皆从大、他達切

yì 奕 大也、从大亦聲詩曰奕奕梁山、羊益切

zàng 奘 大也、从大从壯壯亦聲、徂朗切

gǎo 臮 大白澤也、从大从白古文以爲澤字、古老切

xī 奚 大腹也、从大繇省聲繇篆文系字、胡雞切

ruǎn 奿 稍前大也、从大而聲讀若偄、而沇切

yàn 奰 大皃从大䎜聲或曰拳勇字、一曰讀若傿、乙獻切

bì 𡘺 壯大也、从三大三目二目爲𡂿三目爲𡘺𡘺大也一曰迫也讀若易虙羲氏詩曰不醉而怒謂之𡘺、平祕切

fū 夫

夫 夫也。从大、一。一以象簪也。周制以八寸爲尺十尺爲丈。人長八尺故曰丈夫。凡夫之屬皆从夫。甫無切

guī 規

規 有法度也。从夫从見。居隨切

bàn 扶

扶 竝行也。从二夫。輦字从此、讀若伴侶之伴。薄旱切

文三

lì 立

立 住也。从大立一之上。臣鉉等曰、大、人也、一、地也、會意、凡立之屬皆从立。力入切

lì 隶

隶 臨也。从立从隶。力至切

duì 埻

埻 磊埻重聚也。从立臺聲。丁罪切

文八

端 直也、从立专声、多官切。

塼 等也、从立专声、春秋国语曰、塼本肇末、旨沇切。

竦 敬也、从立从束、束自申束也、息拱切。

竫 亭安也、从立争声、疾郢切。

靖 立竫也、从立青声、一曰细皃、疾郢切。

竢 待也、从立矣声、床史切。竢或从巳。

竘 健也、一曰匠也、从立句声、读若龋、逸周书有竘匠、羽上切。

竢 不正也、从立丽声、火𢍰切。

竭 负举也、从立曷声、渠列切。

頭 待也、从立須聲、相俞切

　或从頁聲

須 痿也、从立須聲、力臥切

竣 偓竣也、从立夋聲、國語曰有司已事而竣、七倫切

䇐 見鬼䇐䇐、从立从柔、柔籀文魅字、讀若虙羲氏之虙、房六切

䇥 驚皃、从立昔聲、七雀切

䇎 短人立䇎䇎皃、从立卑聲、㑊下切、七耕切

䇐 北地高樓無屋者从立曾聲、切

　文十九　重二

並 併也、从二立、凡竝之屬皆从竝、蒲迥切

替 tì

朁廢、一偏下也、从竝白聲、他計切

朁或从曰、臣鉉等曰今俗作替非是

文二 重二

囟 xìn

頭會匘蓋也、象形凡囟之屬皆从囟、息進切

古文囟字

肉宰、

巤 liè

毛巤也、象髮在囟上及毛髮巤巤之形、此與籀文子字同、良涉切

毗 pí

人臍也、从囟囟取气通也、从比聲、房脂切

思 sī

容也、从心囟聲凡思之屬皆从思、息茲切

文三 重二

心

人心，土藏，在身之中。象形。博士說以爲火藏。凡心之屬皆从心。息林切

文二

息 喘也。从心从自，自亦聲。相即切

情 人之陰气有欲者。从心青聲。疾盈切

性 人之陽气，性善者也。从心生聲。息正切

志 意也。从心之聲。職吏切

意 志也。从心察言而知意也。从心从音。於記切

恉 意也。从心旨聲。職雉切

慮 謀思也。从思虍聲。良據切

dé	yīng	shèn	zhōng	què	miǎo	kuài	kǎi	qiè	niàn
惪	應	慎	忠	慤	愨	快	愷	愜	念

惪 外得於人、內得於已也、从直从心，多則切 古文。

應 當也、从心雁聲、於陵切。

慎 謹也、从心眞聲、時刃切。 古文。

忠 敬也、从心中聲、陟弓切。

愨 謹也、从心殸聲、苦角切。

慸 美也、从心頪聲、莫角切。

快 喜也、从心夬聲、苦夬切。

愷 樂也、从心豈聲、臣鉉等曰豈部巳有此重出、苦亥切。

愜 快心也、从心匧聲、苦叶切。

念 常思也、从心今聲、奴店切。

fū	xiàn	chéng	nǎn	xīn		zhòng	yùn	dūn	kàng
怤	憲	憕	戁	忻		憧	惲	惇	忼

怤:思也。从心付聲。甫無切

憲:敏也。从心从目害省聲。許建切

憕:平也。从心登聲。直陵切

戁:敬也。从心難聲。女版切

忻:闓也。从心斤聲。司馬法曰、善者忻民之善、閉民之惡。許斤切

憧:遲也。从心重聲。直隴切

惲:重厚也。从心軍聲。於粉切

惇:厚也。从心臺聲。都昆切

忼:慨也。从心亢聲。一曰易、忼龍有悔。臣鉉等曰、今俗別作慷、非是。苦浪切

zhé	yì	xiáo	liǎo	huì	yuàn	bì	kǔn	kǎi
悊	癒	恔	憭	慧	愿	愊	悃	慨

慨 忼慨、壯士不得志也、从心旣聲、古溉切 又曰朗切

悃 愊也、从心困聲、苦本切

愊 誠志也、从心畐聲、芳逼切

愿 謹也、从心原聲、魚怨切

慧 儇也、从心彗聲、胡桂切

憭 慧也、从心尞聲、力小切

恔 憭也、从心交聲、下交切 又古了切

癒 靜也、从心疢聲、臣鉉等曰疢非聲、未詳、於計切

悊 敬也、从心折聲、陟列切

cóng	tián	huī	gōng	jǐng	shù	yí	cí	qí	yǐ
悰	恬	恢	恭	憼	恕	怡	慈	恀	憘

悰 樂也、从心宗聲、藏宗切

恬 安也、从心䛷省聲、徒兼切

恢 大也、从心灰聲、苦回切

恭 肅也、从心共聲、俱容切

憼 敬也、从心从敬、敬亦聲、居影切 忥 古文省、

恕 仁也、从心如聲、商署切

怡 和也、从心台聲、與之切

慈 愛也、从心茲聲、疾之切

恀 愛也、从心氏聲、巨支切

憘 恀憘、不憂事也、从心虍聲、讀若移、移尔切

quān 悛 謹也从心全聲,此緣切

ēn 恩 惠也从心因聲,烏痕切

dì 㥚 高也,一曰極也,一曰困劣也,从心帶聲,特計切

yìn 慭 問也,謹敬也,从心猌聲,一曰說也,一曰甘也,春秋傳曰昊天不慭,又曰兩君之士皆未慭,魚覲切

kuàng 㡩 閬也,一曰廣也大也,一曰寬也,从心从廣,廣亦聲,苦謗切

jiè 誡 飾也,从心戒聲,司馬法曰有虞氏誡於中國,古拜切

yǐn 懿 謹也,从心䇂聲,於靳切

qìng 慶 行賀人也,从心从夊,吉禮以鹿皮為贄,故从鹿省,丘竟切

xuǎn	xùn	sè 窸(塞)	xún	chén	wéi	huái	lún	xiǎng
愃	愻	(塞)	恂	忱	惟	懷	惀	想

愃 寬嫺心腹皃从心宣聲詩曰赫兮愃兮 況晚切

愻 順也从心孫聲唐書曰五品不愻 蘇困切

窸(塞) 實也从心塞省聲虞書曰剛而塞 先則切

恂 信心也从心旬聲 相倫切

忱 誠也从心冘聲詩曰天命匪忱 氏任切

惟 凡思也从心隹聲 以追切

懷 念思也从心裏聲 戶乖切

惀 欲知之皃从心侖聲 盧昆切

想 冀思也从心相聲 息兩切

憖 suì 深也、从心㒸聲、徐醉切

惛 xù 起也、从心畜聲、詩曰能不我惛、許六切

懿 yì 滿也、从心壹聲、一曰十萬曰懿、於力切 𢡃 籒文省

懽 guàn 憂也、从心官聲、古玩切

憀 liáo 憀然也、从心翏聲、洛蕭切

愙 kè 敬也、从心客聲、春秋傳曰以陳備三愙、臣鉉等曰今俗作恪、苦各切

慫 sǒng 懼也、从心雙省聲、春秋傳曰駟氏慫、息拱切

懼 jù 恐也、从心瞿聲、其遇切 愳 古文

怙 hù 恃也、从心古聲、矦古切

shì	cóng	wù	wǔ	ài	xǔ	wèi	cuì	chóu	chóu

恃 賴也、从心寺聲、時止切

憽 慮也、从心曹聲、藏宗切

悟 覺也、从心吾聲、五故切 㤇 古文悟

憮 愛也、韓鄭曰憮、一曰不動、从心無聲、文甫切

㤅 惠也、从心旡聲、烏代切 㤅 古文

㥯 謹也、从心㐜聲、讀若𦣞、此芮切

慰 安也、从心尉聲、一曰恚怒也、於胃切

㤜 知也、从心𦧄聲、私呂切

簪 箸也、从心管聲、直由切

怞 朖也、从心由聲、詩曰憂心且怞、直又切

wǔ	mín	mù	miǎn	yì	mào	mù	quān	tuì	yǔ
怃	忞	慔	怖	恀	懋	慕	悛	悷	悆

怃：撫也。从心無聲。讀若侮。文甫切

忞：彊也。从心文聲。周書曰：在受德忞。讀若旻。武巾切

慔：勉也。从心莫聲。莫故切

怖：勉也。从心面聲。弥兖切

恀：勉也。从心曳聲。余制切

懋：勉也。从心楙聲。虞書曰：時惟懋哉。莫候切 𢢖 或省。

慕：習也。从心莫聲。莫故切

悛：止也。从心夋聲。此緣切

悷：肆也。从心隶聲。他骨切

悆：趣步悆悆也。从心與聲。余呂切

| tāo | yān | dàn | bó | xù | gān | guàn | yú | nì | jǐ |

慆 說也、从心舀聲。土刀切

懕 安也、从心厭聲。詩曰、懕懕夜飲。於鹽切

憺 安也、从心詹聲。徒敢切

怕 無爲也、从心白聲。匹白切 又 葩亞切

恤 憂也、收也、从心血聲。辛聿切

忓 極也、从心干聲。古寒切

懽 喜欵也、从心雚聲。爾雅曰、懽懽愮愮、憂無告也。古玩切

愚 懽也、琅邪朱虛有愚亭、从心禺聲。噓俱切

愬 飢餓也、一曰憂也、从心叔聲。詩曰、愬如朝飢。奴歷切

𢘍 勞也、从心卻聲。其虐切

xián	xìng	juàn	jí	biǎn	jí	xiǎn	hū	qì	xiān
愀	悻	懁	悈	辡	急	愻	憨	愒	憸

憸 憸詖也、憸利於上佞人也、从心僉聲、息廉切

愒 憩息也、从心曷聲、臣鉉等曰今別作憩非是去例切

憨 精戇也、从心毳聲、千短切

愻 疾利口也、从心从冊、詩曰相時憸民、徐鍇曰、冊言眾也、息廉切

急 褊也、从心及聲、居立切

辡 疾也、从心䇂聲、一曰急也、方洧切

悈 憂也、从心亟聲、一曰謹重皃、已力切

懁 急也、从心睘聲、讀若絹、古縣切

悻 恨也、从心𢀽聲、胡頂切

愀 急也、从心从弦、弦亦聲、河南密縣有愀亭、胡田切

| piào | nuò | rèn | tè | jù | yì | yù | tè | xián | yú |

慓 疾也、从心票聲、敷沼切

懦 駑弱者也、从心需聲、人朱切

恁 下齎也、从心任聲、如甚切

怢 失常也、从心失聲、他骨切

怚 驕也、从心且聲、子去切

悒 不安也、从心邑聲、於汲切

悆 忘也、从心余聲、周書曰有疾不悆、悆喜也、羊茹切

忒 更也、从心弋聲、他得切

憪 愉也、从心閒聲、戶閒切

愉 薄也、从心俞聲、論語曰私覿愉愉如也、羊朱切

guài	tài	hàn	zhì	ài	chōng	cǎi	zhuàng	yú	miè
怪	態	悍	忮	懝	憃	悈	戇	愚	懱

怪 異也、从心圣聲、古壞切

態 意也、从心从能、他代切 徐鍇曰心能其事然後有態度也 𢤲 或从人

悍 勇也、从心旱聲、侯旰切

忮 很也、从心支聲、之義切

懝 駿也、从心从疑疑亦聲、一曰惶也、五溉切

憃 愚也、从心舂聲、丑江切

悈 姦也、从心采聲、倉宰切

戇 愚也、从心贛聲、陟絳切

愚 戇也、从心从禺禺猴屬獸之愚者、麌俱切

懱 輕易也、从心蔑聲、商書曰以相陵懱、莫結切

dàng　màn　dài　xiè　duò　　sōng　fú　xiè　hū
憃　慢　怠　懈　惰　　愯　怫　忽　忽

憃 放也、从心象聲、徒朗切

慢 惰也、从心曼聲、一曰慢不畏也、謀晏切

怠 慢也、从心台聲、徒亥切

懈 怠也、从心解聲、古隘切

惰 不敬也、从心嫷省、春秋傳曰執玉惰、徒果切 憜 惰或

省自 𢣊古文

愯 驚也、从心從聲、讀若悚、息拱切

怫 鬱也、从心弗聲、符弗切

忽 忽也、从心介聲、孟子曰孝子之心不若是忽、呼介切

忽 忘也、从心勿聲、呼骨切

wàng	mán	zì	dàng	chōng	kuī	jué	guàng	huǎng	guǐ
忘	懣	恣	愓	憧	悝	憰	憃	恍	恑

忘 不識也、从心、从亡、亡亦聲。武方切

懣 忘也、懣兒也、从心、蕑聲。毋官切

恣 縱也、从心、次聲。貧四切

愓 放也、从心、易聲、一曰平也。徒朗切

憧 意不定也、从心、童聲。尺容切

悝 啁也、从心、里聲、春秋傳有孔悝、一曰病也。苦回切

憰 權詐也、从心、矞聲。古穴切

憃 誤也、从心、喬聲。居況切

恍 狂之皃、从心、況省聲。許往切

恑 變也、从心、危聲。過委切

xié 憰 有二心也、从心舊聲、戶圭切

jì 悸 心動也、从心季聲、其季切

jiāo 憿 幸也、从心敫聲、古堯切

kuò 聒 善自用之意也、从心銛聲、商書曰今汝聒聒、古活切

𦕒 古文从耳、

wàn 忨 貪也、从心元聲、春秋傳曰忨歲而漱日、五換切

lán 惏 河內之北謂貪曰惏、从心林聲、盧含切

mèng 㠿 不明也、从心夢聲、武亘切

qiān 愆 過也、从心衍聲、去虔切

𡨚 或从寒省、

𠎝 籀文、

xián 嗛 疑也、从心兼聲、戶兼切

huò	mín	náo	chǔn	hūn	xì	wèi	kuì	jì
惑	怋	恢	惷	惛	忥	蕙	憒	忌

惑 亂也、从心或聲、胡國切

怋 亂也、从心民聲、呼昆切

恢 亂也、从心奴聲、詩曰以謹惛恢、女交切

惷 亂也、从心春聲、春秋傳曰王室日惷惷焉、一曰厚也、尺允切

惛 不憭也、从心昏聲、呼昆切

忥 癡皃、从心气聲、許旣切

蕙 謬言不慧也、从心蕙聲、于歲切

憒 亂也、从心貴聲、胡對切

忌 憎惡也、从心己聲、渠記切

fèn 忿 忿 悁也。从心分聲。敷粉切

yuān 悁 悁 忿也。从心肙聲。一曰憂也。於緣切 古文。

lí 㮯 㮯 恨也。从心黎聲。一曰怠也。郎尸切

huì 恚 恚 恨也。从心圭聲。於避切

yuàn 怨 怨 恚也。从心夗聲。於願切 古文。

nù 怒 怒 恚也。从心奴聲。乃故切

duì 憝 憝 怨也。从心敦聲。周書曰凡民罔不憝。徒對切

yùn 慍 慍 怒也。从心昷聲。於問切

è 惡 惡 過也。从心亞聲。烏各切

zēng 憎 憎 惡也。从心曾聲。作滕切

怖 pèi 恨怒也、从心市聲、詩曰視我怖怖、蒲昧切

忍 yì 怒也、从心刀聲讀若顡、李陽冰曰刀非聲、當从刃省、魚既切

㦛 xié 怨恨也、从心豙聲讀若朕、臣鉉等曰豙非聲、未詳、戶佳切

恨 hèn 怨也、从心艮聲、胡艮切

懟 duì 怨也、从心對聲、丈淚切

悔 huǐ 悔恨也、从心每聲、荒内切

愭 chì 小怒也、从心壹聲、充世切

怏 yàng 不服懟也、从心央聲、於亮切

懣 mèn 煩也、从心从滿、莫困切

憤 fèn 懣也、从心賁聲、房吻切

悶 懑也、从心門聲、莫困切

惆 失意也、从心周聲、敕鳩切

悵 望恨也、从心長聲、丑亮切

愾 大息也、从心从氣氣亦聲、詩曰愾我寤歎、許旣切

慅 愁不安也、从心叟聲、詩曰念子慅慅、七早切

愴 傷也、从心倉聲、初亮切

怛 憯也、从心旦聲、得案切 怚 或从心在旦下、詩曰 當割切 又

憯 痛也、从心朁聲、七感切

慘 毒也、从心參聲、七感切

信誓悬悬

qī	tōng	bēi	cè	xī	mǐn	yīn	yǐ	jiǎn	sāo
悽	恫	悲	惻	惜	愍	慇	㦔	簡	慅

悽 痛也、从心妻聲、七稽切

恫 痛也、一曰呻吟也、从心同聲、他紅切

悲 痛也、从心非聲、府眉切

惻 痛也、从心則聲、初力切

惜 痛也、从心昔聲、思積切

愍 痛也、从心敗聲、眉殞切

慇 痛也、从心殷聲、於巾切

㦔 痛聲也、从心依聲、孝經曰哭不㦔、於豈切

簡 簡存也、从心簡省聲、讀若簡、古限切

慅 動也、从心蚤聲、一曰起也、穌遭切

bǐng	qióng	zhuì	yàng	jiá	yōu	yún	qiú	yōu	gǎn
怲	惸	惴	恙	忦	怮	愪	慦	忧	感

感 動人心也、从心咸聲、古禫切

忧 不動也、从心尤聲、讀若祐、于救切

慦 怨仇也、从心咎聲、其久切

愪 憂皃、从心員聲、王分切

怮 憂皃、从心幼聲、於虯切

忦 憂也、从心介聲、五介切余亮切

恙 憂也、从心羊聲、

惴 憂懼也、从心耑聲、詩曰、惴惴其慄、之瑞切

惸 憂也、从心睘聲、常倫切

怲 憂也、从心丙聲、詩曰、憂心怲怲、兵永切

八六六

lí	hùn	cuì	yōu	kǎn	nì	chóu	shāng	chuò	tán
嫠	慁	悴	悠	恘	惄	愁	傷	惙	惔

惔 憂也、从心炎聲、詩曰、憂心如惔、徒甘切

惙 憂也、从心叕聲、詩曰、憂心惙惙、一曰意不定也、陟劣切

傷 憂也、从心殤省聲、式亮切

愁 憂也、从心秋聲、士尤切

惄 憂兒、从心弱聲、讀與怒同、奴歷切

恘 憂困也、从心臽聲、苦感切

悠 憂也、从心攸聲、以周切

悴 憂也、从心卒聲、讀與易萃卦同、秦醉切

慁 憂也、从心圂聲、一曰擾也、胡困切

嫠 楚穎之閒謂憂曰嫠、从心剺聲、力至切

shè	qiè	kuāng		huàn	yōu	qī	qiǎo	chōng	xū
懾	悊	悝		患	惪	慽	悄	忡	忬

忬 憂也。从心于聲。讀若吁。況于切

忡 憂也。从心中聲。詩曰憂心忡忡。敕中切

悄 憂也。从心肖聲。詩曰憂心悄悄。親小切

慽 憂也。从心戚聲。倉歷切

惪 愁也。从心从頁。徐鍇曰惪形於顏面故从頁。於求切

患 憂也。从心上貫吅、吅亦聲。胡丱切 㥇 古文从關省

㥇 亦古文患

悝 怯也。从心里、里亦聲。苦回切去王

悊 思皃。从心夾聲。苦叶切

懾 失气也。从心聶聲。一曰服也。之涉切

八六八

dàn	dào	kǒng	zhé	chù	tì	gǒng	hài	huáng	bù
憚	悼	恐	慴	怵	惕	恭	恑	惶	怖

憚 忌難也、从心單聲、一曰難也、徒案切

悼 懼也、陳楚謂懼曰悼、从心卓聲、臣鉉等曰卓非聲、當从罩省、徒到切

恐 懼也、从心巩聲、丘隴切 古文

慴 懼也、从心習聲、讀若疊、之涉切

怵 恐也、从心朮聲、丑律切

惕 敬也、从心易聲、他歷切 或从狄

恭 戰慄也、从心共聲、戶工切、又工恐切

恑 苦也、从心亥聲、胡槩切

惶 恐也、从心皇聲、胡光切

怖 惶也、从心甫聲、普故切 或从布聲

zhí 熱 怖也、从心執聲、之入切

bèi 憊 怖也、从心𣪊聲、蒲拜切

qì 憩 怖也、从心𣪊聲、苦計切

jì 惎 毒也、从心其聲、周書曰來就惎惎、渠記切 𢠛 或从广

chǐ 恥 辱也、从心耳聲、敕里切

tiǎn 怴 辱也、从心天聲、他點切

tiǎn 惉 青徐謂慙曰惉、从心典聲、他典切

cán 慙 媿也、从心斬聲、昨甘切

nǜ 恧 慙也、从心而聲、女六切

zuò 怍 慙也、从心作省聲、在各切

憐 哀也、从心粦聲、落賢切
連 泣下也、从心連聲、易曰泣涕連如、力延切
忍 能也、从心刃聲、而軫切
愍 痛也、一曰止也、从心弭聲、讀若沔、弥兖切
懿 也、从心乂聲、魚肺切
懲 也、从心徵聲、直陵切
憬 覺寤也、从心景聲、詩曰憬彼淮夷、俱永切

文二百六十三　重二十二

慵 嬾也、从心庸聲、蜀容切
悱 口悱悱也、从心非聲、敷尾切

ti	qià	rě	tòng	chāo	cǔn	kěn	chì	zhān	ní
悌	愘	惹	恫	怊	忖	懇	懘	怗	怩

悌 善兄弟也。从心弟聲。經典通用弟。特計切

愘 用心也。从心合聲。苦狹切

惹 亂人也。从心若聲。人者切

恫 大哭也。从心動聲。徒弄切

怊 悲也。从心召聲。敇宵切

忖 度也。从心寸聲。倉本切

懇 悃也。从心艮聲。康恨切

懘 滯聲也。从心制聲。尺制切

怗 心沾聲也。从心占聲。尺詹切

怩 忸怩，煩也。从心尼聲。女夷切

懌 yì 說也、从心睪聲、經典通用釋、羊益切、

惢 suǒ 心疑也、从三心、凡惢之屬皆从惢、讀若易旅瑣瑣、又才規二切、

蘂 ruǐ 垂也、从惢糸聲、如壘切

文二

說文解字弟十下

　　李承緒篆
　　黎永椿校
　　廖廷相覆校

文十三　新附

說文解字 第十下

陳昌治校刊

說文解字弟十一上

漢太尉祭酒許慎記

宋右散騎常侍徐鉉等校定

二十一部　六百八十五文　重六十二

凡九千七百六十九字

文三十一　新附

水 shuǐ

水、準也、北方之行、象眾水並流、中有微陽之气也、凡水之屬皆從水、式軌切

汃 bīn

汃、西極之水也、從水八聲、爾雅曰、西至汃國、謂四極、府巾切

河 hé
水、出焞煌塞外昆侖山、發原注海、从水可聲。乎哥切

泑 yōu
澤、在昆侖下、从水幼聲、讀與纱同、於糾切

涷 dōng
水、出發鳩山、入於河、从水東聲、德紅切

涪 fú
水、出廣漢剛邑道徽外南入漢、从水音聲、縛牟切

潼 tóng
水、出廣漢梓潼北界南入墊江、从水童聲、徒紅切

江 jiāng
水、出蜀湔氐徽外崏山東入海、从水工聲、古雙切

沱 tuó
江別流也、出崏山東別為沱、从水它聲、臣鉉等曰沱沼之沱通用、徒何切

浙 zhè
江水東至會稽山陰為浙江、从水折聲、旨熱切

涐 é
水、出蜀汶江徽外東南入江、从水我聲、五何切

此字今別作池、非是徒何切

jiān	mò	wēn	qián	jū	diān	tú	yuán	yān
湔	沫	溫	灊	沮	滇	涂	沅	淹

湔 水、出蜀郡緜虒玉壘山、東南入江、从水前聲、一曰手瀚之、子仙切

沫 水、出蜀西徼外東南入江、从水末聲、莫割切

溫 水、出犍爲涪南入黔水、从水𥁕聲、烏魂切

灊 水、出巴郡宕渠西南入江、从水鬵聲、昨鹽切

沮 水、出漢中房陵東入江、从水且聲、子余切

滇 益州池名、从水眞聲、都年切

涂 水、出益州牧靡南山西北入灕、从水余聲、同都切

沅 水、出牂柯故且蘭東北入江、从水元聲、愚袁切

淹 水、出越巂徼外東入若水、从水奄聲、英廉切

ruò 溺　水自張掖刪丹西至酒泉合黎餘波入于流沙、从水、弱聲、桑欽所說、而灼切

táo 洮　水出隴西臨洮東北入河、从水、兆聲、土刀切

jīng 涇　水出安定涇陽幵頭山東南入渭、雝州之川也、从水、巠聲、古靈切

wèi 渭　水出隴西首陽渭首亭南谷東入河、从水、胃聲、杜林說、夏書以爲出鳥鼠山、雝州浸也、云貴切

yàng 漾　水出隴西相道東至武都爲漢、从水、羕聲、余亮切
　　古文从養、

hàn 漢　漾也、東爲滄浪水、从水、難省聲、臣鉉等曰、从難省、當作堇、而前作相承去

浪 滄浪水也。南入江。从水艮聲。來宕切

沔 古文

洍 水出武都沮縣東狼谷東南入江或曰入夏水从水丏聲 彌兗切

湟 水出金城臨羌塞外東入河从水皇聲 乎光切

汧 水出扶風汧縣西北入渭从水幵聲 苦堅切

澇 水出扶風鄠北入渭从水勞聲 魯刀切

漆 水出右扶風杜陵岐山東入渭一曰入洛从水黍聲 親吉切

滻 水出京兆藍田谷入霸从水產聲 所簡切

土从大疑兼从古文省呼肝切

洛 luò
水出左馮翊歸德北夷界中東南入渭,从水各聲。盧各切

泑 yù
水出弘農盧氏山東南入海,从水育聲,或曰出鄷山西。余六切

汝 rǔ
水出弘農盧氏還歸山東入淮,从水女聲。人渚切

潩 yì
水出河南密縣大隗山南入潁,从水異聲。與職切

汾 fén
水出太原晉陽山西南入河,从水分聲,或曰出汾陽北山,冀州浸。符分切

澮 guì
水出霍山西南入汾,从水會聲。古外切

沁 qìn
水出上黨羊頭山東南入河,从水心聲。七鴆切

zhān
沾

沾,水出壺關東入淇,一曰沾益也,从水占聲,臣鉉等曰今別作添非是他兼切

lù
潞

潞,冀州浸也,上黨有潞縣,从水路聲,洛故切

zhāng
漳

漳,濁漳出上黨長子鹿谷山東入清漳,清漳出沾山大要谷北入河,南漳出南郡臨沮,从水章聲,諸良切

qí
淇

淇,水出河內共北山東入河,或曰出隆慮西山,从水其聲,渠之切

dàng
蕩

蕩,水出河內蕩陰東入黃澤,从水昜聲,徒朗切

yǎn
沇

沇,水出河東東垣王屋山東為泲,从水允聲,以轉切

㕣 古文沇,臣鉉等曰口部已有此重出

jǐ	wéi	zhā		kuāng	huì	guàn	jiàn	líng	pài
泲	洈	溠		洭	潓	灌	漸	泠	簿

泲、沇也。東入于海。从水㐀聲。子礼切

洈、水出南郡高城洈山，東入繇。从水危聲。過委切

溠、水在漢南。从水差聲。荊州浸也。春秋傳曰脩涂梁溠。側駕切

洭、水出桂陽縣盧聚山洭浦關為桂水。从水匡聲。去王切

潓、水出廬江。入淮。从水惠聲。胡計切

灌、水出廬江雩婁北，入淮。从水雚聲。古玩切

漸、水出丹陽黟南蠻中東入海。从水斬聲。慈冉切

泠、水出丹陽宛陵西北入江。从水令聲。郎丁切

簿、水在丹陽。从水箽聲。匹卦切

lì	xiāng	mì	zhēn	shēn	tán	yóu	mì	zhēn	liù
溧	湘	汨	溱	深	潭	油	澴	湞	溜

溧，水出丹陽溧陽縣，从水栗聲。力質切

湘，水出零陵陽海山北入江，从水相聲。息良切

汨，長沙汨羅淵，屈原所沈之水，从水冥省聲。莫狄切

溱，水出桂陽臨武入匯，从水秦聲。側詵切

深，水出桂陽南平，西入營道，从水罙聲。式針切

潭，水出武陵鐔成玉山東入鬱林，从水覃聲。徒含切

油，水出武陵孱陵西東南入江，从水由聲。以周切

澴，水出豫章艾縣西入湘，从水買聲。莫蟹切

湞，水出南海龍川，西入溱，从水貞聲。陟盈切

溜，水出鬱林郡，从水畱聲。力救切

yì	wǔ	áo	qīn	huái	zhì	lǐ	yún	pèi
灈	潕	滶	瀙	淮	滍	澧	溳	浿

瀷 水出河南密縣東入潁从水翼聲、與職切

潕 水出南陽舞陽東入潁从水無聲、文甫切

滶 水出南陽魯陽入城父从水敖聲、五勞切

瀙 水出南陽舞陽中陽山入潁从水親聲、七吝切

淮 水出南陽平氏桐柏大復山東南入海从水隹聲、戶乖切

滍 水出南陽魯陽堯山東北入汝从水蚩聲、直几切

澧 水出南陽雉衡山東入汝从水豐聲、盧啓切

溳 水出南陽蔡陽東入夏水从水員聲、王分切

浿 水出汝南弋陽垂山東入淮从水貝聲、匹備切又匹制切

濦 水出汝南上蔡黑閭淵入汝从水㾿聲。於力切
洍 水出汝南新郪入潁从水囟聲。穌計切
瀷 水出汝南吳房入瀙从水㘴聲。其俱切
潁 水出潁川陽城乾山東入淮从水頃聲豫州浸。余頃切
洧 水出潁川陽城山東南入潁从水有聲。榮美切
溵 水出潁川陽城少室山東入潁从水㶣聲。於謹切
濄 水出淮陽扶溝浪湯渠東入淮从水過聲。古禾切
洇 水受九江博安洵波北入氏从水世聲。余制切
泄 水受陳畱浚儀陰溝至蒙爲雝水東入于泗从水
汳 聲。臣鉉等曰今作汴非是皮變切

zhēn 溱　水出鄭國。从水曾聲。詩曰溱與洧方渙渙兮。側詵切

líng 淩　水在臨淮。从水夌聲。力膺切

pú 濮　水出東郡濮陽南入鉅野。从水僕聲。博木切

luò 濼　齊魯閒水也。从水樂聲。春秋傳曰公會齊侯于濼。盧谷切

kuò 漷　水在魯。从水郭聲。苦郭切

chéng 淨　水出東郡東武陽入海。从水爭聲。才性切 又 士耕切

tà 濕　水出東郡東武陽入海。从水㬎聲。桑欽云出平原高唐。他合切

pāo 泡　水出山陽平樂東北入泗。从水包聲。匹交切

菏 gē 澤水、在山陽胡陵、禹貢浮于淮泗達于菏、从水苛聲。古俄切

泗 sì 受沛水東入淮、从水四聲。息利切

洹 huán 水在齊魯閒、从水亘聲。羽元切

灉 yōng 河灉水在宋、从水雝聲。於容切

澶 chán 澶淵水在宋、从水亶聲。市連切

洙 zhū 水出泰山蓋臨樂山北入泗、从水朱聲。市朱切

沭 shù 水出青州浸、从水朮聲。食聿切

沂 yí 水出東海費東、西入泗、从水斤聲。一曰沂水出泰山蓋青州浸。魚衣切

xiáng	zhuó	gài	wéi	wú	wèn	chí
洋	濁	溉	濰	浯	汶	治

洋、水出齊臨朐高山東北入鉅定、从水羊聲、似羊切

濁、水出齊郡厲嫣山東北入鉅定、从水蜀聲、直角切

溉、水出東海桑瀆覆甑山東北入海、一曰灌注也、从水既聲、古代切

濰、水出琅邪箕屋山東入海徐州浸、夏書曰、濰淄其道、从水維聲、以追切

浯、水出琅邪靈門壺山東北入濰、从水吾聲、五乎切

汶、水出琅邪朱虛東泰山東入濰、从水文聲、桑欽說汶水出泰山萊蕪西南入泲、亡運切

治、水出東萊曲城陽丘山南入海、从水台聲、直之切

濅 jìn　水出魏郡武安東北入呼沱水从水寑聲寑籀文寑字、切子鴆

湡 yú　水出趙國襄國之西山東北入寖从水禺聲、切噳俱

灄 sī　水出趙國襄國東入湡从水虒聲、切息移

渚 zhǔ　水在常山中上逢山東入湡从水者聲爾雅曰小洲曰渚、章与切

洨 xiáo　水出常山石邑井陘東南入于汦从水交聲郱國有洨縣下交反

濟 jǐ　水出常山房子贊皇山東入汦从水齊聲、切子礼

汦 chí　水在常山从水氐聲、切直尼

濡 rú　灅 lěi　沽 gū　沛 pèi　浿 pèi　淮 huái　灅 lěi　泃 jū

濡 水出涿郡故安、東入漆涑、从水需聲、人朱切

灅 水出右北平浚靡東南入庚、从水壘聲、力軌切

沽 水出漁陽塞外、東入海、从水古聲、古胡切

沛 水出遼東番汗塞外、西南入海、从水市聲、普蓋切

浿 水出樂浪鏤方、東入水貝聲、一曰出浿水縣、普拜切

淮 水出南陽平氏桐柏大復山、東南入海、从水隹聲、戸乖切

灅 北方水也、从水壘聲、力追切

泃 水出鴈門陰館累頭山、東入海、或曰治水也、从水鼻聲

泸 水出北地直路西、東入洛、从水盧聲、側加切

gū
沽 水、起鴈門葰人戍夫山東北入海、从水瓜聲。古胡切

kòu
寇 水、起北地靈丘、東入河、从水寇聲、寇水卽漚夷水幷切

lái
淶 水、起北地廣昌、東入河、从水來聲、幷州浸。洛哀切

ní
泥 水、出北地郁郅北蠻中、从水尼聲。奴低切

nǎn
湳 西河美稷保東北水、从水南聲。乃感切

yān
漹 水、出西河中陽北沙南入河、从水焉聲。乙乾切

tuō
滩 河津也、在西河西、从水聖聲。土禾切

yú
瀦 水也、从水旟聲。以諸切

xún
洵 過水中也、从水旬聲。相倫切

shè	niàn	chì	qiè	jū	jì	yóu	yīn	guǒ	suǒ
涂	沏	渲	浂	浖	濂	沋	洇	渼	濵

涂 水出北嚻山入邙澤、从水舍聲、始夜切

沏 水也、从水刃聲、乃見切

渲 水也、从水直聲、恥力切

浂 水也、从水妾聲、七接切

浖 水也、从水居聲、九魚切

濂 水也、从水泉聲、其冀切

沋 水也、从水尤聲、羽求切

洇 水也、从水因聲、於眞切

渼 水也、从水果聲、古火切

濵 水也、从水貧聲、讀若瑣、穌果切

máng	nǒu	zhōng	pò	qiān	sì	xiè	mò	hǎi	pǔ
泷	㲿	渿	洦	汘	汜	澥	漠	海	溥

泷 水也、从水龙聲、莫江切

㲿 水也、从水乳聲、乃后切

渿 水也、从水冬聲、又古文终、職戎切

洦 淺水也、从水百聲、匹白切

汘 水也、从水千聲、倉先切

汜 水也、从水匚聲、詩曰江有汜、詳里切

澥 郭澥海之別也、从水解聲、一說澥即澥谷也、胡買切

漠 北方流沙也、一曰清也、从水莫聲、慕各切

海 天池也、以納百川者、从水每聲、呼改切

溥 大也、从水尃聲、滂古切

dàng	hùn	juān	tāo	yǐn	cháo	yǎn	jiàng	hóng	ǎn
潒	混	涓	滔	瀳	淖	衍	洚	洪	灛

水大至也、从水闇聲、乙感切

洚水也、从水共聲、戶工切

水不遵道、一曰下也、从水夅聲、戶工切、又下江切

水朝宗于海也、从水从行、以淺切

水朝宗于海也、从水朝省、臣鉉等曰隸書不省直遙切

水脈行地中瀳瀳也、从水寅聲、七刃切

水漫漫大皃、从水舀聲、土刀切

小流也、从水肙聲、爾雅曰汝爲涓、古玄切

豐流也、从水昆聲、胡本切

水潒瀁也、从水象聲、讀若蕩、徒朗切

漦 chí 順流也。一曰水名。从水㐺聲。俟甾切

汭 ruì 水相入也。从水从內、內亦聲。而銳切

潚 sù 深淸也。从水肅聲。子叔切

演 yǎn 長流也。一曰水名。从水寅聲。以淺切

渙 huàn 流散也。从水奐聲。呼貫切

泌 bì 俠流也。从水必聲。兵媚切

活 guō 水流聲。从水昏聲。古活切 𣹢 潸或从聒。

湝 jiē 水流湝湝也。从水皆聲。一曰湝湝、寒也。詩曰風雨湝湝。古諧切

泫 xuàn 湝流也。从水玄聲。上黨有泫氏縣。胡畎切

滮 biāo 水流皃、从水彪省聲、詩曰、滮沱北流、皮彪切

淢 yù 疾流也、从水或聲、子逼切

瀏 liú 流清皃、从水劉聲、詩曰、瀏其清矣、力久切

瀙 huò 流清皃、从水蒦聲、詩云、施罟瀙瀙、呼括切

瀴 疑流也、从水蔑聲、臣鉉等曰、今俗別作霢霂非是、普卜切

滂 pāng 沛也、从水旁聲、普郎切

洼(汪) wāng 深廣也、从水㞷聲、一曰汪池也、烏光切

漻 liáo 清深也、从水翏聲、洛蕭切

泚 cǐ 清也、从水此聲、千禮切

況 kuàng 寒水也、从水兄聲、許訪切

沖 chōng 涌搖也、从水中、讀若動、直弓切

汎 浮皃、从水凡聲。孚梵切

沄 轉流也、从水云聲、讀若混。王分切

浩 澆也、从水告聲。虞書曰、洪水浩浩。胡老切

沆 莽沆大水也、从水亢聲。一曰大澤皃。胡朗切

泬 水从孔穴疾出也、从水从穴穴亦聲。呼穴切

潷 水暴至聲、从水鼻聲。匹備切

濁 水小聲、从水爵聲。士角切

淦 水疾聲、从水金聲。許及切

滕 水超涌也、从水朕聲。徒登切

潏 涌出也、一曰水中坻人所爲爲潏、一曰潏水名、在京

guāng
洸 兆杜陵、从水光聲。古黃切

bō
波 水涌光也、从水光光亦聲。詩曰有洸有潰。古黃切

yún
沄 水涌流也、从水皮聲。博禾切

lán
澐 江水大波謂之澐、从水雲聲。王分切

lún
瀾 大波爲瀾、从水闌聲。洛干切
瀾或从連。臣鉉等曰今俗音力延切

piāo
淪 小波爲淪、从水侖聲。詩曰河水清且淪漪、一曰沒也。力迍切

fú
漂 浮也、从水票聲。匹消切又匹妙切

浮 氾也、从水孚聲。縛牟切

濫 làn 氾也、从水監聲、一曰濡上及下也、詩曰觱沸濫泉、一曰清也、盧瞰切

氾 fàn 濫也、从水㔾聲、孚梵切

泓 hóng 下深皃、从水弘聲、烏宏切

潿 wéi 回也、从水韋聲、羽非切

測 cè 深所至也、从水則聲、初側切

湍 tuān 疾瀨也、从水耑聲、他耑切

淙 cóng 水聲也、从水宗聲、藏宗切

激 jī 水礙衺疾波也、从水敫聲、一曰半遮也、古歷切

洞 dòng 疾流也、从水同聲、徒弄切

潘 fān 大波也、从水番聲、字袁切

洶 xiōng 涌也、从水匈聲、許拱切

涌 yǒng 滕也、从水甬聲、一曰涌水在楚國、余隴切

洽 chì 洽溫潝也、从水拾聲、丑入切

涳 kōng 直流也、从水空聲、苦江切又

汋 zhuó 激水聲也、从水勺聲、井一有水一無水謂之瀱汋、市若切

瀱 jì 井一有水一無水謂之瀱汋、从水罽聲、居例切

渾 hún 混流聲也、从水軍聲、一曰洿下兒、戶昆切

洌 liè 水清也、从水列聲、易曰井洌寒泉食、良薛切

gǔ	hùn	wéi	shèn	mǐn	shí	qīng	chéng	yǒng	shū
淈	溷	潿	渗	潣	湜	清	澂	溶	淑

淑 清湛也、从水叔聲、殊六切

溶 水盛也、从水容聲、余隴切 又音容

澂 清也、从水徵省聲、臣鉉等曰今俗作澄非是直陵切

清 朖也、澂水之皃、从水青聲、七情切

湜 水清底見也、从水是聲、詩曰湜湜其止、常職切

潣 水流浼浼皃、从水閔聲、眉殞切

渗 下漉也、从水參聲、所禁切 羽非

潿 不流濁也、从水圍聲、羽非切 胡困

溷 亂也、一曰水濁皃、从水圂聲、胡困切

淈 濁也、从水屈聲、一曰滒泥、一曰水出皃、古忽切

xuán	cuǐ	yuān		mǐ	dàn	xún	píng	zhú	jiàn
淀	灌	淵		瀰	澹	潯	泙	泏	灠

淀 回泉也、从水旋省聲、似沿切

灌 深也、从水崔聲、詩曰有灌者淵、七罪切

淵 回水也、从水象形左右岸也中象水兒、烏玄切

⊙ 古文从口水

瀰 滿也、从水爾聲、奴礼切

澹 水搖也、从水詹聲、徒濫切

潯 旁深也、从水尋聲、徐林切

泙 谷也、从水平聲、符兵切

泏 水兒、从水出聲、讀若窋、竹律切又口兀切

灠 水至也、从水薦聲、讀若尊、又在甸切

瀄 土得水沮也、从水窒聲、讀若櫛、竹隻切

滿 盈溢也、从水䨵聲、莫旱切

滑 利也、从水骨聲、戶八切

濇 不滑也、从水嗇聲、色立切

澤 光潤也、从水睪聲、丈伯切

淫 侵淫隨理也、从水㸒聲、一曰久雨爲淫、余箴切

瀸 漬也、从水韱聲、爾雅曰泉一見一否爲瀸、子廉切

洝 水所蕩洝也、从水失聲、夷質切

潰 漏也、从水貴聲、胡對切

沴 水不利也、从水㐱聲、五行傳曰若其沴作、郎計切

淺 qiǎn 不深也、从水戔聲、七衍切

渻 zhǐ 水暫益且止未減也、从水省聲、直里切

消 shěng 少減也、一曰水門、又水出上黨前謂之消、从水省聲、息并切

淖 nào 泥也、从水卓聲、奴敎切

濢 zuǐ 小濕也、从水翠聲、遵誄切

溽 rù 溼暑也、从水辱聲、而蜀切

涅 niè 黑土在水中也、从水从土日聲、奴結切

滋 zī 益也、从水兹聲、一曰滋水出牛飲山白陘谷東入呼沱、子之切

hū	yì	shā		lài	fén	sì	hǔ	guǐ	chún
溜	浥	沙		瀨	濆	涘	汻	氿	漘

溜 青黑色、从水𥤚聲、呼骨切

浥 溼也、从水邑聲、於及切

沙 水散石也、从水少、水少沙見、楚東有沙水、所加切

 譚長說沙或从尐、心子結切

瀨 水流沙上也、从水賴聲、洛帶切

濆 水厓也、从水賁聲、詩曰敦彼淮濆、符分切

涘 水厓也、从水矣聲、周書曰王出涘、牀史切

汻 水厓也、从水午聲、𣿒臣鉉等曰今作滸非是呼古切

氿 水厓枯土也、从水九聲、爾雅曰水醮曰氿、居洧切

漘 水厓也、从水脣聲、詩曰寘河之漘、常倫切

pǔ
浦
瀕也、从水甫聲。滂古切

zhǐ
沚
小渚曰沚、从水止聲。詩曰于沼于沚。諸市切

fèi
沸
㶇沸、濫泉、从水弗聲。分勿切又方未切

cóng
淙(潨)
小水入大水曰潨、从水从眾。詩曰鳧鷖在潨。徂紅切

pài
派
別水也、从水从辰、辰亦聲。匹賣切

sì
汜
水別復入水也、一曰汜窮瀆也、从水已聲。詩曰江有汜。詳里切 臣鉉等案前沚字音義同、蓋或體也。

guǐ
溪
溪辟、深水處也、从水癸聲。求癸切

nìng
濘
滎濘也、从水寧聲。乃定切

xíng
滎
絕小水也、从水熒省聲。戶扃切

洼 wā　深池也、从水圭聲、一佳切又於瓜切

窪 yǐng　清水也、一曰窓也、从水窐聲、一穎切又屋瓜切

潢 huáng　積水池、从水黃聲、乎光切

沼 zhǎo　池水、从水召聲、之少切

湖 hú　大陂也、从水胡聲、揚州浸有五湖、浸川澤所仰以灌

汥 zhī　水都也、从水支聲、章移切

洫 xù　水也、戶吳切

　十里爲成、成閒廣八尺、深八尺、謂之洫、从水血聲、論語曰盡力于溝洫、況逼切

溝 gōu　水瀆廣四尺、深四尺、从水冓聲、古侯切

瀆 dú　溝也、从水、賣聲、一曰邑中溝、徒谷切

渠 qú　水所居、从水、榘省聲、彊魚切

濂 lín　谷也、从水、臨聲、讀若林、一曰寒也、力尋切

湄 méi　水艸交為湄、从水、眉聲、武悲切

汧 xíng　溝水行也、从水从行、戶庚切

澗 jiàn　山夾水也、从水、間聲、一曰澗水出弘農新安、東南入洛、古莧切

澳 yù　隈厓也、其內曰澳、其外曰隈、从水、奧聲、於六切

㶅 xué　夏有水冬無水曰㶅、从水、學省聲、讀若學、胡角切㶁、㶅或不省、

灘 tān　水濡而乾也、从水鸛聲、詩曰灘其乾矣、呼旰切又他干切
　　灘俗灘从隹
汕 shàn　魚游水皃、从水山聲、詩曰蒸然汕汕、所晏切
決 jué　行流也、从水从叏、廬江有決水、出於大別山、古穴切
㡀 luán　漏流也、从水䜌聲、洛官切
滴 dī　水注也、从水啇聲、都歷切
注 zhù　灌也、从水主聲、之戍切
浂 wò　溉灌也、从水芺聲、烏酷切
湆 zé　所以攤水也、从水昔聲、漢律曰及其門首洒湆、所責切
澀 shì　堰增水邊土、人所止者、从水筮聲、夏書曰過三澀、制時

津(津) jīn 水渡也、从水聿聲、將鄰切

𦩎 古文津、从舟从淮、

溯 píng 無舟渡河也、从水朋聲、皮冰切

横 héng 小津也、从水横聲、一曰以船渡也、戶孟切

泭 fū 編木以渡也、从水付聲、芳無切

渡 dù 濟也、从水度聲、徒故切

沿 yán 緣水而下也、从水㕣聲、春秋傳曰王沿夏、与專切

㴑(泝) sù 逆流而上曰㴑洄、㴑向也、水欲下、違之而上也、从水厈聲、桑故切

𣲙 㴑或从朔、

洄 huí 㴑洄也、从水从回、戶灰切

泳 yǒng 潛行水中也、从水永聲、爲命切

潛 qián 涉水也、一曰藏也、一曰漢水爲潛、从水朁聲、昨鹽切

淦 gàn 水入船中也、一曰泥也、从水金聲、古暗切 汵 淦或从今、

泛 fàn 浮也、从水乏聲、孚梵切

汓 qiú 浮行水上也、从水从子古或以汓爲没、似由切 泅 汓或从囚聲、

砅 lì 履石渡水也、从水从石、詩曰深則砅、力制切 濿 砅或从厲、

湊 còu 水上人所會也、从水奏聲、倉奏切

| chén | yīn | nì | mò 溲(没) | wēi | wěng | yāng | qī | yǎn | míng |

湛、没也、从水甚聲、一曰湛水豫章浸、宅減切 古文

湮、没也、从水垔聲、於真切

伱、没也、从水从人、奴歷切

溲(没)、没也、从水𠬸聲、莫勃切

渨、没也、从水畏聲、烏恢切

滃、沈也、从水曼聲、烏孔切

泱、滃也、从水央聲、於良切

淒、雲雨起也、从水妻聲、詩曰有渰淒淒、七稽切

渰、雲雨皃、从水弇聲、衣檢切

溟、小雨溟溟也、从水冥聲、莫經切

sè	bào	shù	jí	cí	lǎo	huò	zhuó
涑	瀑	澍	湒	濻	潦	濩	涿

涑 小雨零皃。从水束聲。所責切

瀑 疾雨也。一曰沫也。一曰瀑資也。从水暴聲。詩曰終風且瀑。平到切

澍 時雨澍生萬物。从水尌聲。常句切

湒 雨下也。从水咠聲。一曰沸涌皃。姊入切

濻 久雨涔資也。一曰水名。从水資聲。卽夷切 才私切又

潦 雨水大皃。从水寮聲。盧皓切

濩 雨流霤下。从水蒦聲。胡郭切

涿 流下滴也。从水豖聲。上谷有涿縣。竹角切

㇒ 奇字涿。从日乙。

lóng
瀧 雨瀧瀧皃、从水龍聲、力公切

nài
渿 沛之也、从水奈聲、奴帶切

hào
滈 久雨也、从水高聲、乎老切

lǚ
溇 雨溇溇也、从水婁聲、一曰、汝南謂飲酒習之不醉爲溇、力主切

wēi
溦 小雨也、从水微省聲、無非切

méng
濛 微雨也、从水蒙聲、莫紅切

chén
沈 陵上滈水也、从水冘聲、一曰濁黕也、別作沉冗不成字非是直深切又尸甚切

zài
沠 雷震沠沠也、从水再聲、作代切

hàn	hán	rù	yōu	cén	zì	òu	zhuó	wò	què
洛	涵	溽	瀀	涔	漬	漚	浞	渥	潅

洛 泥水洛洛也、一曰㵎絲湯也、从水名聲、胡感切

涵 水澤多也、从水圅聲、詩曰僭始既涵、胡男切

溽 漸溼也、从水辱聲、人庶切

瀀 澤多也、从水憂聲、詩曰既瀀既渥、於求切

涔 漬也、一曰涔陽渚在郢中、从水岑聲、鉏箴切

漬 久漬也、从水責聲、前智切

漚 漚也、从水區聲、烏候切

浞 濡也、从水足聲、士角切

渥 霑也、从水屋聲、於角切

潅 灌也、从水崔聲、口角切又公沃切

qià	nóng	biāo	lián	lè	zhì	zhǐ	guó	sī
洽	濃	瀌	溓	泐	滯	汦	瀱	漸

洽 霑也、从水合聲。侯夾切

濃 露多也、从水農聲。詩曰零露濃濃。女容切

瀌 雨雪瀌瀌、从水麃聲。甫嬌切

溓 薄水也、一曰中絕小水、从水兼聲。力鹽切

泐 水石之理也、从水从防、周禮曰石有時而泐。徐鍇曰、言石因其脈理而解裂也、盧則切

滯 凝也、从水帶聲。直例切

汦 著止也、从水氏聲。直尼切

瀱 水裂去也、从水虢聲。古伯切

漸 水索也、从水斯聲、息移切

汽 qì　水涸也、或曰泣下、从水气聲、詩曰汽可小康、許訖切

涸 hé　渴也、从水固聲、讀若狐貆之貆、下各切　涸亦从水

消 xiāo　盡也、从水肖聲、相幺切

潐 jiào　盡也、从水焦聲、子肖切

渴 kě　盡也、从水曷聲、苦葛切

漮 kāng　水虛也、从水康聲、苦岡切

溼 shī　幽溼也、从水一、所以覆也、覆而有土、故溼也、㬎省聲、失入切

湆 qì　幽溼也、从水音聲、去急切

wū	měi	wū	jiǎo	rùn	zhǔn	tīng	nǜ
洿	浼	污	湫	潤	準	汀	泅

洿：濁水不流也。一曰窊下也。从水夸聲。哀都切

浼：汙也。从水免聲。詩曰河水浼浼。孟子曰汝安能浼我。武皋切

污：薉也。一曰小池爲汙。一曰涂也。从水于聲。烏故切

湫：隘下也。一曰有湫水在周地。春秋傳曰晏子之宅秋隘安定朝那有湫泉。从水秋聲。子了切又卽由切

潤：水曰潤下。从水閏聲。如順切

準：平也。从水隼聲。之允切

汀：平也。从水丁聲。他丁切 㫾 汀或从平

泅：水吏也。又溫也。从水丑聲。人九切

濆 水浆也、从水贲聲、爾雅曰濆大出尾下、方問切

濢 新也、从水辠聲、七皋切

瀞 無垢薉也、从水靜聲、疾正切

瀎 拭滅皃、从水蔑聲、莫達切

沙 瀎沙也、从水戈聲、讀若椒榝之榝、又火恬切

洎 灌釜也、从水自聲、其冀切

湯 熱水也、从水昜聲、土郎切

湯 湯也、从水㪍聲、乃管切

渜 湯水也、从水耎聲、乃管切

浉 浉水也、从水安聲、烏旰切

洏 洝也、一曰煑孰也、从水而聲、如之切

| shuì | guàn | tà | tài | jiǎn | xī | jiàng | sǒu | jùn |

涗 涫 汏 汰 灡 淅 滰 溲 浚

涗財溫水也、从水兒聲、周禮曰以涗漚其絲、輸芮切

涫灣也、从水官聲、酒泉有樂涫縣、古丸切

汏滀溢也、今河朔方言謂沸溢爲渣、从水沓聲、徒合切

汰汏也、从水大聲、徒蓋切

灡淅灡也、从水簡聲、古限切又

淅汏米也、从水析聲、先擊切

滰浚乾漬米也、从水竟聲、孟子曰夫子去齊滰淅而行、其兩切

溲浸漢也、从水叜聲、疏有切

浚杼也、从水夋聲、私閏切

lì 瀝
瀝 浚也。从水，歷聲。一曰水下滴瀝。郎擊切。

lù 漉
漉 浚也。从水，鹿聲。盧谷切。
淥 漉或从彔。

pān 潘
潘 淅米汁也。一曰水名，在河南滎陽。从水，番聲。普官切。

lán 灡
灡 潘也。从水，蘭聲。洛干切。

gān 泔
泔 周謂潘曰泔。从水，甘聲。古三切。

xiū 滫
滫 久泔也。从水，脩聲。息流切。又思酒切。

diàn 澱
澱 滓滋也。从水，殿聲。堂練切。

yū 淤
淤 澱滓濁泥。从水，於聲。依據切。

zǐ 滓
滓 澱也。从水，宰聲。阻史切。

niǎn 淰
淰 濁也。从水，念聲。乃忝切。

| yuè | jiǎo | qǐng | xǔ | miǎn | jiāng | liáng | dàn |

瀹 漀 殸 湑 湎 漿 涼 淡

瀹漬也、从水龠聲、以灼切

漀酒也、一曰浚也、从网从水隹聲讀若夏書天用勦絕、臣鉉等曰、以繰帛漉酒故从网子小切

殸莤酒也、一曰浚也、一曰露皃、从水殳聲詩曰有酒湑我又曰零露湑兮、私呂切

湑側出泉也、从水殸聲籒文磬字、去挺切

湎沈於酒也、从水面聲周書曰罔敢湎于酒、彌兗切

漿酢漿也、从水將省聲、卽良切 𣾱 古文漿省

涼薄也、从水京聲、呂張切

淡薄味也、从水炎聲、徒敢切

涽 tūn　食巳而復吐之、从水君聲、爾雅曰、太歲在申曰涽灘、他昆切

澆 jiāo　㵄也、从水堯聲、古堯切

液 yè　盡也、从水夜聲、羊益切

汁 zhī　液也、从水十聲、之入切

㵄 gē　多汁也、从水哥聲、讀若哥、古俄切

灝 hào　豆汁也、从水顥聲、乎老切

溢 yì　器滿也、从水益聲、夷質切

洒 xǐ　滌也、从水西聲、古文爲灑埽字、先禮切

滌 dí　洒也、从水條聲、徒歷切

jí	shěn	mǐ	shà	shù	jiǒng	cāng	qìng	cuì	mù
湒	瀋	洍	潫	漱	洞	凔	瀞	淬	沐

湒 和也、从水戢聲、阻立切

瀋 汁也、从水審聲、春秋傳曰猶拾瀋、昌枕切

洍 歠也、从水弭聲、緜婢切

潫 歠口也、从水算聲、先活切 又 衫洽切

漱 盪口也、从水敕聲、所右切

洞 滄也、从水同聲、戶櫱切

凔 寒也、从水倉聲、七岡切

瀞 冷寒也、从水靚聲、七定切

淬 滅火器也、从水卒聲、七内切

沐 濯髮也、从水木聲、莫卜切

huì 沬
沬 洒面也。从水未聲。荒内切。湏 古文沬从頁。

yù 浴
浴 洒身也。从水谷聲。余蜀切。

zào 澡
澡 洒手也。从水喿聲。子皓切。

xiǎn 洗
洗 洒足也。从水先聲。穌典切。

jí 汲
汲 引水於井也。从水从及，及亦聲。居立切。

chún 滜(淳)
滜 渌也。从水䜌聲。常倫切。

lín 淋
淋 以水渶也。从水林聲。一曰：淋淋，山下水皃。力尋切。

xiè 渫
渫 除去也。从水枼聲。私列切。

huàn 澣
澣 濯衣垢也。从水榦聲。胡玩切。浣 澣或从完。

zhuó 濯
濯 澣也。从水翟聲。直角切。

涑 淩也、从水束聲、河東有涑水、速侯切

澼 於水中擊絮也、从水辟聲、匹辟切

塧 涂也、从水从土瀧聲、讀若隴、又亡江切

灑 汛也、从水麗聲、山豉切

汛 灑也、从水卂聲、息晉切

染 以繒染爲色、从水杂聲、徐鍇曰說文無杂字、裴光遠云从木、木者所以染、栀茜之屬也、未知其審而玫切、臣鉉等曰本音他達切、今左氏傳作汰輔非是

泰 滑也、从廾从水大聲、他蓋切

夳 古文泰

瀾 海岱之間謂相汙曰瀾、从水閒聲、余廉切

niè	liàn	tì	qì	hàn	shān	tì	dòng	chóu	zàn
灑	湅	洟	泣	汗	潸	洟	湩	漱	瓚

瓚　汗灑也、一曰水中人、从水贊聲、則旰切

漱　腹中有水气也、从水从愁愁亦聲、士尤切

湩　乳汁也、从水重聲、多貢切

洟　鼻液也、从水夷聲、他計切

潸　涕流皃、从水散省聲、詩曰潸焉出涕、所姦切

汗　人液也、从水干聲、矦旰切

泣　無聲出涕曰泣、从水立聲、去急切

洟　泣也、从水弟聲、他禮切

湅　瀾也、从水柬聲、郎甸切

灑　議辠也、从水獻與法同意、魚列切

yú 渝 變汙也、从水俞聲、一曰、渝水在遼西臨俞、東出塞、羊朱切

jiǎn 減 損也、从水咸聲、古斬切

miè 滅 盡也、从水威聲、亡列切

cáo 漕 水轉轂也、一曰、人之所乘及船也、从水曹聲、在到切

pàn 泮 諸矦鄉射之宮、西南爲水東北爲牆、从水从半、半亦聲、普半切

lòu 漏 以銅受水刻節、晝夜百刻、从水屚聲、盧后切

hòng 澒 丹沙所化爲水銀也、从水項聲、呼孔切

píng 萍 苹也、水艸也、从水苹、苹亦聲、薄經切

濊 huì 水多皃从水歲聲呼會切

汩 gǔ 治水也从水曰聲于筆切

瀼 ráng 露濃皃从水襄聲汝羊切

溥 tuán 露皃从水專聲度官切

汍 wán 泣淚皃从水丸聲胡官切

泯 mǐn 滅也从水民聲武盡切

瀣 xiè 沆瀣气也从水𤓯省聲胡介切

瀘 lú 水名从水盧聲洛乎切

瀟 xiāo 水名从水蕭聲相邀切

文四百六十八　重二十二

mí	zhū	gǎng	xù	tāo	yuán	chán	míng	chú	yíng
灖	瀦	港	潊	濤	湲	潺	洺	滁	瀛

瀛 水名从水嬴聲以成切

滁 水名从水除聲直魚切

洺 水名从水名聲武幷切

潺 潺湲水聲从水孱聲昨閑切

湲 潺湲也从水爰聲王權切

濤 大波也从水壽聲徒刀切

潊 水浦也从水敘聲徐呂切

港 水派也从水巷聲古項切

瀦 水所亭也从水豬聲陟魚切

灖 大水也从水䍦聲武移切

淦 yá
潠 xùn
溘 kè
浹 jiā
潔 jié
淼 miǎo

淼 大水也、从三水、

潔 瀞也、从水絜聲、古屑切

浹 洽也、从水夾聲、子協切

溘 奄忽也、从水盍聲、口荅切

潠 含水噴也、从水巺聲、穌困切

淦 水邊也、从水从厓、厓亦聲、魚羈切

文二十三 新附

說文解字弟十一上

李承緒篆

黎永椿校

廖廷相覆校
陳昌治校刊

說文解字弟十一下

漢太尉祭酒許愼記

宋右散騎常侍徐鉉等校定

沝 zhuǐ

二水也。闕。凡沝之屬皆从沝。之壘切

流 liú

水行也。从沝㐬。㐬，突忽也。力求切

篆文从水。

㴇 shè

徒行厲水也。从沝从步。時攝切

篆文从水。

文三 重二

頻 pín

水厓、人所賓附，頻蹙不前而止。从頁从涉。凡頻之屬皆从頻。符真切

臣鉉等曰：今俗別作水濱，非是。

顰 pín

涉水顰蹙。从頻卑聲。符真切

quǎn 〈

〈 水小流也、周禮匠人爲溝洫、枱廣五寸、二枱爲耦、一耦之伐廣尺深尺謂之〈、倍〈謂之遂倍遂曰溝倍溝曰洫倍洫曰〈〈凡〈之屬皆從〈、姑泫切

甽 〈从田从巜、 篆文〈从田犬聲六甽爲一畝、 古文

kuài 巜

巜 水流澮澮也、方百里爲巜廣二尋深二仞凡巜之屬皆從巜、古外切

文一 重二

lín 邶

邶 水生厓石間粦粦也、从巜桀聲、力珍切

文一

chuān 川

川 貫穿通流水也、虞書曰、濬〈巜距川言深〈巜之水

文二

巠 jīng 巟 huāng 臷 huò 㶄 yù 巜 liè 邕 yōng 巛 zāi 侃 kǎn

巛 貫爲川也凡川之屬皆從川、昌緣切

巠 水脈也、從川在一下、一地也、壬省聲、一曰水冥巠也、 古靈切 古文巠不省、

巟 水廣也、從川亡聲、易曰包巟用馮河、 呼光切

臷 水流也、從川或聲、 于逼切

㶄 水流也、從川列省聲、臣鉉等曰列字從歺、此疑誤當從歺省、良辥切

㶄 水流㶄㶄也、從川曰聲、 古筆切

邕 四方有水、自邕城池者從川從邑、於容切 籀文邕

巛 害也、從一雝川、春秋傳曰川雝爲澤凶、 祖才切

侃 剛直也、從㐰、㐰古文信從川、取其不舍晝夜論語曰

州 zhōu

巛 水中可居曰州、周遶其旁、从重川、昔堯遭洪水、民居水中高土、或曰九州、詩曰在河之州、一曰州、疇也、各疇其土而生之、臣鉉等曰今別作洲非是 職流切

巛 古文州、

文十 重三

泉 quán

泉 水原也、象水流出成川形、凡泉之屬皆从泉、疾緣切

籛 fàn

籛 泉水也、从泉絫聲、讀若飯、符萬切

灥 xún

灥 三泉也、闕凡灥之屬皆从灥、詳遵切

厵 yuán

厵 水泉本也、从灥出厂下、愚袁切

厡 篆文从泉、臣鉉等曰今別

作源、非是、

文二　重一

永　長也、象水巠理之長、詩曰、江之永矣、凡永之屬皆从永、于憬切

羕　水長也、从永羊聲、詩曰、江之羕矣、余亮切

𠂢　水之衺流別也、从反永、凡𠂢之屬皆从𠂢、讀若稗縣、徐鍇曰、永長流也、反即分𠂢也、匹卦切

衇　血理分衺行體者、从𠂢从血、莫獲切

脈　衇或从肉、

䘑　籒文、

覛　衺視也、从𠂢从見、莫狄切

𥈊　籒文、

泉出通川爲谷从水半見出於口凡谷之屬皆从谷、古祿切

文三 重三

谿 山瀆无所通者从谷奚聲、苦兮切

谸 通谷也从谷䧘聲、呼括切

谬 空谷也从谷翏聲、洛蕭切

龓 大長谷也从谷龍聲讀若聾、盧紅切

谾 谷中響也从谷厷聲、戶萌切

谼 深通川也从谷从卢卢殘地阬坎意也虞書曰睿畎澮距川、私閏切 濬 睿或从水 𠩰 古文睿

谽 望山谷谽谽青也、从谷千聲、倉絢切

仌 凍也、象水凝之形、凡仌之屬皆从仌、筆陵切

冰 水堅也、从仌从水、筆陵切 臣鉉等曰、今作魚陵切、以爲冰凍之冰

文八 重二

冹 从疑、

凔 寒也、从仌㐭聲、力稔切

清 寒也、从仌青聲、七正切

凍 仌也、从仌東聲、多貢切

朕 仌出也、从仌朕聲、詩曰、納于朕陰、力膺切 𩴪 朕或从冭、

sī	diāo	dōng		yě	cāng	lěng	hán	bì	fú
澌	凋	冬		冶	凔	冷	涵	滭	泼

澌，流仌也。从仌斯聲。息移切

凋，半傷也。从仌周聲。都僚切

冬，四時盡也。从仌从夊，夊古文終字。都宗切 古文冬

冶，銷也。从仌台聲。羊者切

凔，寒也。从仌倉聲。初亮切

冷，寒也。从仌令聲。魯打切

涵，寒也。从仌圅聲。胡男切

滭，風寒也。从仌畢聲。卑吉切

泼，一之日滭泼。从仌友聲。分勿切

瀟 lì 寒也、从仌㓲聲、力質切

瀨 lài 寒也、从仌賴聲、洛帶切

雨 yǔ 水从雲下也、一象天、冂象雲、水霝其閒也、凡雨之屬皆从雨、王矩切 𩂩 古文

文十七 重三

靁 léi 陰陽薄動靁雨生物者也、从雨畾象回轉形、魯回切 𤴐 古文靁 𤴑 古文靁 𤴒 籀文靁閒有回回靁聲也

霣 yǔn 雨也、齊人謂靁爲霣、从雨員聲、一曰雲轉起也、于敏切 𩅿 古文霣

說文解字 第十一下 雨

霆 tíng 霆雷餘聲也鈴鈴所以挺出萬物从雨廷聲、特丁切

霅 zhá 霅雲霅霅電皃一日眾言也从雨譶省聲、丈甲切

電 diàn 電陰陽激燿也从雨从申、堂練切 電古文電、

震 zhèn 震劈歷振物者从雨辰聲春秋傳曰震夷伯之廟、臣鉉等曰今俗別作霹靂非是章刃切 震籀文震、

雪 xuě 雪凝雨說物者从雨彗聲、相絕切

霄 xiāo 霄雨䨻為霄从雨肖聲齊語也、相邀切

霰 xiàn 霰稷雪也从雨散聲、穌甸切 霰霰或从見、

雹 báo 雹雨冰也从雨包聲、蒲角切 雹古文雹、

霝 líng 霝雨零也从雨䨻象䨻形、詩曰霝雨其濛、郎丁切

零 雨零也、从雨各聲、盧各切

零 餘雨也、从雨令聲、郎丁切

霝 小雨財零也、从雨鮮聲、讀若斯、息移切

霢 霢霂、小雨也、从雨脈聲、莫獲切

霂 霢霂也、从雨沐聲、莫卜切

霰 小雨也、从雨酸聲、素官切

霎 微雨也、从雨妾聲、又讀若莢、子廉切

霑 小雨也、从雨眾聲、明堂月令曰、霑雨、職戎切

霃 久陰也、从雨沈聲、直深切

霖 久雨也、从雨兼聲、力鹽切

hán	lín	yín	zī	yǔ	jiān	zhān	rǎn	liù	lòu

靐 久雨也、从雨圅聲、胡男切

霖 雨三日已往、从雨林聲、力尋切

霪 霖雨也、南陽謂霖霪、从雨伭聲、銀箴切

霣 雨聲、从雨眞聲、讀若資、卽夷切

雩 雨兒、方語也、从雨禹聲、讀若禹、王矩切

霰 小雨也、从雨僉聲、子廉切

霑 雨䨘也、从雨沾聲、張廉切

䨲 濡也、从雨染聲、而琰切

霤 屋水流也、从雨酉聲、力救切

屚 屋穿水下也、从雨在尸下、尸者屋也、盧后切

gé	jì	qī	kuò	lù	shuāng	wù		mái	méng
霸	霽	䨘	霩	露	霜	霚		霾	霿

霸 雨濡革也。从雨从革。讀若膊。匹各切

霽 雨止也。从雨齊聲。子計切

䨘 雨止也。从雨妻聲。謂之䨘。七稽切

霩 雨止雲罷皃。从雨郭聲。臣鉉等曰今別作廓非是。苦郭切

露 潤澤也。从雨路聲。洛故切

霜 喪也。成物者。从雨相聲。所莊切

霚 地气發天不應。从雨孜聲。臣鉉等曰今俗从務。亡遇切

雺 籒文省

霾 風雨土也。从雨貍聲。詩曰終風且霾。莫皆切

霿 天气下地不應。曰霿霿晦也。从雨敄聲。莫弄切

ní　霓　屈虹青赤或白色陰气也从雨兒聲、五雞切

diàn　霸　寒也从雨執聲或曰早霜讀若春秋傳墊陁、都念切

yú　雩　夏祭樂于赤帝以祈甘雨也从雨于聲、羽俱切、翌丁或从羽

xū　需　䪴也遇雨不進止䪴也从雨而聲易曰雲上於天需、臣鉉等案李陽冰據易雲上於天云當从天然諸本及前作所書皆从而無有从天者相俞切

yù　霱　水音也从雨羽聲、王矩切

文四十七　重十一

xiá　霞　赤雲气也从雨叚聲胡加切

fēi　霏　雨雲皃从雨非聲芳非切

shà 霎　duì 䨴　ǎi 靄　yún **雲**　yīn 霒　yú **魚**

霎小雨也。从雨妾聲。山洽切

䨴黮䨴，雲黑皃。从雨對聲。徒對切

靄雲皃。从雨，藹省聲。於蓋切

文五　新附

雲山川气也。从雨，云象雲回轉形。凡雲之屬皆从雲。王分切

云古文省雨。𠫶亦古文雲。

霒雲覆日也。从雲今聲。於今切　侌古文或省。㕦亦古文霒。

文二　重四

魚水蟲也。象形。魚尾與燕尾相似。凡魚之屬皆从魚。語居切

duò 鰖　ér 鮞　qū 魼　nà 魶　tǎ 鰨　zùn 鱒　lín 鱗　yóng 鰫

切。

鰖 魚子已生者。从魚，憜省聲。徒果切。𩸤 籀文。

鮞 魚子也。一曰魚之美者，東海之鮞。从魚而聲。讀若而。如之切。

魼 魚也。从魚去聲。去魚切。

魶 魚，似鼈，無甲，有尾，無足，口在腹下。从魚納聲。奴荅切。

鰨 虛鰨也。从魚㬰聲。土盍切。

鱒 赤目魚。从魚尊聲。慈損切。

鱗 魚也。从魚粦聲。力珍切。

鰫 魚也。从魚容聲。余封切。

xū	wěi	gèng	méng	luò	gǔn	guān	lǐ	zhān	zhuǎn

鰢魚也、从魚胥聲、相居切

鮪魚也、周禮春獻王鮪、从魚有聲、榮美切

鯁魚也、周禮謂之鯁、从魚恆聲、古恆切

鯍鯍也、从魚㡿聲、武登切

鮥叔鮪也、从魚各聲、盧各切

鯀魚也、从魚系聲、臣鉉等曰系、非聲、疑从孫省古本切

鰥魚也、从魚眔聲、李陽冰曰當从古頑切

鯉魚也、从魚里聲、良止切

鱣鯉也、从魚亶聲、張連切 籀文鱣

鱄魚也、从魚專聲、旨兗切

tóng	lǐ	lóu	qiàn	chóu	tǒu	biān	fáng	xù	lián
鮦	鱧	鏤	鰜	鯈	鯉	鯾	魴	鱮	鰱

鮦 魚名、从魚同聲、一曰鱸也、讀若絝襱、直隴切

鱧 鮦也、从魚豊聲、盧啟切

鏤 魚名、一名鯉、一名鱸、从魚婁聲、洛侯切

鰜 魚名、从魚兼聲、古甛切

鯈 魚名、从魚攸聲、直由切

鯉 魚名、从魚豆聲、天口切

鯾 魚名、从魚便聲、房連切 鯿 鯾又从扁

魴 赤尾魚、从魚方聲、符方切 鰟 魴或从旁

鱮 魚名、从魚與聲、徐呂切

鰱 魚名、从魚連聲、力延切

pī	yǒu	fù	qíng	jì	lí	mán	huà	pī	lǐ
鮍	魫	鮒	鯨	鰿	鱺	鰻	鱯	魾	鱧

魚名、从魚皮聲。敷羈切

魚名、从魚幼聲、讀若幽。於糾切

魚名、从魚付聲。符遇切

魚名、从魚巠聲。仇成切

魚名、从魚䇂聲。資昔切

魚名、从魚麗聲。郎兮切

魚名、从魚曼聲。母官切

魚名、从魚蒦聲。胡化切

大鱯也、其小者名魾、从魚丕聲。敷悲切

鱯也、从魚豊聲。盧啟切

huà	cháng	xún	ní	xí	qiū	huàn	tuō	jì	tuó
鮆	鱨	鱏	鯢	鰼	鰍	鯇	魠	鱀	鮀

鱧也、从魚果聲。胡瓦切

揚也、从魚嘗聲。市羊切

魚名、从魚覃聲。傳曰伯牙鼓琴、鱏魚出聽。余箴切

刺魚也、从魚兒聲。五雞切

鰌也、从魚習聲。似入切

鰼也、从魚酋聲。七由切

魚名、从魚完聲。戶版切

哆口魚也、从魚乇聲。他各切

飲而不食刀魚也、九江有之、从魚此聲。徂礼切

鮎也、从魚它聲。徒何切

nián	yǎn	tí	lài	cén	wēng	xiàn	guì	zōu	shàn
鮎	鰋	鯷	鰊	鱏	鶲	鮜	鱖	鯫	鱓

鮎 鰋也、从魚占聲、奴兼切

鰋 鮀也、从魚匽聲、於幰切 鰋或从匽

鯷 大鮎也、从魚弟聲、杜兮切

鰊 魚名、从魚賴聲、洛帶切

鱏 魚名、从魚朁聲、鉏箴切

鶲 魚名、从魚翁聲、烏紅切

鮜 魚名、从魚㚔聲、尸驗切

鱖 魚名、从魚厥聲、居衞切

鯫 白魚也、从魚取聲、士垢切

鱓 魚名、皮可爲鼓、从魚單聲、常演切

miǎn	fén	lǔ	qū	qiè	bèi	jú	shā
鮸	魵	鱸	鏂	鯜	魶	鮈	鯊

鮸 魚名、出薉邪頭國、从魚免聲、𠃨辨切

魵 魚名、出薉邪頭國、从魚分聲、符分切

鱸 魚名、出樂浪潘國、从魚虜聲、耶古切

鏂 魚名、狀似蝦、無足、長寸、大如义股、出遼東、从魚區聲、豈俱切

鯜 魚名、出樂浪潘國、从魚妾聲、七接切

魶 魚名、出樂浪潘國、从魚市聲、博蓋切

鮈 魚名、出樂浪潘國、从魚匊聲、一曰鮈魚出江東、有兩乳、居六切

鯊 魚名、出樂浪潘國、从魚沙省聲、所加切

lì	xiān	yóng	yōng	zéi	tái	bà	fù	jiāo
鱳	鮮	鰅	鱅	鰂	鮐	鮊	鰒	鮫

鱳 魚名、出樂浪潘國、从魚樂聲、盧谷切

鮮 魚名、出貉國、从魚羴省聲、相然切

鰅 魚名、皮有文、出樂浪東暆、神爵四年、初捕收輸考工、周成王時、揚州獻鰅、从魚禺聲、魚容切

鱅 魚名、从魚庸聲、蜀容切

鰂 烏鰂魚名、从魚則聲、昨則切 鯽鰂或从即、

鮐 海魚名、从魚台聲、徒哀切

鮊 海魚名、从魚白聲、旁陌切

鰒 海魚名、从魚复聲、蒲角切

鮫 海魚皮可飾刀、从魚交聲、古肴切

鱷 jīng　鯁 gěng　鱗 lín　鮏 xīng　鰠 sāo　鮨 qí　鮺 zhǎ　魿 qín　鮑 bào

鱷 海大魚也、从魚畺聲、春秋傳曰取其鱷鯢、渠京切
鱷或从京、

鯁 魚骨也、从魚更聲、古杏切

鱗 魚甲也、从魚粦聲、力珍切

鮏 魚臭也、从魚生聲、臣鉉等曰今俗作鯹桑經切、桑經切

鰠 魚臭也、从魚叜聲、周禮曰膳膏鰠、穌遭切

鮨 魚胳醬也、出蜀中、从魚旨聲、一曰鮪魚名、旨夷切

鮺 藏魚也、南方謂之鮺、北方謂之鮝、从魚差省聲、側下切

魿 鮝也、一曰大魚為鮺小魚為魿、从魚今聲、徂慘切

鮑 饐魚也、从魚包聲、薄巧切

鯪 líng 蟲連行紆行者、从魚令聲、郎丁切

鰕 xiā 魵也、从魚叚聲、乎加切

鱐 hào 大鰕也、从魚高聲、胡到切

鮯 jiù 當互也、从魚咎聲、其久切

魟 háng 大貝也、一曰魚膏、从魚亢聲、讀若岡、古郎切

魧 bǐng 蚌也、从魚丙聲、兵永切

鮚 jí 蚌也、从魚吉聲、漢律會稽郡獻鮚醬、巨乙切

魮 bì 魚名、从魚必聲、毗必切

鱋 qú 魚名、从魚瞿聲、九遇切

鯸 hóu 魚名、从魚侯聲、乎鉤切

diāo	鯛 骨端脆也、从魚周聲、都僚切
zhuó	鯙 丞然鯙鯨、从魚卓聲、都教切
bō	鲅 鱣鮪鲅鮫、从魚犮聲、北末切
fū	鯚 鯚魚出東萊、从魚夫聲、甫無切
qí	鯕 魚名、从魚其聲、渠之切
zhào	鮡 魚名、从魚兆聲、治小切
huà	魤 魚名、从魚匕聲、呼跨切
xiān	鱻 新魚精也、从三魚不變魚、徐鍇曰三眾也眾而不變是魚鱻也、相然切
dié	鰈 比目魚也、从魚枼聲、土盍切

文一百三　重七

九五八

鮍 pí 文鮍、魚名、从魚、比聲、房脂切

鰩 yáo 文鰩、魚名、从魚、䍃聲、余招切

文二 新附

鱻 yú 二魚也、凡鱻之屬皆从鱻、語居切

澬 yú 捕魚也、从鱻从水、語居切 篆文澬从魚

文二 重一

燕 yàn 玄鳥也、籋口、布翅、枝尾、象形、凡燕之屬皆从燕、於甸切

文一

龍 lóng 鱗蟲之長、能幽能明、能細能巨、能短能長、春分而登天、秋分而潛淵、从肉、飛之形、童省聲、臣鉉等曰、象夘轉飛動之皃

龍 líng
龖 龍也、从龍霝聲、郎丁切

龕 kān
龕 龍皃、从龍合聲、口含切

龖 jiān
龖 龍耆脊上龖龖、从龍开聲、古賢切

龘 tà
龘 飛龍也、从二龍、讀若沓、徒合切

文五

飛 fēi
飛 鳥翥也、象形、凡飛之屬皆从飛、甫微切

𩙞 yì
𩙞 翐也、从飛異聲、與職切 𦐄 篆文𩙞从羽、

文二 重一

非 fēi
非 違也、从飛下翄、取其相背、凡非之屬皆从非、甫微切

凡龍之屬皆从龍、力鍾切

非 fěi 别也、从非、己聲。非尾切

靟 mǐ 披靡也、从非麻聲。文彼切

靠 kào 相違也、从非告聲。苦到切

陫 bī 牢也、所以拘非也、从非陛省聲。邊兮切

文五

營 qióng 回疾也、从孔營省聲。渠營切

孔 xùn 疾飛也、从飛而羽不見、凡孔之屬皆从孔。息晉切

文二

說文解字弟十一下

李承緒篆

黎永椿校
廖廷相覆校
陳昌治校刊

說文解字弟十二上

漢太尉祭酒許愼記

宋右散騎常侍徐鉉等校定

三十六部　七百七十九文　重八十四

凡九千二百三字

文三十 新附

乙 玄鳥也、齊魯謂之乙、取其鳴自呼象形凡乙之屬皆从乙、徐鍇曰、此與甲乙之乙相類其形舉首下曲與甲乙字少異烏轄切 乙或从鳥

孔 通也从乙从子乙請子之候鳥也、乙至而得子、嘉美

乳 rǔ

人及鳥生子曰乳,獸曰產,从孚从乙,乙者玄鳥也,明堂月令玄鳥至之日,祠于高禖以請子,故乳从乙,請子必以乙至之日者,乙春分來,秋分去,開生之候鳥,帝少昊司分之官也。而主切

不 fǒu

鳥飛上翔不下來也,从一,一猶天也,象形,凡不之屬皆从不。方久切

否 fǒu

不也,从口从不,不亦聲。徐鍇曰不可之意見於言,故从口。方久切

文三 重一

文二

之也,古人名嘉字子孔。康董切

至 zhì

𚤒 鳥飛從高下至地也。從一,一猶地也。象形。不上去而至下來也。凡至之屬皆從至。[脂利切] 𚤓 古文至。

到 dào

𚤔 至也。從至刀聲。[都悼切]

臻 zhēn

𦥗 至也。從至秦聲。[側詵切]

𦥑 chì

𦥑 忿戾也。從至,至而復遜,遜遁也。《周書》曰:有夏氏之民叨𦥑。𦥑讀若摯。[丑利切]

臺 tái

𦥘 觀四方而高者。從至從之,從高省。與室屋同意。[徒哀切]

䇏 rì

𦥙 到也。從二至。[人質切]

文六 重一

西 xī

𠧧 鳥在巢上,象形。日在西方而鳥棲,故因以爲東西之

說文解字 第十二上 至 西

九六五

西 xī

卥 lǔ

鹺 cuó

鹹 xián

鹽 yán

西 西之屬皆從西、先稽切 㯏西或從木妻、卤古文西、

卥 姓也、從西圭聲、戶圭切

文二 重三

卤 西方鹹地也、從西省、象鹽形、安定有卤縣、東方謂之㡿、西方謂之卤、凡卤之屬皆從卤、郎古切

鹺 鹹也、從卤差省聲、河內謂之㡿、沛人言若盧、昨河切

鹹 銜也、北方味也、從卤咸聲、胡毚切

文三

鹽 鹹也、從卤監聲、古者宿沙初作煮海鹽、凡鹽之屬皆

gǔ 鹽

鹽 河東鹽池、袤五十一里、廣七里、周百十六里、从鹵監聲。余廉切

jiǎn 鹼

鹼 鹵也、从鹽省、僉聲。魚欠切

鹽 古鹽也、从鹽省、公聲。古鹽切

文三

hù 戶

戶 護也、半門曰戶、象形、凡戶之屬皆从戶。侯古切

fēi 扉

扉 戶扇也、从戶非聲。甫微切

shàn 扇

扇 扉也、从戶从翄聲。式戰切

fáng 房

房 室在旁也、从戶方聲。符方切

戾 輩車旁推戶也、从戶、大聲讀與钦同、徒蓋切

戹 隘也、从戶乙聲、於革切

庫 始開也、从戶从聿、臣鉉等曰聿者始也治矯切、於豈切

扆 戶牖之閒謂之扆、从戶衣聲、於豈切

扃 開也、从戶劫省聲、口螢切

扃 外開之關也、从戶同聲、古熒切

文十 重一

門 聞也、从二戶象形凡門之屬皆从門、莫奔切

閶 天門也、从門昌聲、楚人名門曰閶闔、尺量切

闈 宮中之門也、从門韋聲、羽非切

yán	hóng	guī	gé	tà	hàn	lǘ	yán	huì
閻	閎	閨	閤	闒	閈	閭	閻	闠

閻 閭謂之橘橘廟門也从門詹聲。余廉切

閎 巷門也从門厷聲。戶萌切

閨 特立之戶上圜下方有似圭从門圭聲。古攜切

閤 門旁戶也从門合聲。古沓切

闒 樓上戶也从門羽聲。徒盍切

閈 門也从門干聲。汝南平輿里門曰閈。侯旰切

閭 里門也从門呂聲。周禮五家爲比五比爲閭、閭侶也。力居切

閻 里中門也从門臽聲。余廉切

壛 閻或从土。

闠 市外門也从門貴聲。胡對切

yīn	dū	què	biàn	xiè	hé	niè	yù	làng
闉	闍	闕	開	閕	闔	闑	閾	閬

闉 城内重門也、从門、堙聲、詩曰出其闉闍、於眞切

闍 闉闍也、从門、者聲、當孤切

闕 門觀也、从門、欮聲、去月切

開 門扇也、从門、弇聲、皮變切

閕 門扇也、从門、介聲、胡介切

闔 門扉也、从門、盍聲、一曰閉也、胡臘切 𣪠古文

闑 門梱也、从門、臬聲、魚列切

閾 門榍也、从門、或聲、論語曰、行不履閾、于逼切

閫 從㲽、苦本切

閬 門高也、从門、良聲、巴郡有閬中縣、來宕切

pì	wěi	chǎn	kāi	kǎi	xiǎ	yā	bì	gé	jiàn
闢	闈	闡	開	闓	閜	閈	閟	閣	閒

關 開也。从門辟聲。房益切

闈 閎門也。从門爲聲。國語曰閟門而與之言。章委切

闡 開也。从門單聲。易曰闡幽。昌善切

開 張也。从門幵。苦哀切 閞 古文。

闓 開也。从門豈聲。苦亥切

閜 大開也。从門可聲。大杯亦爲閜。火下切

閈 開閉門也。从門甲聲。烏甲切

閟 閉門也。从門必聲。春秋傳曰閟門而與之言。兵媚切

閣 所以止扉也。从門各聲。古洛切

閒 隟也。从門从月。徐鍇曰夫門夜閉閉而見月光是有閒隟也。古閑切 閒 古文。

閜 閜門傾也、从門阿聲、烏可切

閕 遮攤也、从門於聲、烏割切

關 開閉門利也、从門繇聲、一曰繟十紘也、臣鉉等曰繟非聲未詳旨沇切

閜 門聲也、从門曷聲、乙鎋切

閬 門響也、从門鄉聲、許亮切

閜 門遮也、从門柬聲、洛干切

閑 闌也、从門中有木、戶閒切

閉 闔門也、从門才所以歫門也、博計切

ài	àn	guān	yuè	tián	táng	yān	hūn	kuī	lán
閡	闇	關	閱	闐	闛	閹	閽	闚	䦅

閡：外閉也。从門亥聲。五溉切

闇：閉門也。从門音聲。烏紺切

關：以木橫持門戶也。从門𢇅聲。古還切

閱：下牡也。从門侖聲。以灼切

闐：盛皃。从門眞聲。待季切

闛：闛闛，盛皃。从門堂聲。徒郎切

閹：豎也。宮中奄閽閉門者。从門奄聲。英廉切

閽：常以昏閉門隸也。从門从昏，昏亦聲。呼昆切

闚：閃也。从門規聲。去隨切

䦅：妄入宮掖也。从門䜌聲。讀若闌。洛干切

zhèn	mǐn	kuò	kàn	què	yuè	shǎn	zhèn

闖 閔 闊 闞 闋 閱 閃 兩

兩 登也、从門二、二古文下字、讀若軍敶之敶、臣鉉等曰、下言自下而登上也、故从下、商書曰、若升高必自下、直刃切

閃 闚頭門中也、从人在門中、失冉切

閱 具數於門中也、从門、說省聲、弋雪切

闋 事已閉門也、从門、癸聲、傾雪切

闞 望也、从門、敢聲、苦濫切

闊 疏也、从門、滑聲、苦括切

閔 弔者在門也、从門、文聲、臣鉉等曰、今別作憫、非是、眉殞切

閦 古文閔

闖 馬出門皃、从馬在門中、讀若郴、丑禁切

文五十七　重六

闤 huán
闤、市垣也。从門、還聲。戶關切。

闥 tà
闥、門也。从門、達聲。他達切。

閌 káng
閌、閌閬、高門也。从門、亢聲。苦浪切。

閥 fá
閥、閥閱、自序也。从門、伐聲。房越切。

闃 qù
闃、靜也。从門、臭聲。臣鉉等案、易、窺其戶闃其無人、窺、小視也、臭、犬張目也、言始小視之雖大張目亦不見人也、臭字苦臭、義當只用臭字、苦臭切、義當通用伐字。

文五　新附

耳 ěr
耳、主聽也。象形。凡耳之屬皆从耳。而止切。

耴 zhé
耴、耳垂也、从耳下垂。象形。春秋傳曰、秦公子輒者、其耳

貼 diān
貼 下垂、故以爲名。陟葉切

耽 dān
耽 耳大垂也、从耳冘聲、詩曰士之耽兮、丁含切

耼 dān
聃(耼) 耳曼也、从耳冄聲、他甘切 聃或从甘 都甘切

瞻 dān
瞻 垂耳也、从耳詹聲、南方瞻耳之國、都甘切

耿 gěng
耿 耳箸頰也、从耳烓省聲、杜林說耿光也、从光、聖省凡字皆左形右聲、杜林非也、徐鍇曰凡字多右形左聲、此說或後人所加或傳寫之誤、古杏切

聯 lián
聯 連也、从耳耳連於頰也、从絲、絲連不絕也、力延切

聊 liáo
聊 耳鳴也、从耳卯聲、洛蕭切

shèng	cōng	tīng	líng	zhí	guō	jǔ	shēng	wén	pìn
聖	聰	聽	聆	職	聒	聥	聲	聞	聘

聖 通也、从耳呈聲、式正切

聰 察也、从耳忽聲、倉紅切

聽 聆也、从耳悳壬聲、他定切

聆 聽也、从耳令聲、郎丁切

職 記微也、从耳戠聲、之弋切

聒 驩語也、从耳昏聲、古活切

聥 張耳有所聞也、从耳禹聲、王矩切

聲 音也、从耳殸聲、殸籀文磬、書盈切

聞 知聞也、从耳門聲、無分切
𦕁 古文从昏

聘 訪也、从耳甹聲、匹正切

聾 lóng　無聞也、从耳龍聲、盧紅切

聳 sǒng　生而聾曰聳、从耳從省聲、息拱切

聤 zǎi　益梁之州謂聾爲聤、秦晉聽而不聞聞而不達謂之聤、从耳宰聲、作亥切

聵 kuì　聾也、从耳貴聲、五怪切　聵或从䫇、臣鉉等曰當从敝省、敝省義見敝字注、

耴 wà　無知意也、从耳出聲讀若孽、五滑切

聉 wà　吳楚之外凡無耳者謂之聉、言若斷耳爲盟从耳闕、聲、五滑切

䎃 chè　軍法以矢貫耳也、从耳从矢、司馬法曰、小罪䎃中罪

guó
聝 聝 軍戰斷耳也、春秋傳曰以為俘聝、从耳或聲、古獲切

wà
䎩 䎩耳也、从耳月聲、魚厥切

mǐ
䏼 乘輿金馬耳也、从耳麻聲、讀若湖水、一曰若月令䎱草之䎱、亡彼切

qín
聆 國語曰回祿信於聆遂闕、巨今切

tiē
聑 安也、从二耳、丁帖切

niè
聶 附耳私小語也、从三耳、尼輒切

文三十二　重四

áo
聲不聽也、从耳、敖聲、五交切

yí
臣 頤也、象形、凡臣之屬皆从臣、與之切 頤篆文臣

文一 新附

yí
𦣞 顄也、从臣、已聲、與之切 𦣞古文臣、从戶、臣鉉等曰、今俗作𦣞

籀文从首

廣臣也、从臣、已聲、與之切

𦣝 古文臣、从戶、

階𦣝之𦣝、史切、以爲

shǒu
手 拳也、象形、凡手之屬皆从手、書九切 ϟ 古文手

zhǎng
掌 手中也、从手、尚聲、諸兩切

mǔ
拇 將指也、从手、母聲、莫厚切

文二 重三

指 zhǐ 手指也、从手、旨聲、職雉切

拳 quán 手也、从手、𠔏聲、巨員切

掔 wàn 手掔也、楊雄曰掔握也、从手、取聲、烏貫切

攕 xiān 好手皃、詩曰攕攕女手、从手、韱聲、所咸切

㨃 shuò 㨃人臂皃、从手、朔聲、周禮曰輻欲其㨃、徐鍇曰人臂梢長纖好也、所角切

摳 kōu 繑也、一曰摳衣升堂、从手、區聲、口侯切

攘 qiān 摳衣也、从手、寋聲、去虔切

擅 yì 舉手下手也、从手、壹聲、於計切

揖 yī 攘也、从手、咠聲、一曰手箸胷曰揖、伊入切

ràng	gǒng	liǎn	bài	wò	tāo	gǒng	tuī
攘	拱	撿	拜	捾	搯	拲	推

攘，推也。从手，襄聲。汝羊切

拱，斂手也。从手，共聲。居竦切

撿，拱也。从手，僉聲。良冉切

拜，首至地也。从手𢀜。𢀜音忽。徐鍇曰：𢀜，進趣之疾也，故拜从之。博怪切
𢁉 楊雄說：拜从兩手下。
𢪙 古文拜

捾，搯捾也。从手，官聲。一曰：援也。烏括切

搯，捾也。从手，舀聲。周書曰：師乃搯。搯者，拔兵刃以習擊刺。詩曰：左旋右搯。土刀切

拲，攣也。从手、𢀜，𢀜亦聲。居竦切。臣鉉等案：𢀜部有拲，與𢀜同。此重出。

推，排也。从手，隹聲。他回切

zùn	pái	jǐ	dǐ	cuī	lā	cuò	fú	jiāng	chí
捘	排	擠	抵	摧	拉	挫	扶	拼	持

捘 推也、从手夋聲、春秋傳曰捘衞侯之手、子寸切

排 擠也、从手非聲、步皆切

擠 排也、从手齊聲、子計切

抵 擠也、从手氐聲、丁礼切

摧 擠也、从手崔聲、一曰挏也、一曰折也、昨回切

拉 摧也、从手立聲、盧合切

挫 摧也、从手坐聲、則臥切

扶 左也、从手夫聲、防無切 𠨩 古文扶、

拼 扶也、从手幷聲、七良切

持 握也、从手寺聲、直之切

qiè	qián	shé	zhì	cāo	jú	qín	bó	jù	shè
挈	拑	撎	摯	操	攫	捦	搏	據	攝

挈 縣持也、从手㓞聲、苦結切

拑 脅持也、从手甘聲、巨淹切

撎 閒持也、从手枼聲、今折切

摯 握持也、从手从執、脂利切

操 把持也、从手喿聲、七刀切

攫 爪持也、从手矍聲、居縛切 臣鉉等曰今俗別作搦非是居玉切

捦 急持衣裣也、从手金聲、巨今切 𢷎 捦或从禁

搏 索持也、一曰至也、从手尃聲、補各切

據 杖持也、从手豦聲、居御切

攝 引持也、从手聶聲、書涉切

nán	bù	xié	mén	lǎn	liè	wò	dàn	bǎ	è
抭	拊	挾	捫	擥	擸	握	撣	把	搹

抭 拼持也、从手、冄聲、他含切

拊 捫持也、从手、布聲、普胡切

挾 俾持也、从手、夾聲、胡頰切

捫 撫持也、从手、門聲、詩曰莫捫朕舌、莫奔切

擥 理持也、从手、監聲、盧敢切

擸 撮持也、从手、巤聲、良涉切

握 搤持也、从手、屋聲、於角切 ㄍ古文握

撣 提持也、从手、單聲、讀若行遲驒驒、徒旱切

把 握也、从手、巴聲、搏下切

搹 把也、从手、鬲聲、於革切 扼 搹或从尼

ná	xié	tí	zhé	niān	chī	shě	yè	àn	kòng
拏	攜	提	摍	拈	摛	捨	厭	按	控

拏 牽引也、从手、奴聲、女加切

攜 提也、从手、雟聲、戶圭切

提 挈也、从手、是聲、杜兮切

摍 挋也、从手、耴聲、丁愜切

拈 拈也、从手、占聲、奴兼切

摛 挋也、从手、离聲、丑知切

捨 舒也、从手、舍聲、書冶切

厭 一指按也、从手、厭聲、於協切

按 下也、从手、安聲、烏旰切

控 引也、从手、空聲、詩曰、控于大邦、匈奴名引弓控弦、苦貢

shǔn	yuàn	pāi	fǔ	póu	luō	liáo	cuò	chā
揗	掾	捝	拊	捊	挼	撩	措	插

揗 摩也、从手、盾聲、切食尹

掾 緣也、从手、彖聲、切以絹

捝 ……从手、百聲、切普百

拊 搹也、从手、付聲、切芳武

捊 把也、从手、孚聲、切

挼 取易也、从手、夺聲、切郎括

撩 理也、从手、尞聲、切洛蕭

措 置也、从手、昔聲、切倉故

插 刺肉也、从手、从臿、切楚洽

把也、今鹽官入水取鹽爲捪、从手、音聲、切父溝

掄 擇也、从手侖聲、盧昆切
擇 柬選也、从手睪聲、丈伯切
捉 搤也、从手足聲、一曰握也、側角切
搤 捉也、从手益聲、於革切
挻 長也、从手从延延亦聲、式連切
搧 搧也、从手前聲、卽淺切
搣 批也、从手威聲、亡列切
批 搣也、从手此聲、匹氏切 (鞞切側)
揤 捽也、从手卽聲、魏郡有揤裴侯國、子力切
捽 持頭髮也、从手卒聲、昨没切

撮(cuō) 四圭也、一曰兩指撮也、从手、最聲、倉括切

鞠(jū) 撮也、从手、籟省聲、居六切

捬(dì) 撮取也、从手、帶聲讀若詩曰蠮螉在東、都計切 捺撮或从包、臣鉉等曰今作薄報切

捊(póu) 引取也、从手、孚聲、步矦切 抱捊或从包、臣鉉等曰今作薄報切 或从手从示、兩手急持人也、

撛(yǎn) 自關以東謂取曰撛、一曰覆也、从手、弇聲、衣檢切

授(shòu) 子也、从手从受受亦聲、殖酉切

承(chéng) 奉也、受也、从手从卩、从𠬝、臣鉉等曰謹節其事承奉之義也、故从卩、署陵切

抵(zhèn) 給也、从手、臣聲、一曰約也、章刃切

為襄裹字非是、

jìn	dǎng	jiē	pō	dòng	zhāo	fǔ	mín	chuǎi
搢	攩	接	抪	挏	招	撫	捪	揣

搢 拭也、从手、晉聲、居焮切

攩 朋羣也、从手、黨聲、多朗切

接 交也、从手、妾聲、子葉切

抪 捫也、从手、市聲、普活切

挏 攤引也、漢有挏馬官作馬酒、从手、同聲、徒緫切

招 手呼也、从手、召、止搖切

撫 安也、从手、無聲、芳武切 𢴪 古文从亾二

捪 撫也、从手、昏聲、一曰摹也、武巾切

揣 量也、从手、耑聲、度高曰揣、一曰捶之、初委切 徐鍇曰此字與喘遄之類皆當从耑省

| zhǐ 扺 | guàn 摜 | tóu 投 | zhì 摘 | sāo 搔 | jiá 扴 | piāo 摽 | tiāo 挑 | jué 抉 | náo 撓 |

扺、開也。从手只聲。讀若抵掌之抵、諸氏切。

摜、習也。从手貫聲。春秋傳曰摜瀆鬼神、古患切。

投、擿也。从手从殳、度侯切。

擿、搔也。从手適聲。一曰投也、直隻切。

搔、括也。从手蚤聲、穌遭切。

扴、刮也。从手介聲、古黠切。

摽、擊也。从手票聲。一曰挈門牡也、符少切。

挑、撓也。从手兆聲。一曰摷也。國語曰卻至挑天、土凋切。

抉、挑也。从手夬聲、於說切。

撓、擾也。从手堯聲。一曰捄也、奴巧切。

rǎo	jū	jū	qià	zhāi	xiá	cán	xié	zhé
擾	捃	据	搳	摘	撍	摲	拹	摺

擾 煩也、从手、憂聲、而沼切

捃 𢴦持也、从手、局聲、居玉切

据 𢴦捃也、从手、居聲、九魚切

搳 拓果樹實也、从手、啻聲、一曰指近之也、臣鉉等曰當从適省乃得聲、他歷切、又竹戹切

摘 刮也、从手、㗇聲、一曰撻也、口入切

撍 搚也、从手、害聲、胡秸切

摲 暫也、从手、斬聲、昨甘切

拹 摺也、从手、劦聲、一曰拉也、虛業切

摺 敗也、从手、習聲、之涉切

揫 束也、从手秋聲、詩曰百祿是揫、即由切

摟 曳聚也、从手婁聲、洛侯切

抎 有所失也、春秋傳曰抎子辱矣、从手云聲、于敏切

披 从旁持曰披、从手皮聲、敷羈切

㩜 引縱曰㩜、从手廮省聲、尺制切

㨎 積也、詩曰助我舉㨎、揻頰㫖也、从手此聲、前智切

掉 搖也、从手卓聲、春秋傳曰尾大不掉、徒弔切

搖 動也、从手䍃聲、余招切

搈 動搈也、从手容聲、余隴切

擩 當也、从手貳聲、直異切

zhěng	qì	xiān	jǔ	yáng	yú	féng	qiān	jiū
抍	揭	掀	舉	揚	舉	捀	搴	揂

揂 聚也、从手酋聲、即由切

搴 固也、从手叝聲讀若詩赤舃搴搴、臣鉉等曰今別作
  慳、非是苦閑切

捀 奉也、从手夆聲、敷容切

舉 對舉也、从手與聲、以諸切 𦥯 古文

揚 飛舉也、从手昜聲、與章切

舉 對舉也、从手與聲、居許切

掀 舉出也、从手欣聲、春秋傳曰掀公出於淖、虛言切
  去例切又基竭切

揭 高舉也、从手曷聲、

抍 上舉也、从手外聲易曰抍馬壯吉、蒸上
  登 抍或从
  登、臣鉉等曰今俗别作拯非是

振 振舉救也、从手、辰聲、一曰奮也、章刃切

扛 橫關對舉也、从手工聲、古雙切

扮 握也、从手分聲、讀若粉、房吻切

撟 舉手也、从手喬聲、一曰撟擅也、居少切

捎 自關巳西、凡取物之上者為撟捎、从手肖聲、所交切

擩 染也、从手需聲、周禮六曰擩祭、而主切

擁 抱也、从手雝聲、於隴切

揄 引也、从手俞聲、羊朱切

擩 擎擩不正也、从手般聲、薄官切

擭 擎擭也、一曰布擭也、一曰握也、从手蒦聲、一虢切

biàn	shàn	kuí	nǐ	sǔn	shī	tuō	bō	yì	shū
拚	擅	揆	擬	損	失	挩	撥	挹	抒

拚：拊手也、从手、弁聲、皮變切

擅：專也、从手、亶聲、時戰切

揆：葵也、从手、癸聲、求癸切

擬：度也、从手、疑聲、魚已切

損：減也、从手、員聲、穌本切

失：縱也、从手、乙聲、式質切

挩：解挩也、从手、兌聲、他括切

撥：治也、从手、發聲、北末切

挹：抒也、从手、邑聲、於汲切

抒：挹也、从手、予聲、神與切

九九六

zhā 担 挹也、从手、且聲、讀若樝棃之樝、側加切

jué 攫 扟也、从手、矍聲、居縛切

shēn 扟 從上挹也、从手、孔聲、讀若莘、所臻切

zhí 拓 拾也、陳宋語、从手、石聲、𢯱或从庶

jùn 攈 拾也、从手、麇聲、居運切

shí 拾 掇也、从手、合聲、是執切

duó 掇 拾取也、从手、叕聲、都括切

huàn 擐 貫也、从手、睘聲、春秋傳曰擐甲執兵、胡慣切

gēng 摍 引急也、从手、恆聲、古恆切

suō 摍 蹴引也、从手、宿聲、所六切

qián	yuán	chōu	zhuó	bá	yà	dǎo	luán	tǐng	qiān
揵	援	搝	擢	拔	揠	擣	攣	挺	攓

揵 相援也、从手、虔聲、巨言切

援 引也、从手、爰聲、雨元切

搝 引也、从手、牧聲、敕鳩切
𢱰 搝或从由、𢴆 搝或从秀、

擢 引也、从手、翟聲、直角切

拔 擢也、从手、犮聲、蒲八切

揠 拔也、从手、匽聲、烏黠切

擣 手推也、一曰築也、从手、𠧪聲、都皓切

攣 係也、从手、䜌聲、呂員切

挺 拔也、从手、廷聲、徒鼎切

攓 拔取也、南楚語、从手、寒聲、楚詞曰、朝攓批之木蘭、九輦

tān	tàn	ruó	piē	hàn	nuò	jǐ	huī
探	撢	捼	撆	搣	搦	㩜	揮

探 遠取之也、从手架聲、他含切

撢 探也、从手覃聲、他紺切

捼 推也、从手委聲、一曰兩手相切摩也、臣鉉等曰今俗作挼非是奴禾切

撆 別也、一曰擊也、从手敝聲、芳滅切

搣 搖也、从手咸聲、臣鉉等曰今別作撼非是胡感切

搦 按也、从手弱聲、尼革切

㩜 偏引也、从手奇聲、居綺切

揮 奮也、从手軍聲、許歸切

mó	pī	jiǎo	rǒng	zhuàng	yīn	rēng	kuò	hē	bò
摩	摠	攪	搑	撞	捆	扔	括	抲	擘

摩 研也、从手麻聲。莫婆切

摠 反手擊也、从手毘聲。匹齊切

攪 亂也、从手覺聲。詩曰、祇攪我心。古巧切

搑 推擣也、从手茸聲。而隴切

撞 卂擣也、从手童聲。宅江切

捆 就也、从手困聲。於眞切

扔 因也、从手乃聲。如乘切

括 絜也、从手昏聲。古活切

抲 抲擄也、从手可聲。周書曰、盡執抲。虎何切

擘 撝也、从手辟聲。博尼切

huī　huò　lè　jì　mó　zhuō　tà　tuán　hú　jū
撝　捇　扐　技　摹　拙　搨　摶　搰　捄

撝裂也从手爲聲一曰手指也許歸切

捇裂也从手赤聲呼麥切

扐易筮再扐而後卦从手力聲盧則切

技巧也从手支聲渠綺切

摹規也从手莫聲莫胡切

拙不巧也从手出聲職說切

搨縫指搨也一曰韜也从手沓聲讀若眔徒合切

摶圜也从手專聲度官切

搰手推之也从手圁聲戶骨切

捄盛土於梩中也一曰擾也詩曰捄之陾陾从手求聲

jié	hú	jué	yǎn	gài	xū	bō	zhì	zhì
拮	㧊	撅	掩	摡	揟	播	挃	撉

拮 手口共有所作也、从手吉聲、詩曰予手拮据、古屑切

㧊 戶骨切、从手骨聲、

撅 从手厥聲、衢勿切

掘 揭也、从手屈聲、衢勿切

揟 揟也、从手胥聲、武威有揟次縣、相居切

摡 滌也、从手既聲、詩曰摡之釜鬵、古代切

掩 斂也、小上曰掩、从手奄聲、衣檢切

播 種也、一曰布也、从手番聲、補過切 𢿢古文播

挃 穫禾聲也、从手至聲、詩曰穫之挃挃、陟栗切

撉 刺也、从手致聲、一曰刺之財至也、陟利切

扤 wù 動也、从手元聲、五忽切
抈 yuè 折也、从手月聲、魚厥切
摎 jiū 縛殺也、从手翏聲、居求切
撻 tà 鄉飲酒罰不敬撻其背、从手達聲、他達切 𨑎 古文撻
㧏 líng 止馬也、从手夌聲、里甑切 周書曰、𨑎以記之
抨 pēng 撣也、从手平聲、普耕切
捲 quán 气勢也、从手卷聲、國語曰、有捲勇、一曰、捲收也、巨員切 臣鉉等曰、今俗作居轉切以為捲舒之捲
扱 xī 收也、从手及聲、楚洽切

jiǎo 摷 拘擊也、从手巢聲、子小切

āi 挨 擊背也、从手矣聲、於駭切

pū 撲 挨也、从手業聲、蒲角切

qiào 擎 旁擊也、从手敫聲、苦弔切

diǎo 扚 疾擊也、从手勺聲、都了切

chì 扺 側擊也、从手氏聲、諸氏切

zhǐ 抵 答擊也、从手失聲、勒栗切

yǎng 抰 以車鞅擊也、从手央聲、於兩切

bǔ 捊 衣上擊也、从手保聲、方苟切

bǎi 擺 兩手擊也、从手卑聲、北買切

捶 chuí 以杖擊也、从手、垂聲、之壘切

推 què 擊也、从手、隹聲、苦角切

撽 yǐng 敲擊也、从手、竟聲、苦敬切一敬切

拂 fú 過擊也、从手、弗聲、徐鍇曰擊而過之也、敷物切

鏗 kēng 中擊也、从手、堅聲讀若鏗尔舍瑟而作、口莖切

抌 dǎn 擣頭也、从手、先聲讀若告言不正曰抌、竹甚切

揫 huǐ 深擊也、从手、毀聲亦聲、許委切

擊 jī 傷擊也、从手、殷聲、古歷切

扞 hàn 攴也、从手、干聲、矦旰切

抗 kàng 扞也、从手、亢聲、苦浪切 杭 抗或从木、臣鉉等曰、今俗作胡郎切

| bǔ 捕 | cè 箣 | niǎn 撚 | guà 挂 | tuō 拖 | tú 捈 | yè 抴 | biàn 揙 | juē 撅 | lú 攎 |

捕：取也、从手、甫聲、薄故切

箣：刺也、从手、箣省聲、周禮曰箣魚醢、士革切

撚：執也、从手、然聲、一曰蹂也、乃殄切

挂：畫也、从手、圭聲、古賣切

拖：曳也、从手、它聲、託何切

捈：臥引也、从手、余聲、同都切

抴：捈也、从手、世聲、余制切

揙：撫也、从手、扁聲、婢沔切

撅：从手有所把也、从手、厥聲、居月切

攎：挐持也、从手、盧聲、洛乎切

ná 拏 持也、从手、如聲、女加切

wèn 搵 没也、从手、昷聲、烏困切

péng 搒 掩也、从手、旁聲、北孟切

gé 挌 擊也、从手、各聲、古覈切

gǒng 拲 兩手同械也、从手从共、共亦聲、周禮、上辠梏拲而桎、居竦切 𣂪 拲或从木

zōu 掫 夜戒守有所擊、从手取聲、春秋傳曰、賓將掫、子侯切

juān 捐 棄也、从手、肙聲、與專切

bīng 挪 所以覆矢也、从手朋聲、詩曰、抑釋挪忌、筆陵切

yū 扜 指麾也、从手、亏聲、億俱切

麾 旌旗所以指麾也、从手靡聲、許為切

捷 獵也、軍獲得也、从手疌聲、春秋傳曰、齊人來獻戎捷、疾葉切

扣 牽馬也、从手口聲、苦后切

掍 同也、从手昆聲、古本切

摍 眾意也、一曰求也、从手叜聲、詩曰東矢其摍、所鳩切

換 易也、从手奐聲、胡玩切

掖 以手持人臂投地也、从手夜聲、一曰臂下也、羊益切

文二百六十五 重十九

挏 橫大也、从手瓠聲、胡化切

chān	jìn	lüè	qiā	niē	ǎo	shè	bā	tān	pāo
攙	擔	掠	掐	捻	拗	摵	捌	攤	抛

攙：刺也。从手，毚聲。楚銜切。

擔：插也。从手，晉聲。揩紳前薦紳即刃切。

掠：奪取也。从手，京聲。本音亮。唐韻或作擽離灼切。

掐：爪刺也。从手，臽聲。苦洽切。

捻：指捻也。从手，念聲。奴協切。

拗：手拉也。从手，幼聲。於絞切。

摵：捎也。从手，感聲。捎沙劃切。

捌：方言云無齒杷。从手，別聲。百轄切。

攤：開也。从手，難聲。他干切。

抛：棄也。从手，从尤，从力。或从手，从也，聲。案左氏傳通用摽，詩摽有梅，摽落也，義亦同。匹交切。

搋 chū 扑 舒也,又搋蒲戲也,从手,雲聲,丑居切

打 dǎ 朴 擊也,从手,丁聲,都挺切

文十三 新附

巫 guāi 巫 背呂也,象脅肋也,凡巫之屬皆从巫,古懷切

脊 jǐ 脊 背呂也,从巫从肉,資昔切

文二

說文解字弟十二上

　　　　　李承緒篆
　　　黎永椿校
　　陳慶修覆校

陳昌治校刊

說文解字弟十二下

漢 太尉祭酒許慎記

宋 右散騎常侍徐鉉等校定

女 婦人也。象形。王育說。凡女之屬皆从女。尼呂切

姓 人所生也。古之神聖母感天而生子，故稱天子。从女从生，生亦聲。春秋傳曰天子因生以賜姓。息正切

姜 神農居姜水，以爲姓。从女羊聲。居良切

姬 黃帝居姬水，以爲姓。从女匝聲。居之切

姞 黃帝之後百鯈姓后稷妃家也。从女吉聲。巨乙切

嬴 少昊氏之姓。从女，嬴省聲。以成切

姚 yáo 虞舜居姚虛、因以爲姓、从女兆聲、或爲姚嬈也、史篇以爲姚易也、余招切

嬀 guī 虞舜居嬀汭、因以爲氏、从女爲聲、居爲切

妘 yún 祝融之後姓也、从女云聲、王分切 䣇籀文妘从員

姺 shēn 殷諸侯爲亂疑姓也、从女先聲、春秋傳曰商有姺邳、所臻切

嬈 niàn 人姓也、从女然聲、奴見切

政 hào 人姓也、从女丑聲、商書曰無有作政、呼到切

媒 qī 人姓也、从女其聲、杜林說媒醜也、去其切

妊 chà 少女也、从女乇聲、坼下切

媒 méi

謀也、謀合二姓、从女某聲、莫桮切

妁 shuò

酌也、斟酌二姓也、从女勺聲、市勺切

嫁 jià

女適人也、从女家聲、古訝切

娶 qǔ

取婦也、从女从取、取亦聲、七句切

婚 hūn

婦家也、禮娶婦以昏時、婦人陰也、故曰婚、从女从昏、昏亦聲、𣳾籒文婚、呼昆切

姻 yīn

壻家也、女之所因、故曰姻、从女从因、因亦聲、於眞切
𡣴籒文姻从開

妻 qī

婦與夫齊者也、从女从屮从又、又持事妻職也、臣鉉等曰中者進也齊之義也、故从屮、七稽切
𡚹古文妻从𣎴女、𣎴古文貴字

婦　服也、从女持帚灑掃也、房九切

妃　匹也、从女己聲、芳非切

媲　妃也、从女囟聲、匹計切

妊　孕也、从女从壬壬亦聲、如甚切

娠　女妊身動也、从女辰聲、春秋傳曰后緡方娠、一曰宮婢女隸謂之娠、失人切

嫋　婦人妊身也、从女쬟聲周書曰、至于𡢃婦、側鳩切

㜣　生子齊均也、从女从生免聲、芳萬切

嫛　婉也、从女殹聲、烏雞切

婗　嫛婗也、从女兒聲、一曰婦人惡兒、五雞切

母 牧也、从女、象褱子形、一曰象乳子也、莫后切
嫗 母也、从女、區聲、衣遇切
媼 女老偁也、从女、䰠聲、讀若奧、烏晧切
姁 嫗也、从女、句聲、況羽切
姐 蜀謂母曰姐、淮南謂之社、从女、且聲、茲也切
姑 夫母也、从女、古聲、古胡切
威 姑也、从女、从戌、漢律曰婦告威姑、徐鍇曰土盛於戌、土陰之主也故从土、於非切
妣 殁母也、从女、比聲、卑履切
𥛘 籒文妣省、
姊 女兄也、从女、𠂔聲、將几切

妹 女弟也、从女未聲、莫佩切

娣 女弟也、从女从弟亦聲、徒禮切

媦 楚人謂女弟曰媦、从女胃聲、公羊傳曰、楚王之妻媦云貴切

嫂 兄妻也、从女叜聲、穌老切

姪 兄之女也、从女至聲、徒結切

姨 妻之女弟、同出爲姨、从女夷聲、以脂切

妸 女師也、从女加聲杜林說加敎於女也、讀若阿、烏何切

姆 女師也、从女每聲、讀若母、莫后切

媾 重婚也、从女冓聲、易曰、匪寇婚媾、古候切

chǐ
妛 美女也。从女多聲。尺氏切 𡕍 妛或从氏

bá
妭 婦人美也。从女犮聲。蒲撥切

xī
嫇 女隸也。从女疑聲。胡雞切

bì
婢 女之卑者也。从女从卑卑亦聲。便俾切

nú
奴 奴婢皆古之辠人也。周禮曰其奴男子入于辠隸女子入于舂藳从女从又持事者也。乃都切 𡚬 古文奴从人

yì
妣 婦官也。从女弋聲。與職切

qián
嫄 甘氏星經曰太白上公妻曰女嫄女嫄居南斗食厲天下祭之曰明星从女前聲。昨先切

娲 wā 古之神聖女、化萬物者也、从女、咼聲、古蛙切 籒文娲从𩵋、

姺 sōng 帝高辛之妃、偰母號也、从女、戎聲、詩曰有娀方將、息弓切

娥 é 帝堯之女、舜妻娥皇字也、秦晉謂好曰娙娥、从女、我聲、五何切

嫄 yuán 台國之女、周棄母字也、从女、原聲、愚袁切

孁 yàn 女字也、从女、燕聲、於甸切

妸 ē 女字也、从女、可聲、讀若阿、烏何切

頱 xū 女字也、楚詞曰女頱之嬋媛、賈侍中說、楚人謂姊為

jié 婕 yú 嬩 líng 㚬 liáo 嫽 yī 娦 zhōu 婤 è 姶 jǐ 妀

頊从女須聲。相俞切

婕 女字也。从女疌聲。子葉切

嬩 女字也。从女與聲。讀若余。以諸切

㚬 女字也。从女霝聲。郎丁切

嫽 女字也。从女尞聲。洛蕭切

娦 女字也。从女衣聲。讀若衣。於稀切

婤 女字也。从女周聲。職流切

姶 女字也。从女合聲。春秋傳曰：嬖人婤姶。一曰無聲。烏合切

妀 女字也。从女己聲。居擬切

tǒu	jiǔ	èr	shǐ	mèi	wǔ	měi	xù	duò
妵	奴	姬	始	媚	嫵	媄	嬆	嫷

妵 女字也、从女主聲、天口切

奴 女字也、从女久聲、舉友切

姬 女號也、从女耳聲、仍吏切

始 女之初也、从女台聲、詩止切

媚 說也、从女眉聲、美祕切

嫵 媚也、从女無聲、文甫切

媄 色好也、从女美、美亦聲、無鄙切

嬆 媚也、从女畜聲、丑六切

嫷 南楚之外謂好曰嫷、从女隋聲、嫷唐韻作姕非是徒果切 臣鉉等曰今俗省作

huà	miáo	tuì	yuān	jiǎo	shū	yān	xìng	hǎo	shū
嫿	媌	娧	嬽	姣	姝	壓	嬹	好	姝

姝好也从女朱聲昌朱切

好美也从女子徐鍇曰子者男子之美偁會意呼皓切

嬹說也从女興聲許應切

壓好也从女厭聲於鹽切

姝好也从女叔聲詩曰靜女其姝昌朱切

姣好也从女交聲胡茅切

嬽好也从女㮯聲讀若蜀郡布名委員切

娧好也从女兌聲杜外切

媌目裏好也从女苗聲莫交切

嫿靜好也从女畫聲呼麥切

說文解字 第十二下 女

一○二三

wān 婠
體德好也。从女，官聲。讀若楚郤宛。一完切

xíng 娙
長好也。从女，巠聲。五莖切

zàn 㜺
白好也。从女，贊聲。則旰切

luǎn 㜻
順也。从女，𤔔聲。詩曰：婉兮㜻兮。力沇切
籀文㜻。

wǎn 妴
婉也。从女，夗聲。於阮切

wǎn 婉
順也。从女，宛聲。春秋傳曰：太子痤婉。於阮切

dòng 㛚
直項皃。从女，同聲。他孔切

yān 嫣
長皃。从女，焉聲。於建切

rǎn 姌
弱長皃。从女，冄聲。而琰切

niǎo 嫋
姌也。从女，从弱。奴鳥切

說文解字 第十二下 女

xiān 孅　銳細也、从女、韱聲、息廉切

míng 嫇　嫈嫇也、从女、冥聲、一曰嫇嫇、小人皃、莫經切

yáo 媱　曲肩行皃、从女、䍃聲、余招切

xuān 嬛　材緊也、从女、𧆞聲、春秋傳曰嬛嬛在疚、許緣切

guǐ 姽　閒體行姽姽也、从女、危聲、過委切

wěi 委　委隨也、从女、从禾、臣鉉等曰、委曲也、取其禾穀垂穗委曲之皃、故从禾、於詭切

wǒ 婐　婐䇂也、一曰女侍曰婐、讀若騧、或若委、从女、果聲、孟軻曰舜為天子、二女婐、烏果切

nuǒ 姌　姌婐也、一曰弱也、从女、厄聲、五果切

chān 姑　小弱也、一曰女輕薄善走也、一曰多技藝也、从女、占

chān	xiān	jiǎo	jìng	jìng	fá	xuán	qí	huá

娿 妗 孂 婧 妌 妭 嫙 齌 姡

娿 聲、或讀若占、齒慴切

妗 妗也、从女、今聲、火占切

孂 婧妗也、一曰善笑皃、从女、簋聲、讀若詩糾糾葛屨、居夭切

婧 竦也、从女、青聲、一曰有才也、讀若韭菁、七正切

妌 靜也、从女、井聲、疾正切

妭 婦人皃、从女、犮聲、房法切

嫙 好也、从女、旋聲、似沿切

齌 材也、从女、齊聲、祖雞切

姡 面醜也、从女、昏聲、古活切

嬥 tiǎo　直好兒、一曰嬈也、从女翟聲、徒了切

嫢 guī　媞也、从女規聲、讀若癸、秦晉謂細爲嫢、居隨切

媞 shì　諦也、从女是聲、一曰妍黠也、一曰江淮之閒謂母曰媞、承旨切

娿 wù　不繇也、从女孜聲、亡遇切

嫺 xián　雅也、从女閒聲、戶閒切

嫛 yí　說樂也、从女医聲、許其切

婜 qiān　美也、从女臤聲、苦閑切

娛 yú　樂也、从女吳聲、噳俱切

娭 xī　戲也、从女矣聲、一曰卑賤名也、遏在切

| dān | wěi | dí | zhú | wǎn | yǎn | rǎn | zhuān | rú | zé |

媅 樂也、从女、甚聲、丁含切

娓 順也、从女、尾聲、讀若媚、無匪切

嫡 孎也、从女、啻聲、都歷切

孎 謹也、从女、屬聲、讀若人不孫為孎之欲

婉 宴婉也、从女、冤聲、於阮切

媕 女有心媕媕也、从女、弇聲、衣檢切

媣 䛳也、从女、染聲、而琰切

嫥 壹也、从女、專聲、一曰嫥嫥、職緣切

如 从隨也、从女、从口、徐鍇曰、女子从父之教从夫之命、故从口會意、人諸切

嬪 齊也、从女、責聲、側革切

娖 chuò 謹也、从女、束聲、讀若謹敕數數、測角切

嬐 xiān 敏疾也、一曰莊敬皃、从女僉聲、息廉切

嬪 pín 服也、从女賓聲、符眞切

嬻 zhì 至也、从女執聲、周書曰大命不摯、讀若摯同、一曰虞書雉摯、脂利切

姍 tà 伒伏也、从女沓聲、一曰伏意、他合切

晏 yàn 安也、从女日、詩曰以晏父母、烏諫切

嬗 shàn 緩也、从女亶聲、一曰傳也、時戰切

嫽 gū 係任也、从女辜聲、古胡切

媻 pó 奢也、从女、般聲、婆、臣鉉等曰今俗作婆、非是、薄波切

娑 舞也、从女沙聲、詩曰、市也盤娑、素何切

婌 舞也、从女有聲、讀若祐、于救切

姰 鈞適也、男女併也、从女旬聲、居勻切

姕 婦人小物也、从女此聲、詩曰、屢舞姕姕、即移切

妓 婦人小物也、从女支聲、讀若跂行、渠綺切

嬰 頸飾也、从女賏、賏其連也、於盈切

姎 三女為姦、姦美也、从女奴省聲、倉案切

媛 美女也、人所援也、从女从爰、爰引也、詩曰、邦之媛兮、

姘 問也、从女甹聲、匹正切

玉眷切

娽 lù 隨從也、從女彔聲、力玉切

妝 zhuāng 飾也、從女牀省聲、側羊切

變 liàn 慕也、從女䜌聲、力沇切

媟 xiè 嬻也、從女枼聲、私列切

嬻 dú 媟嬻也、從女賣聲、徒谷切

窫 zhuó 短面也、從女窦聲、丁滑切

嬖 bì 便嬖、愛也、從女辟聲、博計切

嫛 qì 難也、從女毄聲、苦計切

妎 hài 妒也、從女介聲、胡蓋切

妒 dù 婦妒夫也、從女戶聲、當故切

mào	yāo	nìng	yīng	lào	hù	zī	jù	fáng	wàng
媢	媄	佞	嫈	嫪	嫭	姿	嫴	妨	妄

媢：夫妒婦也。从女冒聲。一曰相視也。莫報切

媄：巧也。一曰女子笑皃。詩曰：桃之媄媄。从女芺聲。於喬切

佞：巧讇高材也。从女信省。臣鉉等曰：女子之信，近於佞也，乃定切

嫈：小心態也。从女熒省聲。烏莖切

嫪：。从女翏聲。郎到切

嫭：嫪也。从女固聲。胡誤切

姿：態也。从女次聲。卽夷切

嫴：態也。从女盧聲。將預切

妨：嬌也。从女方聲。敷方切

妄：亂也。从女亡聲。巫放切

piè	xìng	chuò	shěng	xián	chōu	duò	shào	hù	tōu
嫳	婞	媉	媶	嫌	妯	媠	媀	婟	婾

婾、巧黠也、从女、俞聲、託矦切

婟、嫪也、从女、固聲、胡古切

媀、婆娑也、从女、污聲、息約切

媀、小小侵也、从女、肖聲、息約切

媠、量也、从女、朵聲、丁果切

妯、動也、从女、由聲、徐鍇曰當從胄省徒歷切

嫌、不平於心也、从女、兼聲、戶兼切

媶、減也、从女、省聲、所景切

媉、不順也、从女、若聲、春秋傳曰叔孫婼、丑略切

婞、很也、从女、幸聲、楚詞曰鯀婞直、胡頂切

嫳、易使怒也、从女、敝聲、讀若擊、匹滅切

說文解字 第十二下 女

一〇三一

嬗　好枝格人語也、一曰靳也、从女善聲、旨善切

娺　疾悍也、从女叕聲讀若唾、丁滑切

嬌　含怒也、一曰難知也、从女酋聲詩曰碩大且嬌、五感切

嫛　婜嫛也、从女医聲、烏何切

妍　技也、一曰不省錄事、一曰難侵也、一曰惠也、一曰安也、从女开聲讀若研、五堅切

娃　圜深目皃、或曰吳楚之閒謂好曰娃、从女圭聲、於佳切

陵　不媚前却陵陵也、从女夾聲、失冉切

妜　鼻目閒皃、讀若煙火妜妜、从女決省聲、於說切

嬒　愚戇多態也、从女舊聲讀若陸、式吹切

huì	mò	yuè	piào	qiē	yāng	wéi	huī	xián	piān
媱	嫼	娍	嫖	姪	姎	媁	姨	娹	媥

媱 不說也、从女恚聲、於避切

嫼 怒皃、从女黑聲、呼北切

娍 輕也、从女戉聲、王伐切

嫖 輕也、从女票聲、匹招切

姪 誃疾也、从女㡭聲、昨禾切

姎 女人自偁我也、从女央聲、烏浪切

媁 不說皃、从女韋聲、羽非切

姨 姿姨也、从女隹聲、一曰醜也、許惟切

娹 有守也、从女弦聲、胡田切

媥 輕皃、从女扁聲、芳連切

嫚 侮易也、从女、曼聲。謀患切
媠 疾言失次也、从女、㐭聲、讀若慴。丑甚切
嬬 弱也、一曰下妻也、从女、需聲。相俞切
姷 不肯也、从女、否聲、讀若竹皮箈。匹才切
嬯 遲鈍也、从女、臺聲、闒嬯亦如之。徒哀切
嫺 下志貪頑也、从女、賈聲、讀若深。乃忝切
嬸 婪也、从女、參聲。七感切
婪 貪也、从女、林聲、杜林説卜者黨相詐驗爲婪、讀若潭。盧含切
嬾 懈也、怠也、一曰臥也、从女、賴聲。洛旱切

| lóu | xiè | qiè | niǎo | huǐ | shān | cù | mó | fēi |
| 婁 | 姼 | 姎 | 嬈 | 毀 | 姍 | 敲 | 墓 | 斐 |

空也、从母中女、空之意也、一曰婁務也、洛侯切

文、婺姼也、从女、折聲、許劣切

得志姎姎、一曰人盛、

一曰嬈息也、一曰少气也、从女、夾聲、呼帖切

苛也、一曰擾戲弄也、一曰燿也、从女、堯聲、奴鳥切

惡也、一曰人皃、从女、毀聲、許委切

誹也、一曰翼便也、从女、刪省聲、所晏切

醜也、一曰老嫗也、从女、酋聲、讀若蹴、七宿切

墓母、都醜也、从女、莫聲、莫胡切

往來斐斐也、一曰醜皃、从女、非聲、芳非切

孃 ráng　煩擾也、一曰肥大也、从女襄聲、女良切
嫿 huì　女黑色也、从女會聲、詩曰嫿兮蔚兮、古外切
嫟 ruǎn　好兒、从女耎聲、音而沇切、臣鉉等案、切韻又奴困切、今俗作嫩非是、依翰
媕 yàn　誣拏也、从女奄聲、依劒切
嬾 làn　過差也、从女監聲、論語曰小人窮斯濫矣、盧瞰切
嫯 ào　侮易也、从女敖聲、五到切
婬 yín　私逸也、从女㸒聲、余箴切
姘 pīn　除也、漢律齊人予妻婢姦曰姘、从女并聲、普耕切
奸 jiān　犯婬也、从女从干干亦聲、古寒切
姅 bàn　婦人污也、从女半聲、漢律曰見姅變不得侍祠、博幔切

娗 tǐng 女出病也、从女廷聲、徒鼎切

婥 nào 女病也、从女卓聲、奴教切

娷 zhuì 諉也、从女垂聲、竹恚切

㛴 nǎo 有所恨也、从女甾聲、今汝南人有所恨曰㛴、曰㛴古字、非聲當从囟省、奴皓切 媿或从恥省

媿 kuì 慙也、从女鬼聲、俱位切

奻 nuán 訟也、从女、奴還切

姦 jiān 私也、从三女、古顏切 古文姦从心旱聲

文二百三十八 重十三

嬙 qiáng 婦官也、从女牆省聲、才良切

姐 嬌 嬋 娟 婺 姤 毋 毒
ǎi　wú　gòu　lí　yuán　chán　jiāo　dá

姐 女字也。姐己紂妃。從女旦聲。當割切

嬌 姿也。從女喬聲。舉喬切

嬋 嬋娟，態也。從女單聲。市連切

娟 嬋娟也。從女肙聲。於緣切

婺 無夫也。從女后聲。里之切

姤 偶也。從女后聲。古候切

文七 新附

毋 止之也。從女有奸之者。凡毋之屬皆從毋。武扶切

毒 人無行也。從士從毋。賈侍中說秦始皇母與嫪毒淫坐誅，故世罵淫曰嫪毒。讀若娭。過在切

民 mín

民 眾萌也、从古文之象、凡民之屬皆从民、彌鄰切

古文民

文一 重一

氓 méng

氓 民也、从民亡聲、讀若盲、武庚切

文一

丿 piě

丿 右戾也、象左引之形、凡丿之屬皆从丿、徐鍇曰、其爲文舉首而申體也、房密切

乂 yì

乂 芟艸也、从丿从乀相交、魚廢切

乂 乂或从刀、

弗 fú

弗 撟也、从丿从乀从韋省、韋所以束枉戾也、分勿切

乀 fú

乀 左戾也、从反丿、讀與弗同、分勿切

文二

厂 yì

㇒ 抴也、明也、象抴引之形、凡厂之屬皆从厂、虒字从此。

弋 yì

㇏ 橜也、象折木衺銳著形、从厂、象物挂之也。 與職切

乁 yí

乁 流也、从反厂、讀若移。凡乁之屬皆从乁。 弋支切

文二

也 yě

女陰也、象形。 羊者切 秦刻石也字。

文二 重一

氏 shì

巴蜀山名岸脅之㫄箸欲落墮者曰氏、氏崩聞數百里、象形、乁聲、凡氏之屬皆从氏、楊雄賦響若氏隤。 承旨切

_{jué}
氒

_{dǐ}
氐

_{yìn}
㪉

_{dié}
跌

_{xiào}
㿧

_{gē}
戈

_{zhào}
肈

氒 木本从氏、大於末、讀若厥、居月切

文二

氐 至也从氏下箸一、一地也、凡氐之屬皆从氏、丁礼切

㪉 臥也从氏垔聲、於進切

跌 觸也从氏失聲、徒結切

㿧 闕、臣鉉等案今篇韻音皓又音效洼云誤也、

文二

戈 平頭戟也从弋一橫之象形凡戈之屬皆从戈、古禾切

肈 上諱、臣鉉等曰後漢和帝名也案李舟切韻云擊也从戈肁聲直小切

文四

説文解字 第十二下 氏氒戈

一〇四二

róng 戎　兵也、从戈从甲、如融切

kuí 戣　周禮侍臣執戣立于東垂兵也、从戈癸聲、渠追切

gān 戟　盾也、从戈旱聲、矦旰切

jǐ 戟　有枝兵也、从戈倝、周禮戟長丈六尺讀若棘、臣鉉等曰、倝非聲義當从榦省、榦枝也、紀逆切

jiá 戛　戟也、从戈从百讀若棘、古黠切

zéi 賊　敗也、从戈則聲、昨則切

shù 戍　守邊也、从人持戈、傷遇切

zhàn 戰　鬭也、从戈單聲、之扇切

xì 戲　三軍之偏也、一曰兵也、从戈虗聲、香義切

戜 利也、一曰剔也、从戈呈聲、徒結切

或 邦也、从口从戈以守一、一、地也、域 或又从土、臣鉉等曰今俗作胡國切、以爲疑或之意、或不定之意 于逼切 臣鉉等曰今無復或音

戩 斷也、从戈雀聲、昨結切

戜 殺也、从戈今聲商書曰西伯既戜黎、口含切

戕 搶也、他國臣來弑君曰戕、从戈爿聲、在良切

戮 殺也、从戈翏聲、力六切

戡 刺也、从戈甚聲、口含切

戣 長搶也、从戈寅聲春秋傳有擣戣、渠追切

戭 長槍也 弋刃切

㦰 傷也、从戈才聲、祖才切

戩 jiǎn 滅也、从戈晉聲詩曰實始戩商、卽淺切

戔 jiān 絕也、一曰田器从从持戈古文讀若咸讀若詩云攕攕女手、臣鉉等曰戔、銳意也故从从子廉切

武 wǔ 楚莊王曰夫武定功戢兵、故止戈爲武、文甫切

戢 jí 藏兵也从戈咠聲詩曰載戢干戈、阻立切

戠 zhī 闕、从戈从音、之弋切

戔 cán 賊也、从二戈周書曰戔戔巧言、徐鍇曰兵多則殘也故从二戈昨千切

文二十六　重一

戉 yuè 斧也、从戈乚聲、司馬法曰、夏執玄戉、殷執白戚周左杖黃戉、右秉白髦凡戉之屬皆从戉、臣鉉等曰今俗別作鉞、非是王伐切

qī 戚

戚 戉也、从戉尗聲、倉歷切

wǒ 我

我 施身自謂也、或說我頃頓也、从戈从手、手或說古垂字、一曰古殺字凡我之屬皆从我 徐鍇曰从戈者取戈自持也 五可切

𢦓 古文我、

文二 重一

yí 義

義 己之威儀也、从我羊、臣鉉等曰此與善同意故从羊宜寄切

羛 墨翟書義从弗、魏郡有羛陽鄉、讀若錡今屬鄴本內黃北二十里、

文二 重一

丨 jué

丨上下通也。引而上行讀若囟、引而下行讀若退、凡丨之屬皆从丨。古本切

凵 jué

凵鉤逆者謂之凵、象形、凡凵之屬皆从凵、讀若橜。衢月切

乚 jué

乚鉤識也、从反丨、讀若捕鳥罬。居月切

琴 qín

琴禁也、神農所作、洞越練朱五弦、周加二弦、象形、凡琴之屬皆从琴。巨今切

𢆥 古文琴从金

文二

瑟 sè

瑟庖犧所作弦樂也、从琴必聲。所櫛切

𠴐 古文瑟

文一 重二

琵 pí

琵琵也、从琴巴聲。房脂切

琶 pá

琶琵琶樂器从琴、比聲、琵琶也、義當用枇杷蒲巴切

文二 新附

yǐn	zhí	wáng	zhà	wàng	wú	gài
乚	直(直)	亾(亡)	乍	望	無	匃(匄)

乚、匿也。象迟曲隱蔽形。凡乚之屬皆从乚。讀若隱。於謹切

直、正見也。从乚、从十、从目。徐鍇曰、乚、隱也。今十目所見是直也。除力切

古文直。

文二 重一

亾、逃也。从入从乚。凡亾之屬皆从亾。武方切

乍、止也。一曰亾也。从亾从一。徐鍇曰、止也、暫止也。鉏駕切 出亾得一則止

望、出亾在外望其還也。从亾。𡈼省聲。巫放切

无、亾也。从亾無聲。武扶切

无、奇字无、通於元者。王育說、天屈西北為无。

匃、气也。逮安說亾人為匃。古代切

一〇四八

文五 重一

匸 xì　衺徯有所俠藏也。从乚上有一覆之。凡匸之屬皆从匸。讀與傒同。胡礼切

區 qū　踦區、藏匿也。从品在匸中。品衆也。豈俱切

匿 nì　亡也。从匸若聲。讀如羊騶箠。女力切

㔷 lòu　側逃也。从匸丙聲。一曰箕屬。从內會意。疑傳寫之誤。臣鉉等曰、丙非聲、義當从內會意疑傳寫之誤。盧候切

匽 yǎn　匿也。从匸妟聲。於塞切

医 yì　盛弓弩矢器也。从匸从矢。國語曰、兵不解医。於計切

匹 pǐ　四丈也。从八匸八揲一匹八亦聲。普吉切

fěi	gòng	suǎn	yí	kuāng	qiè	jiàng	fāng
匪	贛	匴	匜	匡	匧	匠	匚

文七

匚 受物之器、象形、凡匚之屬皆从匚、讀若方、府良切

匠 木工也、从匚从斤、斤所以作器也、疾亮切

匧 藏也、从匚夾聲、苦叶切 篋 匧或从竹

匡 飲器、筥也、从匚㞷聲、去王切 筐 匡或从竹

匜 似羹魁柄中有道可以注水从匚也聲、移爾切

匴 渌米籔也、从匚算聲、穌管切

贛 小桮也、从匚贛聲、古送切 櫳 贛或从木

匪 器似竹筐、从匚非聲、逸周書曰實玄黃于匪、非尾切

cāng	ōu	tiáo	yì	hū	yǔ	guì	dú	xiá	huì	jiù
匒	匴	匵	匜	匫	匬	匱	匵	匣	匯	柩

匒 古器也、从匚倉聲、七岡切

匴 田器也、从匚攸聲、徒聊切

匵 田器也、从匚異聲、與職切

匜 古器也、从匚智聲、呼骨切

匫 甌器也、从匚俞聲、度矦切

匬 匣也、从匚貴聲、求位切

匱 賣也、从匚賣聲、徒谷切

匵 也、从匚甲聲、胡甲切

匣 器也、从匚淮聲、胡罪切

柩 棺也、从匚从木久聲、巨救切 匶 籀文柩

匚 宗廟盛主器也、周禮曰、祭祀共匚主、从匸𠤎聲、都寒切

文十九　重五

曲 象器曲受物之形、或說曲蠶薄也、凡曲之屬皆从曲、丘玉切

𠚖 古文曲

𠚕 古器也、从曲㚔聲、土刀切

𠚗 歠曲也、从曲玉聲、丘玉切

文三　重一

甾 東楚名缶曰甾、象形、凡甾之屬皆从甾、側詞切

𠚙 古文

𤮯 𦈢也、古田器也、从甾𦘒聲、楚洽切

畚 ben
𥃝 辮也、蒲器也、所以盛穜、从𠙹弁聲、布忖切

缾 píng
缾 㽀也、从𠙹并聲、杜林以爲竹𥷚、楊雄以爲蒲器讀若

盧 lú
盧 䰛也、从𠙹虍聲讀若盧同、洛乎切
𥂠 籒文盧

文盧

瓦 wǎ
瓦 土器已燒之總名象形、凡瓦之屬皆从瓦、五寡切

文五　重三

瓴 fǎng
瓴 周家搏埴之工也、从瓦方聲讀若抵破之抵、臣鉉等曰抵音瓦、非聲未詳、分兩切

甄 zhēn
甄 匋也、从瓦垔聲、居延切

líng	wǎn	xiáng	wèng	ōu	dàng	yí	yǎn	zèng	méng
瓴	盌	瓨	瓮	甌	甑	瓵	甗	甑	甍

甍、屋棟也、从瓦夢省聲、徐鍇曰所以承瓦、故从瓦莫耕切

甑、甗也、从瓦曾聲、子孕切

甗、甑也、一曰穿也、从瓦鬳聲讀若言、魚蹇切 𠸃籀文甗从䰜

瓵、甗甑謂之瓵从瓦台聲、與之切

甑、大盆也、从瓦𦥔聲、丁浪切

甌、小盆也、从瓦區聲、烏侯切

瓮、罌也、从瓦公聲、烏貢切

瓨、似罌長頸受十升讀若洪从瓦工聲、古雙切

盌、小盂也、从瓦夗聲、臣鉉等曰今俗別作椀非是烏管切

瓴、瓮似缾也、从瓦令聲、郎丁切

瓶 甂 瓿 瓵 䍜 甓 甃 甇 甈 甋 瓬 埳

瓶 甖謂之瓻、从瓦、卑聲。部迷切

甂 似小瓿、大口而卑、用食、从瓦、扁聲。芳連切

瓿 𤭛也、从瓦、音聲。蒲口切

瓵 𤭛也、从瓦、台聲。與封切

䍜 器也、从瓦、容聲。

甓 瓴甓也、从瓦、辟聲。詩曰、中唐有甓。扶歷切

甃 井壁也、从瓦、秋聲。側救切

甇 瓫破罌、从瓦、𣂤聲。魚例切
甇 瓫或从埶。

甈 康瓠、破罌、从瓦、𣂤聲。

甋 磋垢瓦石、从瓦、爽聲。初兩切

瓬 蹹瓦聲、从瓦、叀聲。零帖切

埳 治橐榦也、从瓦、今聲。胡男切

甊 破也。从瓦卒聲。蘇對切

甂 敗也。从瓦反聲。布綰切

瓷 瓦器。从瓦次聲。疾資切

甀 酒器。从瓦稀省聲。丑脂切

文二十五　重二

文二　新附

弓 以近窮遠。象形。古者揮作弓。周禮六弓，王弓、弧弓以射甲革甚質，夾弓、庾弓以射干矦鳥獸，唐弓、大弓以授學射者。凡弓之屬皆从弓。居戎切

彍 畫弓也。从弓臺聲。都昆切

弭 mǐ 弓無緣、可以解轡紛者、从弓耳聲。綿婢切 𢏚 弭或从兒。

弲 xuān 角弓也、洛陽名弩曰弲、从弓肙聲。烏玄切

弧 hú 木弓也、从弓瓜聲。一曰往體寡來體多曰弧。戶吳切

弨 chāo 弓反也、从弓召聲。詩曰彤弓弨兮。尺招切

彏 quán 弓曲也、从弓蒦聲。九院切

弢 kōu 弓弩端弦所居也、从弓區聲。恪矦切

彉 yáo 弓弩便利也、从弓彔聲、讀若燒。火招切

張 zhāng 施弓弦也、从弓長聲。陟良切

彏 jué 弓急張也、从弓矍聲。許縛切

弜 péng 弓彊皃。从弓，朋聲。父耕切

彊 qiáng 弓有力也。从弓，畺聲。巨良切

彎 wān 持弓關矢也。从弓，䜌聲。烏關切

引 yǐn 開弓也。从弓丨。臣鉉等曰象引弓之形。余忍切

弙 wū 滿弓有所鄉也。从弓，于聲。哀都切

弘 hóng 弓聲也。从弓，厶聲。厶古文肱字。胡肱切

彌 xǐ 弛弓也。从弓，璽聲。斯氏切

弛 chí 弓解也。从弓，也。施氏切　𢪬弛或从虒

弢 tāo 弓衣也。从弓从𠦘，𠦘垂飾，與鼓同意。土刀切

弩 nǔ 弓有臂者。周禮四弩，夾弩、庾弩、唐弩、大弩。从弓，奴聲。

彀 gòu 𢎼張弩也、从弓殼聲、古侯切

彉 guō 彉弩滿也、从弓黃聲讀若郭、苦郭切

彃 bì 彃䠶也、从弓畢聲、楚詞曰羿焉彃日、卑吉切

彈 dàn 彈行丸也、从弓單聲、徒案切 䎽彈或从弓持丸

發 fā 發䠶發也、从弓癹聲、方伐切

弭 yǐ 弭帝嚳䠶官、夏少康滅之、从弓耳聲、論語曰、䠶善弭、奴古切

文二十七 重三

弱 jiàng 弱彊也、从二弓、凡弱之屬皆从弱、其兩切

弻 bì

𦪌 輔也、重也、从弱、西聲、徐鍇曰、西、舌也、舌柔而弱、非聲、刚以柔从、剛輔弻之意、房密切

𦯧 弻或如此、𥻦並古文弻

文二　重三

弦 xián

𢎺 弓弦也、从弓、象絲軫之形、凡弦之屬皆从弦、臣鉉等曰、今別作絃、非是、胡田切

𢎺 盭 lì

𢏲 弦也、从弦省从盭、讀若戾、臣鉉等曰、盭者、擊臯人見血也、弦戾之意、郎計切

𩰐 妙 yāo

𢎜 急戾也、从弦省少聲、於霄切

竭 yì

𢎩 不成遂急戾也、从弦省曷聲、讀若瘞葬、於罽切

文四

系 xì
孫 sūn
縣 mián
繇 yáo

系 繫也、从糸丿聲凡系之屬皆从系、胡計切 𣑗 系或从

𣪠處、𦃇 籒文系从爪絲、

孫 子之子曰孫从子从系、系續也、思魂切

縣 聯微也、从系从帛、武延切

繇 隨從也、从系𧵦聲、臣鉉等曰今俗从䉛余招切

文四 重二

說文解字弟十二下

李承緒篆

黎永椿校

陳慶修覆校

陳昌治校刊

說文解字 第十二下

說文解字弟十三上

漢太尉祭酒許慎記

宋右散騎常侍徐鉉等校定

二十三部　六百九十九文　重一百二十三

凡八千三百九十八字

文三十七　新附

糸　細絲也、象束絲之形、凡糸之屬皆从糸、讀若覛、徐鍇曰一
蠶所吐爲忽、十忽爲絲、糸、五忽也、莫狄切　古文糸、

繭　蠶衣也、从糸从虫芇省、古典切　古文繭从糸見、

繅　繹繭爲絲也、从糸巢聲、穌遭切

繹 抽絲也、从糸睪聲、羊益切
緒 絲耑也、从糸者聲、徐呂切
緬 微絲也、从糸面聲、彌沇切
純 絲也、从糸屯聲、論語曰今也純儉、常倫切
綃 生絲也、从糸肖聲、相幺切
綨 大絲也、从糸皆聲、口皆切
絖 絲曼延也、从糸巟聲、呼光切
紇 絲下也、从糸气聲、春秋傳有臧孫紇、下没切
紙 絲滓也、从糸氏聲、都兮切
絓 繭滓絓頭也、一曰以囊絮練也、从糸圭聲、胡卦切

yào	suì	jīng	zhī	rèn	zòng	liǔ	wěi	yùn
繹	繀	經	織	紝	綜	綹	緯	緷

繹 絲色也、从糸睪聲、以灼切

繀 著絲於筝車也、从糸崔聲、穌對切

經 織也、从糸巠聲、九丁切

織 作布帛之總名也、从糸戠聲、之弋切 結 樂浪挈令織

从糸从式 臣鉉等曰挈令蓋律令之書也

紝 機縷也、从糸壬聲、如甚切 傷 紝或从任

綜 機縷也、从糸宗聲、子宋切

綹 緯十縷為綹从糸咎聲讀若柳、力久切

緯 織橫絲也、从糸韋聲、云貴切

緷 緯也、从糸軍聲、王問切

huì	tǒng	jì	qiǎng	lèi	dài	nà	fǎng	jué
續	統	紀	繈	纇	紿	納	紡	絕

續 織餘也、从糸貴聲、胡對切

統 紀也、从糸充聲、他綜切

紀 絲別也、从糸己聲、居擬切

繈 牽類也、从糸強聲、居兩切

纇 絲節也、从糸頪聲、盧對切

紿 絲勞即紿、从糸台聲、徒亥切

納 絲溼納納也、从糸內聲、奴荅切

紡 網絲也、从糸方聲、妃兩切

絕 斷絲也、从糸从刀从卩、情雪切 𢇍 古文絕、象不連體

絕二絲、

jì	xù	zuǎn	shào	chǎn	tīng	zòng	shū
繼	續	纘	紹	縴	䋝	縱	紓

繼 續也、从糸㡭、一曰反𢇓為繼、古詣切 𧩡古文續、从庚貝、臣鉉等曰今俗作古行切

續 連也、从糸賣聲、似足切 𤕟古文續、从庚貝

纘 繼也、从糸贊聲、作管切

紹 繼也、从糸召聲、一曰紹緊糾也、市沼切 𢇓古文紹、从邵

縴 偏緩也、从糸羨聲、昌善切

䋝 緩也、从糸盈聲、讀與聽同、他丁切 𦀗䋝或从呈

縱 緩也、一曰舍也、从糸從聲、足用切

紓 緩也、从糸予聲、傷魚切

rán	yū	xìng	xiān	xì	miáo	cī	fán	suō	wèn
繎	紆	絴	纖	細	緢	縒	繙	縮	紊

繎 絲勞也、从糸然聲、如延切

紆 詘也、从糸于聲、一曰縈也、億俱切

絴 直也、从糸牽聲、讀若陘、胡頂切

纖 細也、从糸韱聲、息廉切

細 微也、从糸囟聲、穌計切

緢 旄絲也、从糸苗聲、周書曰惟緢有稽、武儦切

縒 參縒也、从糸差聲、楚宜切

繙 冕也、从糸番聲、附袁切

縮 亂也、从糸宿聲、一曰蹴也、所六切

紊 亂也、从糸文聲、商書曰有條而不紊、亡運切

biàn	xuàn	zhěn	rào	chán	liǎo	yuē	jú	zǒng	jí
辡	繯	紾	繞	纏	繚	約	𦂳	總	級

辮交也、从糸辡聲、頻犬切

繯落也、从糸瞏聲、胡畎切

紾轉也、从糸㐱聲、之忍切

繞纏也、从糸堯聲、而沼切

纏繞也、从糸廛聲、直連切

繚纏也、从糸尞聲、盧鳥切

約纏束也、从糸勺聲、於略切

𦂳約也、从糸臤聲、居玉切

總聚束也、从糸悤聲、臣鉉等曰今俗作摠非是作孔切

級絲次弟也、从糸及聲、居立切

| jié | gǔ | dì | fù | bēng | qiú | jiōng | pài | luò |

結 締也、從糸吉聲、古屑切

絹 結也、從糸𦣞聲、古忽切

締 結不解也、從糸帝聲、特計切

縛 束也、從糸尃聲、符钁切

繃 束也、從糸崩聲、墨子曰、禹葬會稽桐棺三寸、葛以繃之、補盲切

絿 急也、從糸求聲、詩曰、不競不絿、巨鳩切

絅 急引也、從糸冋聲、古熒切

紙 散絲也、從糸氐聲、匹卦切

纚 不均也、從糸羸聲、力臥切

jǐ	chēn	bì	wán	zhōng	jié	zēng	wèi	tiáo
給	綝	繹	紈	終	縺	繒	緭	綃

給 相足也、从糸合聲。居立切

綝 止也、从糸林聲、讀若郴。丑林切

繹 止也、从糸畢聲。卑吉切

紈 素也、从糸丸聲。胡官切

終 絿絲也、从糸冬聲。職戎切 𠂂 古文終、

縺 合也、从糸从集、讀若捷。姊入切

繒 帛也、从糸曾聲。疾陵切 繂 籒文繒从宰省、楊雄以為

緭 繒也、从糸胃聲。云貴切

綃 綺絲之數也、漢律曰綺絲數謂之綃、布謂之總綬組

漢律祠宗廟丹書告、

qǐ 綺	hú 縠	juàn 縳	jiān 縑	tí 綈	liàn 練	gǎo 縞	shī 纚	chóu 紬

謂之首、从糸兆聲、治小切

綺 文繒也、从糸奇聲、祛彼切

縠 細縛也、从糸殻聲、胡谷切

縳 白鮮色也、从糸專聲、持沇切

縑 并絲繒也、从糸兼聲、古甜切

綈 厚繒也、从糸弟聲、杜兮切

練 湅繒也、从糸柬聲、郎甸切

縞 鮮色也、从糸高聲、古老切

纚 粗緒也、从糸麗聲、臣鉉等曰今俗別作絁非是式支切

紬 大絲繒也、从糸由聲、直由切

qí
綨 𧘂 撆繪也、一曰、徽幟信也、有齒、从糸𣦼聲、康礼切

líng
綾 東齊謂布帛之細曰綾、从糸夌聲、力膺切

màn
縵 繒無文也、从糸曼聲、漢律曰、賜衣者縵表白裏、莫半切

xiù
繡 五采備也、从糸肅聲、息救切

xuàn
絢 詩云、素以爲絢兮、从糸旬聲、臣鉉等案論語注、絢文貌許掾切

huì
繪 會五采繡也、虞書曰、山龍華蟲作繪、論語曰、繪事後素、从糸會聲、黃外切

qī
綥 白文皃、詩曰、綥兮斐兮、成是貝錦、从糸妻聲、七稽切

mǐ
絑 繡文如聚細米也、从糸从米、米亦聲、莫礼切

juàn
絹 繒如麥稍、从糸𢎨聲、吉掾切

說文解字 第十三上 糸

lǜ 綠 帛靑黃色也、从糸彔聲、力玉切

piǎo 縹 帛靑白色也、从糸票聲、敷沼切

yù 繘 帛靑經縹緯、一曰育陽染也、从糸育聲、余六切

zhū 絑 純赤也、虞書丹朱如此、从糸朱聲、章俱切

xūn 纁 淺絳也、从糸熏聲、許云切

chù 絀 絳也、从糸出聲、丑律切

jiàng 絳 大赤也、从糸夅聲、古巷切

wǎn 綰 惡也、絳也、从糸官聲、一曰綃也、讀若雞卵、烏版切

jìn 縉 帛赤色也、春秋傳縉雲氏禮有縉緣、从糸晉聲、即刃切

qiàn 綪 赤繒也、从茜染、故謂之綪、从糸靑聲、倉絢切

一〇七四

緹　帛丹黃色、从糸是聲、他禮切。䋖緹或从氏。

縓　帛赤黃色、一染謂之縓、再染謂之赬、三染謂之纁、从糸原聲、七絹切。

紫　帛青赤色、从糸此聲、將此切。

紅　帛赤白色、从糸工聲、戶公切。

繱　帛青色、从糸悤聲、倉紅切。

紺　帛深青揚赤色、从糸甘聲、古暗切。

綥　帛蒼艾色、从糸畀聲、詩縞衣綥巾、未嫁女所服、一曰不借綥、渠之切。蕠綥或从其。

繰　帛如紺色、或曰深繒、从糸喿聲、讀若喿、親小切。

rù	xū	tān	fóu	lì	tǎn	shān	zī
縟	繻	綊	紑	綟	緂	纔	緇

緇 帛黑色也、从糸甾聲、側持切

纔 帛雀頭色、一曰微黑色、如紺纔淺也、讀若讒、从糸毚聲、士咸切

緂 帛騅色也、从糸剡聲、詩曰毳衣如緂、臣鉉等曰今俗別作毯非是、土敢切

綟 帛戾艸染色、从糸戾聲、郎計切

紑 白鮮衣皃、从糸不聲、詩曰素衣其紑、匹丘切

綊 白鮮衣皃、从糸炎聲、謂衣采色鮮也、充三切

繻 繒采色、从糸需聲、讀若易繻有衣、臣鉉等曰漢書傳符帛也、相俞切

縟 繁采色也、从糸辱聲、而蜀切

xǐ	hóng	dǎn	yīng	yǎng	ruí	gǔn	shēn	chǎn	shòu
纚	紘	紞	纓	紻	緌	緄	紳	繟	綬

纚 冠織也、从糸麗聲、所綺切

紘 冠卷也、从糸厷聲、戶萌切 紭 紘或从弘、

紞 冕冠塞耳者、从糸冘聲、臣鉉等曰今俗別作髧非是都感切 於盈切

纓 冠系也、从糸嬰聲、於盈切

紻 纓卷也、从糸央聲、於兩切

緌 系冠纓也、从糸委聲、儒隹切

緄 織帶也、从糸昆聲、古本切

紳 大帶也、从糸申聲、失人切

繟 帶緩也、从糸單聲、昌善切

綬 韍維也、从糸受聲、殖酉切

bó	suì	huán	tīng	guān	niǔ	zuǎn	nì	guā	zǔ
暴	繐	絙	綖	綸	紐	纂	縌	綱	組

組：綬屬、其小者以爲冕纓、从糸且聲、則古切

綱：綬紫青也、从糸咼聲、古蛙切

縌：綬維也、从糸逆聲、宜戟切

纂：似組而赤、从糸算聲、作管切

紐：系也、一曰結而可解、从糸丑聲、女久切

綸：青絲綬也、从糸侖聲、古還切

綖：系綬也、从糸廷聲、他丁切

絙：緩也、从糸亘聲、胡官切

繐：細疏布也、从糸惠聲、私銳切

暴：頸連也、从糸暴省聲、補各切

jīn	yuàn	pú	kù	qiāo	bǎo	zūn	bō	tāo
衿	緣	纀	絝	繑	緥	繜	綍	絛

衿 衣系也、从糸今聲、居音切 籒文从金、

緣 衣純也、从糸彖聲、以絹切

纀 裳削幅謂之纀、从糸僕聲、博木切

絝 脛衣也、从糸夸聲、苦故切

繑 絝紐也、从糸喬聲、牽搖切

緥 小兒衣也、从糸保聲、臣鉉等曰今俗作褓非是、博抱切

繜 薉貉中女子無絝、以帛爲脛空用絮補核、名曰繜衣、狀如襜褕、从糸尊聲、子昆切

綍 絛屬、从糸皮聲、讀若被、或讀若水波之波、博禾切

絛 扁緒也、从糸攸聲、土刀切

yuè	zōng	xún	chóng	rǎng	zuī	gāng	yún	qīn	lǚ
絨	縱	紃	緟	纕	繜	綱	縜	綅	縷

絨：枲彰也、一曰車馬飾、从糸戎聲、王伐切

縱：絨屬、从糸從省聲、足容切

紃：圜枲也、从糸川聲、詳遵切

緟：增益也、从糸重聲、直容切

纕：援臂也、从糸襄聲、汝羊切

繜：維綱中繩从糸篝聲、讀若晝或讀若維切 戶圭

綱：維紘繩也、从糸岡聲、古郎切 ㄨ 古文綱

縜：持綱紐也、从糸員聲、周禮曰縜寸、臣鉉等曰縜長寸也、爲贊切

綅：絳綫也、从糸侵省聲、詩曰貝冑朱綅切 子林

縷：綫也、从糸婁聲、力主切

xiàn	xué	féng	qiè	zhì	ruǎn	zhàn	shàn	xiè	léi
綫	絁	縫	緁	紩	縯	組	繕	絬	纍

綫 縷也、从糸戔聲。私箭切 綟古文綫、

絁 縫一枚也、从糸穴聲。平決切

縫 以鍼絁衣也、从糸逢聲。符容切 縋縫或从甹、

緁 緶衣也、从糸韋聲。七接切

紩 縫也、从糸失聲。直質切

縯 衣戚也、从糸耎聲。而沇切

組 補縫也、从糸旦聲。丁戰切

繕 補也、从糸善聲。時戰切

絬 論語曰、絬衣長短右袂、从糸舌聲。私列切

纍 綴得理也、一曰大索也、从糸畾聲。力追切

lí	gōu	yī	shān	huī	biē	rèn	shéng	zhēng	yíng
縭	緱	繄	縿	徽	繄	紉	繩	縩	縈

繚 以絲介履也、从糸离聲、力知切

緱 刀劍緱也、从糸侯聲、古侯切

繄 戟衣也、从糸殹聲、一曰赤黑色繒、烏雞切

縿 旌旗之斿也、从糸參聲、所銜切

徽 衺幅也、一曰三糾繩也、从糸微省聲、許歸切

繄 扁緒也、一曰䭿䮄鉤帶、从糸折聲、并列切

紉 繟繩也、从糸刃聲、女鄰切

繩 索也、从糸蠅省聲、食陵切

縩 紤未縈繩、一曰急弦之聲、从糸爭聲、讀若旌、側莖切

縈 收韏也、从糸熒省聲、於營切

絇 qú 纑繩絇也从糸句聲讀若鳩 其俱切

縋 zhuì 以繩有所縣也春秋傳曰夜縋納師从糸追聲 持僞切

紾 quàn 攘臂繩也从糸类聲 居願切

緘 jiān 束篋也从糸咸聲 古咸切

縢 téng 緘也从糸朕聲 徒登切

編 biān 次簡也从糸扁聲 布玄切

維 wéi 車蓋維也从糸隹聲 以追切

紴 bèi 車紴也从糸伏聲 平祕切 鞴紴或从艸 鞴紴或从

紖 zhēng 乘輿馬飾也从糸正聲 諸盈切

革萄聲

xié 綊

綊 紅綊也、从糸夾聲、胡頰切

fán 緐

緐 馬髦飾也、从糸每聲、春秋傳曰、可以稱旌緐乎、附袁切

緐或从䋣、䋣籒文弁、

jiāng 繮

繮 馬紲也、从糸畺聲、居良切

fēn 紛

紛 馬尾韜也、从糸分聲、撫文切

zhòu 紂

紂 馬緧也、从糸肘省聲、除柳切

qiū 緧

緧 馬紂也、从糸酋聲、七由切

bàn 絆

絆 馬縶也、从糸半聲、博幔切

xǔ 𦈙

𦈙 絆前兩足也、从糸須聲、漢令、蠻夷卒有𦈙、相主切

zhèn 紖

紖 牛系也、从糸引聲、讀若矤、直引切

縼 xuàn 以長繩繫牛也。从糸旋聲。辭戀切

縻 mí 牛轡也。从糸麻聲。靡為切 紼 縻或从多。

繼 xiè 系也。从糸世聲。春秋傳曰臣負羈絏。私列切 緤 繼或

繄 mò 从枼。

緪 gēng 索也。从糸黑聲。莫北切

縆 gēng 大索也。一曰急也。从糸恆聲。古恆切 緪 古文从絲。

繘 yù 綆也。从糸矞聲。余聿切

綆 gěng 汲井綆也。从糸更聲。古杏切

絾 ǎi 彈彄也。从糸有聲。古亥切 又

繠 zhuó 縈生絲繠也。从糸斀聲。之若切

bì 繴 繴謂之罿、罿罿謂之罬、罬謂之罦、罦捕鳥覆車也、从糸辟聲、博厄切

mín 緡 緡釣魚繁也、从糸昏聲、吳人解衣相被謂之緡、武巾切

xù 絮 絮敝緜也、从糸如聲、息據切

luò 絡 絡絮也、一曰麻未漚也、从糸各聲、盧各切

kuàng 纊 纊絮也、从糸廣聲、春秋傳曰皆如挾纊、苦謗切 纊或从光、

zhǐ 紙 紙絮一苫也、从糸氏聲、諸氏切

fǔ 紴 紴治敝絮也、从糸音聲、芳武切

rú 絮 絮絜縕也、一曰敝絮、从糸奴聲、易曰需有衣絮、女余切

xì	chī	suì	fū	lú	jī	cì	jī	lí	jì
綌	絺	繐	紨	纑	績	欼	緝	纅	繫

繫 繫纅也、一曰惡絮、从糸殻聲、古詣切

纅 繫纅也、一曰維也、从糸厲聲、郎計切

緝 績也、从糸咠聲、七入切

欼 續所緝也、从糸次聲、七四切

績 緝也、从糸責聲、則歷切

纑 布縷也、从糸盧聲、洛乎切

紨 布也、一曰粗紬从糸付聲、防無切

繐 蜀細布也、从糸彗聲、私銳切

絺 細葛也、从糸希聲、丑脂切

綌 粗葛也、从糸谷聲、綺戟切
 𢃺 綌或从巾、

縐 zhòu 絟 quán 紵 zhù 緦 sī 緆 xī 緰 tóu 縗 cuī 絰 dié

縐 絺之細也、詩曰、蒙彼縐絺、一曰蹴也、从糸芻聲、側救切

絟 細布也、从糸全聲、此緣切

紵 檾屬細者爲絟粗者爲紵、从糸宁聲、直呂切 繕 紵或

緦 十五升布也、一曰兩麻一絲布也、从糸思聲、息茲切 从緒省

緆 細布也、从糸易聲、先擊切 𦆋 緆或从麻

緰 緰貲布也、从糸俞聲、度侯切

縗 服衣長六寸博四寸直心、从糸衰聲、倉回切

絰 喪首戴也、从糸至聲、臣鉉等曰當从姪省乃得聲、徒結切

繽 biàn 交枲也。一曰縷衣也。从糸便聲。房連切

絈 huà 履也。一曰青絲頭履也。讀若阰陌之陌。从糸戶聲。亡百切

絣 běng 紕枲履也。从糸封聲。博蠓切

緉 liǎng 履兩枚也。一曰絞也。从糸从兩、兩亦聲。力讓切

絜 jié 麻一耑也。从糸初聲。古屑切

繆 móu 枲之十絜也。一曰綢繆。从糸翏聲。武彪切

綢 chóu 繆也。从糸周聲。直由切

縕 yùn 紼也。从糸昷聲。於云切

紼 fú 亂系也。从糸弗聲。分勿切

絣 bēng 氐人殊縷布也、从糸并聲、北萌切
紕 bǐ 氐人䰋也、讀若禹貢玭珠、从糸比聲、卑履切
纃 jì 西胡毳布也、从糸罽聲、居例切
縊 yì 經也、从糸益聲、春秋傳曰夷姜縊、於賜切
綏 suī 車中把也、从糸从妥、徐鍇曰禮升車必正立執綏所以安也當从爪从安省說文無妥字息遺切
彝 yí 宗廟常器也、从糸糸綦也、什持米器中寶也、彑聲、此與爵相似周禮六彝雞彝鳥彝黄彝虎彝蜼彝斝彝、以待祼將之禮、以脂切、𢄖 𢇃 皆古文彝、
緻 zhì 密也、从糸、致聲、直利切

xiāng	fēi	zōu	sǎn	shū	zài	qiǎn	quǎn
緗	緋	緅	繖	繗	縡	繾	綣

緗 帛淺黃色也。从糸相聲。息良切

緋 帛赤色也。从糸非聲。甫微切

緅 帛青赤色也。从糸取聲。子侯切

繖 蓋也。从糸散聲。穌旱切

繗 布屬。从糸束聲。所菹切

縡 事也。从糸宰聲。子代切

繾 繾綣不相離也。从糸遣聲。去演切

綣 繾綣也。从糸卷聲。去阮切

文九 新附

文二百四十八 重三十一

素 白緻繒也、从糸𠂹、取其澤也、凡素之屬皆从素、桑故切

𦃃 素屬、从素奴聲、居玉切

䋏 白約縞也、从素勺聲、以灼切

𦅗 素屬、从素辛聲、所律切

𦃇 素也、从素卓聲、昌約切

𦅔 素也、从素㚔聲、胡玩切 𦆄 𦅔或省

文六 重二

絲 蠶所吐也、从二糸、凡絲之屬皆从絲、息茲切

彎 馬髦飾也、从絲从巤、與連同意、詩曰六彎如絲、兵媔切

綸 織絹从糸貫杼也、从絲省、卄聲、古還切、臣鉉等曰、𠀒古礦字、

率 shuài

率 捕鳥畢也、象絲罔、上下其竿柄也、凡率之屬皆从率、所律切

文三

虫 huǐ

一名蝮、博三寸、首大如擘指、象其臥形、物之微細、或行或毛或蠃或介或鱗、以虫爲象、凡虫之屬皆从虫、許偉切

文一

蝮 fù

虫也、从虫复聲、芳目切

螣 téng

神蛇也、从虫朕聲、徒登切

蚦 rán

大蛇可食、从虫冄聲、八占切

qǐn	yǐn	wēng	zōng	xiǎng	diāo	cuì	yǒng	guī	huí
蟥	螾	螉	蠓	蠁	蛁	蠽	蛹	蛫	蛕

蟥也、从虫堇聲、弃忍切

螾側行者、从虫寅聲、余忍切 𧉔螾或从引

螉蟲在牛馬皮者、从虫翁聲、烏紅切

蠓螉蠓也、从虫從聲、子紅切

蠁知聲蟲也、从虫鄉聲、許兩切 𧉔司馬相如蠁从向、

蛁蟲也、从虫召聲、都僚切

蠽蟲也、从虫㬎聲、祖外切

蛹繭蟲也、从虫甬聲、余隴切

蛫蛹也、从虫鬼聲、讀若潰、胡罪切

蛕腹中長蟲也、从虫有聲、戶恢切

蟯 náo　腹中短蟲也、从虫堯聲、如招切

雖 suī　似蜥蝪而大、从虫唯聲、息遺切

蜤 huī　蜤以注鳴、詩曰胡爲蜤蠰、从虫兀聲、臣鉉等曰兀非聲未詳、許偉切

蜥 xī　蜥易也、从虫析聲、先擊切

蝘 yǎn　在壁曰蝘蜓、在艸曰蜥易、从虫匽聲、於殄切 蝘或

蜓 diàn　蝘蜓也、从虫廷聲、一曰螾蜓、徒典切

蚖 yuán　榮蚖、蛇醫以注鳴者、从虫元聲、愚袁切

蠸 quán　蠸蟲也、一曰大螫也、讀若蜀都布名、从虫雚聲、巨員切

螟 míng　蟲食穀葉者、吏冥冥犯法卽生螟、从虫从冥冥亦聲、

| tè 蟘 | jǐ 蟣 | zhì 蛭 | róu 蟣 | jié 蛣 | qū 蛆 | yín 蟫 | xīng 蛵 |

蟘　蟲食苗葉者，吏乞貸則生蟘。从虫从貸，貸亦聲。詩曰：去其螟蟘。臣鉉等曰：今俗作蟘，非是。徒得切。莫經切

蟣　蝨子也。一曰齊謂蛭曰蟣。从虫幾聲。居狶切

蛭　蟣也。从虫至聲。之日切

蝚　蛭蝚至掌也。从虫柔聲。耳由切

蛣　蛣蚍蝎也。从虫吉聲。去吉切

蛆　蛣蛆也。从虫出聲。區勿切

蟫　白魚也。从虫覃聲。余箴切

蛵　丁蛵負勞也。从虫巠聲。戶經切

蛤 hàn 毛蠹也。从虫含聲。乎感切

蟜 jiǎo 蟲也。从虫喬聲。居夭切

蛓 cì 毛蟲也。从虫㦰聲。千志切

蝸 kuí 蠹也。从虫圭聲。烏蝸切

蠥 qí 蠹也。从虫圭聲。

蚔 qí 蝨也。从虫氏聲。巨支切

蠚 chài 毒蟲也。象形。丑芥切 蠚或从蚰。

蝤 qiú 蝤蠐也。从虫酋聲。字秋切

蠐 qí 蝤蠐也。从虫齊聲。徂兮切

蝎 hé 蝤蠐也。从虫曷聲。胡葛切

強 qiáng 蚚也。从虫弘聲。巨良切 徐鍇曰弘與強聲不相近秦刻石文从口疑从籀文省

qí
蚚
強也、从虫斤聲、巨衣切

shǔ
蜀
葵中蠶也、从虫上目象蜀頭形、中象其身蜎蜎、詩曰蜎蜎者蜀、市玉切

juān
蠲
馬蠲也、从虫目益聲、了象形、明堂月令曰腐艸為蠲、古玄切

bī
蝠
齧牛蟲也、从虫咼聲、邊兮切

huò
蠖
尺蠖、屈申蟲、从虫蒦聲、烏郭切

yuán
蝝
復陶也、劉歆說蝝、蚍蜉子、董仲舒說蝗子也、从虫彖聲、與專切

lóu	gū	lóng	yǐ	yǐ	chí	fán	shuài	mián
螻	蛄	蠬	蛾	螘	蚳	蠜	蟀	蠠

螻蛄也、从虫婁聲、一曰螜天螻、洛侯切

螻蛄也、从虫古聲、古乎切

丁螢也、从虫龍聲、盧紅切

羅也、从虫我聲、臣鉉等案爾雅、蛾羅蠶蛾也蚰部巳有蛾或作蠶此重出五何切

蚍蜉也、从虫豈聲、魚綺切

蟣子也、从虫氏聲、周禮有蚳醢讀若祁、直尼切 𧌒 古文蚳从辰土

自蠜也、从虫樊聲、附袁切

悉蟀也、从虫帥聲、蟀非是所律切 臣鉉等曰今俗作

馬蜩也、从虫面聲、武延切

dāng	náng	láng	xiāo	píng	yù	huáng	shī	zhān	xiàn
蟷	蠰	蜋	蛸	蛢	蠅	蟥	螷	蚮	蜆

蟷、蟷蠰、不過也、从虫當聲、都郎切

蠰、蟷蠰也、从虫襄聲、汝羊切

蜋、堂蜋也、从虫良聲、一名蚚父、魯當切

蛸、蠅蛸堂蜋子、从虫肖聲、相邀切

蛢、蠅蟥以翼鳴者、从虫并聲、薄經切

蠅、蠅蟥也、从虫喬聲、余律切

蟥、蠅蟥也、从虫黃聲、乎光切

螷、蛄螷強羊也、从虫施聲、式支切

蚮、蛄斯墨也、从虫占聲、職廉切

蜆、縊女也、从虫見聲、胡典切

蟹 féi 蠩也、从虫、肥聲。符非切

蜡 jué 蜡蠃、蒲盧、細要土蠭也。天地之性、細要純雄無子、詩曰、螟蛉有子、蜡蠃負之、从虫、嬴聲。古火切 蠣或从果。

蠣 guǒ 蠣蠃、渠蜘、一曰天社、从虫、却聲。其虐切

蠃 luǒ 螺蠃也、从虫、嬴聲、一曰虒蝓。郎果切

蠕 líng 螟蠕、桑蟲也、从虫、霝聲。郎丁切

蛺 jiá 蛺蜨也、从虫、夾聲。兼叶切

蜨 dié 蛺蜨也、从虫、疌聲。蛱蜨、臣鉉等曰、今俗作蝶、非是。徒叶切

蚩 chī 蟲也、从虫、之聲。赤之切

bān	máo	fán	yī	sōng	xū	zhè	huáng	tiáo
螁	蝥	蟠	蚙	蜙	蝑	蟅	蝗	蜩

螁 螌蝥，毒蟲也。从虫般聲。布還切

蝥 螌蝥也。从虫孜聲。臣鉉等曰：今俗作蟊蟲，蜘蛛之別名也，莫交切，非是。蟊即

蟠 鼠婦也。从虫番聲。附袁切

蚙 蚙威，委黍，鼠婦也。从虫伊省聲。於脂切

蜙 蜙蝑以股鳴者。从虫松聲。息恭切 𧓄 蜙或省，臣鉉等曰：今俗作𧕛蟲，以為蜈蚣蟲名。古紅切

蝑 蜙蝑也。从虫胥聲。相居切

蟅 蟲也。从虫庶聲。之夜切

蝗 螽也。从虫皇聲。乎光切

蜩 蟬也。从虫周聲。詩曰：五月鳴蜩。徒聊切 𧏿 蜩或从舟。

lüè	měng	líng	jīng	liè	mián	jué	xī	ní	chán
蟟	蠓	蛉	蜻	蜊	螚	蚗	蜺	蜺	蟬

蟬 以旁鳴者从虫單聲 市連切

蜺 寒蜩也从虫兒聲 五雞切

蜺 蛻鹿蜺蛻蟟也从虫奚聲 胡雞切

蚗 蚗蛻蛥蟟也从虫夬聲 於悅切

螚 蚚蚗蟬屬讀若周天子赦从虫丙聲 武延切

蜊 蜻蜊也从虫列聲 良薛切

蜻 蜻蛉也从虫青聲 子盈切

蛉 蜻蛉也从虫令聲一名桑根 郎丁切

蠓 蛾蠓也从虫蒙聲 莫孔切

蟟 蠹蟟也一曰蜉游朝生莫死者从虫晷聲 离灼切

ruì	xiāo	shěng	liè	qù	ruǎn	qí	xuān	chǎn	yú
蝺	蠨	蛸	蛚	蛒	蝡	蚑	蠉	蜦	螸

蝺 秦晉謂之蝺、楚謂之蚑、从虫、芮聲、而銳切

蠨 蠨蛸、長股者、从虫、肅聲、穌彫切

蛸 蟲也、从虫、省聲、息正切

蛚 蟲何也、从虫、孚聲、力輟切

蛒 蠅胆也、周禮蛒氏掌除骴、从虫、昔聲、鉏駕切

蝡 動也、从虫、耎聲、而沇切

蚑 行也、从虫、支聲、巨支切

蠉 蟲行也、从虫、蒙聲、香沇切

蜦 蟲曳行也、从虫、申聲、讀若騁、丑善切

螸 蠶醜螸、垂腴也、从虫、欲聲、余足切

蝙 蝙蝠服翼也、从虫扁聲、式戰切

蛻 蛇蟬所解皮也、从虫挩省、輸芮切

螫 螫也、从虫若省聲、呼各切

蜇 蟲行毒也、从虫赦聲、施隻切

蜮 蚗也、从虫亞聲、烏各切

蛘 搔蛘也、从虫羊聲、余兩切

餢 敗創也、从虫人食食亦聲、乘力切

蛟 龍之屬也、池魚滿三千六百、蛟來為之長、能率魚飛、置笱水中、卽蛟去、从虫交聲、古肴切

螭 若龍而黃、北方謂之地螻、从虫离聲、或云無角曰螭

虯 龍子有角者、从虫丩聲。渠幽切

蜦 蛇屬黑色潛于神淵能興風雨从虫侖聲讀若戾艸力屯切 蜦或从戾

蠊 海蟲也長寸而白可食从虫兼聲讀若嗛力鹽切

蜃 雉入海化爲蜃从虫辰聲。時忍切

盒 蜃屬有三皆生於海千歲化爲盒秦謂之牡厲又云百歲燕所化魁盒一名復累老服翼所化从虫合聲、古沓切

蠦 階也脩爲蠦蜰爲蟎从虫廬臣鉉等曰今俗作蠦非是蒲猛切 或作蠦

蝸 wō　蝸蠃也、从虫咼聲、亡華切

蚌 bàng　蜃屬、从虫丰聲、步項切

蠣 lì　蚌屬、似螊微大、出海中、今民食之、从虫、萬聲、讀若賴、力制切

蝓 yú　虒蝓也、从虫俞聲、羊朱切

蜎 yuān　蜎也、从虫肙聲、在沇切

蟺 shàn　夗蟺也、从虫亶聲、常演切

蚴 yōu　蚴蟉也、从虫幼聲、於虯切

蟉 liú　蚴蟉也、从虫翏聲、力幽切

蟄 zhé　藏也、从虫執聲、直立切

蚨 fú 青蚨、水蟲、可還錢、从虫、夫聲、房無切

蜦 jú 蜦蚯詹諸、以脰鳴者、从虫、旬聲、居六切

蝦 há 蝦蟆也、从虫、叚聲、乎加切

蟆 má 蝦蟆也、从虫、莫聲、莫遐切

蠵 xié 大龜也、以胃鳴者、从虫、巂聲、戶圭切 司馬相如說蠵从夐、

蜥 jiàn 蜥蜴也、从虫、漸省聲、慈染切

蜥 xié 蜥蜴也、从虫、析聲、 蠏蟹或从魚、

蟹 xiè 有二敖八足、旁行、非蛇鮮之穴無所庇、从虫、解聲、胡買切

蛫 guǐ 蟹也、从虫、危聲、過委切

蜮 yù 短狐也、似鼈三足、以气射害人、从虫、或聲、于逼切

蜴 è 蜮又从國、臣鉉等曰、今俗作古獲切

蝘 似蜥易長一丈水潛吞人卽浮出日南从虫、䖝聲、各吾切 似蜥易長臣鉉等曰、今俗作蝦蟆之別名

蝄 wǎng 蝄蜽山川之精物也、淮南王說蝄蜽狀如三歲小兒、赤黑色、赤目長耳美髮、从虫、网聲、國語曰木石之怪

蜽 liǎng 蝄蜽也、从虫、兩聲、魍魉非是、良奬切

蝯 yuán 善援、禺屬、从虫、爰聲、猱猨非是兩元切作猨非是、臣鉉等曰、今俗別

蠗 zhuó 蠗、禺屬、从虫、翟聲、首角切

wèi	gǒu	qióng	jué	biān	fú	mán	mǐn	hóng
蜼	蚼	蛩	蟨	蝙	蝠	蠻	閩	虹

蜼 如母猴、卬鼻長尾、从虫、隹聲、余季切

蚼 北方有蚼犬、食人、从虫、句聲、古厚切

蛩 蛩蛩、獸也、一曰秦謂蟬蛻曰蛩、从虫、巩聲、渠容切

蟨 鼠也、一曰西方有獸、前足短、與蛩蛩巨虛比、其名謂之蟨、从虫、厥聲、居月切

蝙 蝙蝠也、从虫、扁聲、布玄切

蝠 蝙蝠、服翼也、从虫、畐聲、方六切

蠻 南蠻、蛇種、从虫、䜌聲、莫邊切

閩 東南越、蛇種、从虫、門聲、武巾切

虹 螮蝀也、狀似蟲、从虫、工聲、明堂月令曰、虹始見、戶工切

蝃 dì 蟠文虹从申申電也

蝀 dòng 蝃蝀虹也从虫带聲都計切

蠥 niè 蝃蝀也从虫東聲多貢切

衣服歌謠艸木之怪謂之袄禽獸蟲蝗之怪謂之蠥从虫辥聲魚列切

文一百五十三 重十五

蜑 dàn 南方夷也从虫延聲徒旱切

蟪 huì 蟪蛄蟬也从虫惠聲曰械切

蠛 miè 蠛蠓細蟲也从虫蔑聲亡結切

蚝 zhé 蚝蟊艸上蠹也从虫毛聲陟格切

蟁 蟋 螳
měng xī táng

蟁 蚚蟁也从虫孟聲莫杏切

蟋 蟋蟀也从虫悉聲息七切

螳 螳蜋也从虫堂聲徒郎切

文七 新附

說文解字弟十三上

李承緒篆
黎永椿校
陳慶修覆校
陳昌治校刊

說文解字弟十三下

漢 太尉祭酒 許慎 記
宋 右散騎常侍 徐鉉 等校定

𧕦 蟲之總名也。从二虫。凡䖵之屬皆从䖵。讀若昆。古魂切

蠶 任絲也。从䖵朁聲。昨含切

蛾 蠶化飛蟲。从䖵我聲。五何切 𧕟或从虫。

蚤 齧人跳蟲。从䖵叉聲。叉古爪字。子皓切 𧕚或從虫。

蝨 齧人蟲。从䖵孔聲。所櫛切

蟲 螾也。从䖵夂聲。夂古文終字。職戎切 𧖅或从虫眾聲。

mì	fēng	pí	xiá	cáo	níng	máo	zhuō	jié	zhǎn
蠠	蠭	蟲	蠢	蠚	蠚	蟊	蠿	蠽	蠥

蠥蟲也、从蟲展省聲、知衍切

蠽小蟬蜩也、从蟲戠聲、子列切

蠿蠿蟊也、作罔蛛蠿也、从蟲蠿聲、蠿古絕字、側八切

蟊蠿蟊也、从蟲矛聲、莫交切

蠚蟲也、从蟲窜聲、奴丁切

蠚齏蠚也、从蟲曹聲、財牢切

蠢螻蛄也、从蟲羣聲、胡葛切

蟲蟲蛸也、从蟲卑聲、匹標切 蠢蟲或从虫、

蠭飛蟲螫人者、从蟲逢聲、敷容切 𦏰古文省、

蠠蠭甘飴也、一曰螟子、从蟲鼑聲、彌必切 蠠蠠或从宓、

蠢 qú 蟲蟝也从蚰巨聲、強魚切

蟁 wén 齧人飛蟲从蚰民聲、無分切 俗蟁从虫从文

𧎢 méng 齧人飛蟲从蚰亡聲、武庚切 當故切

蠹 dù 木中蟲从蚰橐聲、 蠹或从木象蟲在木中形譚長說

蠡 lǐ 蟲齧木中也从蚰彖聲、盧啟切 蠡或从虫

蝥 qiú 多足蟲也从蚰求聲、巨鳩切 古文

蠹 fú 蚍蠹也从蚰橐聲、縛牟切

蠢 juǎn 蟲食也从蚰雋聲、子兗切

說文解字 第十三下 蚰

一一五

chǔn 蠢

蠢 蟲動也、从䖝春聲。尺尹切 𧖟 古文蠢从㦵、周書曰、我有截于西、

chóng 蟲

蟲 有足謂之蟲、無足謂之豸、从三虫、凡蟲之屬皆从蟲、直弓切

文二十五 重十三

máo 蟊

蟊 蟲食艸根者、从蟲象其形、吏抵冒取民財則生、曰徐鍇此一字象蟲形、不从矛、書者多誤莫浮切等按虫部已有莫交切作盤蝥蟲、此重出 𧖕 古文蟊从虫从牟、

pí 蠶

蠶 蚍蜉、大螘也、从蟲毗聲、房脂切 𧌈 蠶或从虫、比聲、

lìn 䗚

䗚 䗚蠧也、从蟲閵聲。武巾切

蠚 fěi
蠱 gǔ
風 fēng
飇 liáng
颰 xuè

蠚 臭蟲負蠜也、从蟲非聲、房未切 䖳 蠚或从虫、

蠱 腹中蟲也、春秋傳曰皿蟲爲蠱、晦淫之所生也、臬桀死之鬼亦爲蠱、从蟲从皿、皿物之用也、公戶切

風 八風也、東方曰明庶風、東南曰清明風、南方曰景風、西南曰涼風、西方曰閶闔風、西北曰不周風、北方曰廣莫風、東北曰融風、風動蟲生故蟲八日而化、从虫凡聲、凡風之屬皆从風、方戎切 𠙊 古文風、

飇 北風謂之飇、从風涼省聲、呂張切

颰 小風也、从風术聲、翾聿切

文六 重四

liè	lì	yáng	yù	wèi	hū	liú	sà	piāo	biāo
颲	颲	颺	颶	颹	颮	飀	颯	飄	飆

飆 扶搖風也、从風猋聲、甫遙切 飆或从包、

飄 回風也、从風票聲、撫招切

颯 翔風也、从風立聲、穌合切

飀 高風也、从風翏聲、力求切

颮 疾風也、从風从忽忽亦聲、呼骨切

颹 大風也、从風胃聲、王勿切

颶 大風也、从風日聲、于筆切

颺 風所飛揚也、从風昜聲、與章切

颲 風雨暴疾也、从風利聲、讀若栗、力質切

颲 烈風也、从風剡聲、讀若剡、艮薛切

颸 sī

飕 sōu

颭 zhǎn

它 tā

龜 guī

文十三　重二

颸 涼風也、从風思聲息茲切

飗 飂飀也、从風所鳩切

颭 風吹浪動也、从風占聲隻冄切

文三　新附

它 虫也、从虫而長象冤曲垂尾形、上古艸居患它故相問無它乎、凡它之屬皆从它、託何切　蛇 它或从虫

臣鉉等曰今俗作食遮切

文一　重一

龜 舊也、外骨內肉者也、从它、龜頭與它頭同、天地之性、

tóng
鼨 鼨龜甲蟲也。从龜冬聲。《古文終字》。徒冬切

rán
𪓰 𪓰龜甲邊也。从龜冄聲。天子巨𪓰尺有二寸。諸矦尺。大夫八寸。士六寸。汝閻切

文三 重一

měng
黽 黽鼃黽也。从它。象形。黽頭與它頭同。臣鉉等曰：凡黽之屬皆从黽。莫杏切 𪓏 籀文黽。

biē
鱉 鱉甲蟲也。从黽敝聲。并列切

yuán
黿 黿大鱉也。从黽元聲。愚袁切

wā	cù	shī	tuó	xí	qú	yíng	zhī

黿 蝦蟇也从黽圭聲烏媧切

鼀 䵓詹諸也其鳴詹諸其皮䵓鼀其行㐁㐁从黽从㐁亦聲七宿切 䖵或从酉

䵹 䵓詹諸也詩曰得此䵹䵓言其行䵹䵓从黽爾聲式支切

黿 水蟲似蜥易長大从黽單聲徒何切

鼀 水蟲也薉貉之民食之从黽奚聲胡雞切

䵺 䵺屬頭有兩角出遼東从黽句聲其俱切

蠅 營營青蠅蟲之大腹者从黽从虫余陵切

䵼 䵼鼄䖵也从黽智省聲陟离切 蜘或从虫

鼀 龜也。从龜、朱聲。陟輸切。 或从虫。

鼂 匽鼂也。讀若朝。楊雄說：匽鼂蟲名。杜林以爲朝旦、非是。从黽从旦。臣鉉等曰：今俗作晁直遙切。 篆文从皀。

文十三　重五

鼇 海大鱉也、从黽、敖聲。五牢切。

文一　新附

卵 凡物無乳者卵生、象形。凡卵之屬皆从卵。盧管切。

文二

𣪊 卵不孚也、从卵段聲。徒玩切。

二 地之數也、从偶一、凡二之屬皆从二。而至切。 古文

亟 jí 敏疾也、从人从口从又从二、二天地也、徐鍇曰承天之時因地之利口謀之手執之時不可失疾也紀力切又去吏切

恆 héng 常也、从心从舟在二之閒上下心以舟施恆也、胡登切 外 古文恆从月詩曰如月之恆

亙 xuān 求亙也、从二从囘囘古文回象亙回形上下所求物也、徐鍇曰回風囘轉所以宣陰陽也須緣切

竺 dǔ 厚也、从二竹聲、冬毒切

凡 fán 最括也、从二、二偶也、从ㄋ、ㄋ古文及、浮芝切

文六 重二

土 tǔ 地之吐生物者也、二象地之下、地之中、物出形也、凡

土之屬皆从土、𠀆魯切

地 dì
𰼀 元气初分、輕清陽爲天、重濁陰爲地、萬物所陳列也、从土、也聲、徒內切 𡊄 籒文地从隊、

坤 kūn
坤 地也、易之卦也、从土从申、土位在申、苦昆切

垓 gāi
垓 兼垓八極地也、國語曰天子居九垓之田、从土、亥聲、

壔 ào
壔 四方土可居也、从土、奧聲、於六切 𡊄 古文壔、古哀切

堣 yú
堣 堣夷、在冀州陽谷、立春日日值之而出、从土、禺聲、尚書曰宅堣夷、噳俱切

坶 mù
坶 朝歌南七十里地、周書武王與紂戰于坶野、从土、母

坡 阪也、从土皮聲、滂禾切

坪 地平也、从土从平平亦聲、皮命切

均 平徧也、从土从勻勻亦聲、居勻切

壤 柔土也、从土襄聲、如兩切

塙 堅不可拔也、从土高聲、苦角切

墩 磽也、从土敦聲、口交切

壚 剛土也、从土盧聲、洛乎切

垶 赤剛土也、从土觲省聲、息營切

埴 黏土也、从土直聲、常職切

lù 坴 坴土塊坴坴也、从土圥聲讀若逐、一曰坴梁、力竹切

hún 㙷 㙷土也、洛陽有大㙷里从土軍聲、戶昆切

pú 墣 墣塊也、从土菐聲、匹角切

kuài 凷 凷墣也从土一屈象形、苦對切 塊 凷或从鬼

bì 堛 堛凷也、从土畐聲、芳逼切

zōng 堫 堫穜也、一曰內其中也、从土㚇聲、子紅切

chéng 塍 塍稻中畦也、从土朕聲、食陵切

bá 坺 坺治也、一曰臿土謂之坺、詩曰、武王載坺、一曰塵皃、从土犮聲、蒲撥切

yì 埸 埸陶竈窻也、从土役省聲、營隻切

kū	kān	liè	yè	liáo	bì	dǔ	yì	yuán	jī
堀	堪	埒	壧	墧	壁	堵	圪	垣	基

基 牆始也、从土其聲、居之切

垣 牆也、从土亘聲、雨元切 𩫖 籀文垣、从𩫖

圪 牆高也、詩曰崇墉圪圪、从土气聲、魚迄切

堵 垣也、五版為一堵、从土者聲、當古切 𪉖 籀文从𩫖

壁 垣也、从土辟聲、比激切

墧 周垣也、从土寮聲、力沼切

壧 壁間隙也、从土曷聲、讀若謁、魚列切

埒 卑垣也、从土寽聲、力輟切

堪 地突也、从土甚聲、口含切

堀 突也、詩曰蜉蝣堀閱、从土屈省聲、苦骨切

| táng | duǒ | diàn | lǒng | xiàn | jìn | xì | è | chí |

堂 殿也、从土尚聲、徒耶切 🏛 古文堂 🏛 籒文堂、从高省、

垛 堂塾也、从土朵聲、丁果切

坫 屏也、从土占聲、都念切

塂 塗也、从土瀧聲、有臣鉉等案水部已有此重出力埵切

垷 塗也、从土見聲、胡典切

墐 塗也、从土堇聲、渠吝切

墽 仰塗也、从土敫聲、其冀切

墍 白塗也、从土既聲、烏各切

墀 塗地也、从土犀聲、禮天子赤墀、直泥切

一二八

| jī | fèn | sǎo | zài | zuò聖(坐) | zhǐ | tián | tǎn | bì |

聲 飢適也、一曰未燒也、从土毇聲、古歷切

坌 塺也、从土弁聲、讀若糞、方問切

埽 棄也、从土从帚、穌老切

在 存也、从土才聲、昨代切

坐 止也、从土从畱省土所止也、此與畱同意、但臥切

古文坐

坁 箸也、从土氏聲、諸氏切

填 塞也、从土真聲、待秊切 陟鄰切今

坦 安也、从土旦聲、他但切

坒 地相次比也、衞大夫貞子名坒、从土比聲、毗至切

dī	xūn	fēng		xǐ	mò	huán	xíng	zhǔn
堤	壎	封		壐	墨	垸	型	埻

堤 滯也、从土是聲、丁礼切

壎 樂器也、以土為之六孔从土熏聲、況袁切

封 爵諸侯之土也、从之从土从寸守其制度也、公侯百里、伯七十里、子男五十里也、徐鍇曰、各之其土也、會意、府容切 㞢土 古文封省、 𦮢 籀文从半、

壐 王者印也、所以主土从土爾聲、斯氏切 𦮢 籀文从玉、

墨 書墨也、从土从黑黑亦聲、莫北切

垸 以桼和灰而鬃也、从土完聲、一曰補垸、胡玩切

型 鑄器之法也、从土刑聲、戶經切

埻 射臬也、从土臺聲讀若準、之允切

塒 shí　雞棲垣為塒、从土、時聲、市之切

城 chéng　以盛民也、从土从成、成亦聲、氏征切　古文城、籒文城从𩫖、

墉 yōng　城垣也、从土、庸聲、余封切　古文墉、

堞 dié　城上女垣也、从土、葉聲、徒叶切

坎 kǎn　陷也、从土、欠聲、苦感切

塾 diàn　下也、春秋傳曰塾隘、从土、執聲、都念切

坁 chí　小渚也、詩曰宛在水中坁、从土、氏聲、直尼切　坁或从水从耆、

墊 zhí　下入也、从土、𥃞聲、敕立切

垎 hè　水乾也、一曰堅也、从土、各聲、胡格切

cí	zēng	pí	fù	sài	kū	jì	chù
垐	增	埤	坿	塞	圣	坖	埱

垐 以土增大道上、从土次聲、疾資切 𡉻 古文垐从𠂤

虞書曰龍朕聖讒說殄行聖疾惡也

增 益也、从土曾聲、作滕切

埤 增也、从土卑聲、符支切

坿 益也、从土付聲、符遇切

塞 隔也、从土从𡨄、先代切

圣 汝潁之閒謂致力於地曰圣、从土从又、讀若兔窟、苦骨切

坖 堅土也、从土自聲、讀若𣪊、其冀切

埱 气出土也、一曰始也、从土叔聲、昌六切

shàn	yín	cè	zhàng	zhēng	péi	dǎo	jù	jīn	duǒ
墠	垠	㔿	墇	埩	培	壔	埾	堅	埵

堅 堅土也、从土坙聲、讀若朵、丁果切

埾 土積也、从土聚省、才句切

壔 保高土也、从土𠷎聲、讀若毒、都皓切

培 培敦土田山川也、从土音聲、薄回切

埩 治也、从土爭聲、疾郢切

墇 擁也、从土章聲、之亮切

㔿 遏遮也、从土則聲、初力切

垠 地垠也、一曰岸也、从土艮聲、語斤切
圻 垠或从斤、

墠 野土也、从土單聲、常衍切

kuàng	gěng	qiàn	yīn	pǐ	guǐ	lěi	chǐ
壙	埂	塹	堙	圮	垝	壘	垑

垑 恃也、从土多聲、尺氏切

壘 軍壁也、从土畾聲、力委切

垝 毀垣也、从土危聲、詩曰乘彼垝垣、過委切 𨸛垝或从

圮 毀也、虞書曰方命圮族、从土己聲、符鄙切 𨻰圮或从

𨸍

手从非配省聲、

堙 塞也、尚書曰鯀堙洪水、从土西聲、於真切 𡍩古文堙、

塹 阬也、一曰大也、从土斬聲、七豔切

埂 秦謂阬爲埂、从土更聲、讀若井汲綆、古杏切

壙 塹穴也、一曰大也、从土廣聲、苦謗切

垲 高燥也、从土豈聲。苦亥切

毇 缺也、从土毇省聲。許委切 古文毇从王。

壓 壞也、一曰塞補、从土厭聲。烏狎切

壞 敗也、从土褱聲。下怪切 古文壞省。 籒文壞。

等按、攴部有斁、此重出。

坷 坎坷也、梁國寧陵有坷亭、从土可聲。康我切

壚 壙也、从土虍聲。呼訝切 壚或从皀。

壢 裂也、詩曰不壢不疈、从土席聲。丑格切

坱 塵埃也、从土央聲。於亮切

塺 塵也、从土麻聲。亡果切

嘍 塵土也、从土婁聲、洛矦切

坋 塵也、从土分聲、一曰大防也、房吻切

韭 塵也、从土非聲、房未切

埃 塵也、从土矣聲、烏開切

瑿 澱也、从土殴聲、烏雞切

垽 澱也、从土沂聲、魚僅切

垢 濁也、从土后聲、古厚切

壇 天陰塵也、詩曰壇壇其陰、从土壹聲、於計切

坏 丘再成者也、一曰瓦未燒、从土不聲、芳桮切

垤 螘封也、詩曰鸛鳴于垤、从土至聲、徒結切

坥 qū　益州部謂蝗場曰坥、从土且聲、七余切

埍 juǎn　徒隸所居也、一曰女牢、一曰亭部、从土肙聲、古泫切

餙 kū　囚突出也、从土叡聲、胡八切

瘞 yì　幽薶也、从土疫聲、於罽切

堋 bèng　喪葬下土也、从土朋聲、春秋傳曰、朝而堋、禮謂之封、周官謂之窆、虞書曰、堋淫于家、方鄧切

垗 zhào　畔也、爲四時界祭其中、周禮曰、垗五帝於四郊、从土兆聲、治小切

塋 yíng　墓也、从土熒省聲、余傾切

墓 mù　丘也、从土莫聲、莫故切

fén	lǒng	tán	cháng	guī		yí	chuí
墳	壠	壇	場	圭		圯	垂

墳 墓也、从土賁聲、符分切

壠 丘壠也、从土龍聲、力踵切

壇 祭壇場也、从土亶聲、徒干切

場 祭神道也、一曰田不耕、一曰治穀田也、从土昜聲、直良切

圭 瑞玉也、上圜下方公執桓圭九寸矦執信圭伯執躬圭皆七寸子執穀璧男執蒲璧皆五寸以封諸矦从重土楚爵有執圭、古畦切 珪 古文圭从玉、

圯 東楚謂橋爲圯、从土巳聲、與之切

垂 遠邊也、从土烾聲、是爲切

堀 兔堀也。从土屈聲。苦骨切

塗 泥也。从土涂聲。同都切

塓 塗也。从土冥聲。莫狄切

埏 八方之地也。从土延聲。以然切

場 疆也。从土易聲。羊益切

境 疆也。从土竟聲。居領切 經典通用竟

塾 門側堂也。从土孰聲。殊六切

墾 耕也。从土貇聲。康很切

塘 隄也。从土唐聲。徒郎切

文一百三十一　重二十六

坳 āo

坳 地不平也。从土幼聲。於交切

壒 ài

壒 塵也。从土蓋聲。於蓋切

墜 zhuì

墜 陊也。从土隊聲。古通用碌直類切

塔 tǎ

塔 西域浮屠也。从土荅聲。土盍切

坊 fāng

坊 邑里之名。从土方聲。古通用埅府良切

文十三 新附

垚 yáo

垚 土高也。从三土。凡垚之屬皆从垚。吾聊切

堯 yáo

堯 高也。从垚在兀上高遠也。吾聊切 𡗜 古文堯

文二 重一

堇 qín

堇 黏土也。从土从黃省。凡堇之屬皆从堇。巨斤切 𡍫

艱 土難治也、从堇艮聲、古閑切 𡖍 籒文艱从喜、
皆古文堇、

里 居也、从田从土、凡里之屬皆从里、良止切
文二 重三

野 郊外也、从里予聲、羊者切 𭃂 古文野、从里省从林、
釐 家福也、从里𠩺聲、里之切

田 陳也、樹穀曰田、象四口十、阡陌之制也、凡田之屬皆从田、待秊切
文三 重一

町 田踐處曰町、从田丁聲、他頂切

ruán	chóu	liú	yú	jī	róu	jī	cuó	mǔ		diàn
堧	疇	疁	畬	畸	輮	畸	畻	畮		甸

畷 城下田也、一曰畷郱也、从田耎聲、而緣切

疇 耕治之田也、从田象耕屈之形、直由切 㽕 疇或省

疁 燒種也漢律曰疁田茠艸从田翏聲、力求切

畬 三歲治田也易曰不菑畬田从田余聲、以諸切

畸 殘田也从田奇聲、居宜切

輮 和田也从田柔聲、耳由切

畸 殘田也从田奇聲、居宜切

畻 㽟田也詩曰天方薦畻从田差聲、昨何切

畮 六尺爲步步百爲畮从田每聲、莫厚切 畞 畮或从田十 臣鉉等曰、十四方也久聲、

甸 天子五百里地从田包省、堂練切

| jī | qí | wǎn | pàn | jiè | gǎng | zhuì | zhěn | zhì |
| 畿 | 畦 | 畹 | 畔 | 畍 | 畖 | 畷 | 畛 | 畤 |

畿 天子千里地以遠近言之則言畿也从田幾省聲 巨衣切

畦 田五十畒曰畦从田圭聲 戶圭切

畹 田三十畒也从田宛聲 於阮切

畔 田界也从田半聲 薄半切

畍 境也从田介聲 古拜切

畖 境也一曰陌也趙魏謂陌爲畖从田亢聲 古郎切

畷 兩陌閒道也廣六尺从田叕聲 陟劣切

畛 井田閒陌也从田㐱聲 之忍切

畤 天地五帝所基址祭地从田寺聲右扶風有五畤好

畤、天地五帝所基址祭地。从田寺聲。右扶風有五畤，好畤、鄜畤，皆黃帝時祭，或曰秦文公立也。周市切

畧、經略土地也。从田各聲。离約切

當、田相值也。从田尚聲。都郎切

畯、農夫也。从田参聲。子峻切

甿、田民也。从田亡聲。武庚切

疄、轢田也。从田粦聲。良刃切

畱、止也。从田丣聲。力求切

畜、田畜也。淮南子曰玄田爲畜。丑六切

畽、禽獸所踐處也。詩曰、町畽鹿場。从田童聲。土短切

町、田踐處曰町。从田丁聲。他頂切

暢 chàng 畕 jiāng 畺 jiāng 黃 huáng 㪫 xiān 黵 tuān 黮 wěi

暢 不生也、从田、昜聲。臣鉉等曰、借爲通暢之暢、今俗別作畼、非是。丑亮切

文二十九　重三

畕 比田也、从二田、凡畕之屬皆从畕。居良切

畺 界也、从畕、三其界畫也。居良切 彊 畺或从彊土。

文二　重一

黃 地之色也、从田、从艾、艾亦聲、艾古文光、凡黃之屬皆从黃。乎光切 炗 古文黃。

㪫 赤黃也、一曰輕易㪫婟也、从黃、夾聲。許兼切

黵 黃黑色也、从黃、耑聲。他耑切

黮 青黃色也、从黃、有聲。呼罪切

tiān
黇
黇 白黄色也、从黄占聲、他兼切

huà
韄
韄 鮮明黄也、从黄圭聲、戶圭切

文六　重一

nán
男
男 丈夫也、从田从力、言男用力於田也、凡男之屬皆从男、那含切

jiù
舅
舅 母之兄弟爲舅、妻之父爲外舅、从男臼聲、其久切

shēng
甥
甥 謂我舅者、吾謂之甥也、从男生聲、所更切

文三

lì
力
力 筋也、象人筋之形、治功曰力、能圉大災、凡力之屬皆从力、林直切

xūn	gōng	zhù	lù	lài	jié	wù	qiǎng	mài
勳	功	助	勱	勑	劼	務	勥	勱

勳 能成王功也、从力、熏聲、許云切 𠣘 古文勳从員、

功 以勞定國也、从力从工、工亦聲、古紅切

助 左也、从力、且聲、牀倨切

勱 助也、从力从非、慮聲、良倨切

勑 勞也、从力、來聲、洛代切

劼 慎也、从力、吉聲、周書曰汝劼毖殷獻臣、巨乙切

務 趣也、从力、孜聲、亡遇切

勥 迫也、从力、強聲、巨良切 𠠃 古文从彊、

勱 勉力也、周書曰用勱相我邦家、讀若萬、从力、萬聲、莫話切

jué	qíng	jìng	miǎn	shào	xù	quàn	shēng	chè	lù
劂	勍	勁	勉	劭	勖	勸	勝	劽	勠

劂 劈也。从力厥聲。瞿月切

勍 彊也。春秋傳曰勍敵之人。从力京聲。渠京切

勁 彊也。从力巠聲。吉正切

勉 彊也。从力免聲。亡辨切

劭 勉也。从力召聲。讀若舜樂韶。寔照切

勖 勉也。周書曰勖哉夫子。从力冒聲。許玉切

勸 勉也。从力雚聲。去願切

勝 任也。从力朕聲。識蒸切

劽 發也。从力从徹，徹亦聲。臣鉉等曰今俗作撤非是。丑列切

勠 并力也。从力翏聲。力竹切

勷 繇緩也、从力、象聲。余雨切

動 作也、从力、重聲。徒總切
𨗝 古文動从辵。

勱 推也、从力、䮾聲。盧對切

劣 弱也、从力、少聲。力輟切

勞 劇也、从力、熒省、熒火燒冖、用力者勞。魯刀切
𢥥 古文勞。

勮 務也、从力、豦聲。其據切

勊 尤極也、从力、克聲。苦得切

勩 勞也、詩曰莫知我勩、从力、貰聲。余制切

勴 勞也、春秋傳曰安用勦民、从力、巢聲。子小切 又楚交切

勤 qín 勞也。从力,堇聲。巨巾切

券 juàn 勞也。从力,卷省聲。臣鉉等曰：今俗作勌,義同。渠卷切

加 jiā 語相增加也。从力从口。古牙切

勢 háo 健也。从力,敖聲,讀若豪。五牢切

勇 yǒng 气也。从力,甬聲。余隴切 勈,勇或从戈用。恿,古文勇从心。

勃 bó 排也。从力,孛聲。蒲沒切

勛 piào 劫也。从力,覞聲。匹眇切

劫 jié 人欲去,以力脅止,曰劫,或曰以力止去曰劫。居怯切

飭 chì 致堅也。从人从力,食聲,讀若敕。恥力切

劾 hé　法有辠也。从力亥聲。胡槩切

募 mù　廣求也。从力莫聲。莫故切

文四十　重六

劬 qú　勞也。从力句聲。其俱切

勢 shì　盛力權也。从力埶聲。舒制切

勘 kān　校也。从力甚聲。苦紺切

辦 bàn　致力也。从力辡聲。蒲莧切

文四　新附

茘 xié

茘　同力也。从三力。山海經曰：惟號之山，其風若茘。凡茘之屬皆从茘。胡頰切

協同心之和、从劦从心、胡頰切

恊同思之和、从劦从思、胡頰切

協眾之同和也、从劦从十、臣鉉等曰十、眾也、胡頰切 叶古文協从日十、叶或从口、

文一　重五

說文解字弟十三下

　　　　　　李承緒篆
　　　　　　黎永椿校
　　　　　　陳慶修覆校
　　　　　　陳昌治校刊

說文解字弟十四上

漢太尉祭酒許慎記

宋右散騎常侍徐鉉等校定

五十一部　六百三文　重七十四

凡八千七百一十七字

文十八新附

金 五色金也。黃爲之長。久薶不生衣，百鍊不輕，從革不違。西方之行。生於土，從土左右注象金在土中形。今聲。凡金之屬皆從金。居音切　仝古文金。

銀 白金也。从金艮聲。語巾切

鐐 liáo 鐐白金也、从金尞聲、洛蕭切

鋈 wù 鋈白金也、从金芙省聲、烏酷切

鉛 yán 鉛青金也、从金㕣聲、與專切

錫 xī 錫銀鉛之間也、从金易聲、先擊切

鈏 yǐn 鈏錫也、从金引聲、羊晉切

銅 tóng 銅赤金也、从金同聲、徒紅切

鏈 lián 鏈銅屬、从金連聲、力延切

鐵 tiě 鐵黑金也、从金㦳聲、天結切 鐵 鐵或省 銕 古文鐵 从夷、

鐕 kǎi 鐕九江謂鐵曰鐕、从金皆聲、苦駭切

鑒 tiáo 鐵也、一曰轡首銅、从金攸聲、以周切

鏤 lòu 剛鐵可以刻鏤、从金婁聲、夏書曰梁州貢鏤、一曰鏤、釜也、盧候切

鐼 fén 鐵屬、从金賁聲、讀若熏、火運切

銑 xiǎn 金之澤者、一曰小鑿、一曰鐘兩角謂之銑、从金先聲、穌典切

鑒 jiàn 剛也、从金臤聲、古甸切

鑗 lí 金屬、一曰剝也、从金黎聲、郎兮切

錄 lù 金色也、从金彔聲、力玉切

鑄 zhù 銷金也、从金壽聲、之戍切

銷 xiāo 鑠金也、从金肖聲、相邀切

鑠 shuò 銷金也、从金樂聲、書藥切

鍊 liàn 冶金也、从金柬聲、郎甸切

釘 dīng 鍊鉼黃金、从金丁聲、當經切

錮 gù 鑄塞也、从金固聲、古慕切

鑲 ráng 作型中腸也、从金襄聲、汝羊切

鎔 róng 冶器法也、从金容聲、余封切

鋏 jiá 可以持冶器鑄鎔者、从金夾聲、讀若漁人莢魚之莢、一曰若挾持、古叶切

鍛 duàn 小冶也、从金段聲、丁貫切

鋌 dìng 銅鐵樸也、从金廷聲、徒鼎切

鐄 xiǎo 鐵文也、从金曉聲、呼鳥切

鏡 jìng 景也、从金竟聲、居慶切

鉹 chǐ 曲鉹也、从金多聲、一曰鸞鼎、讀若摘、一曰、詩云侈兮哆兮、尺氏切

鈃 xíng 似鍾而頸長、从金开聲、戶經切

鍾 zhōng 酒器也、从金重聲、職容切

鑑 jiàn 大盆也、一曰監諸可以取明水於月、从金監聲、革懺切

鐈 qiáo 似鼎而長足、从金喬聲、巨嬌切

鐆 suì 陽鐆也、从金隧聲、徐醉切

xíng	xī	huò	fù	móu	tiǎn	cuò	luó	xíng	hào
鋞	鑴	鑊	鍑	鍪	錪	銼	鑢	鉶	鎬

鉶 溫器也、圜直上、从金巠聲、戶經切

鑴 瓽也、从金巂聲、戶圭切

鑊 鑴也、从金蒦聲、胡郭切

鍑 釜大口者、从金复聲、方副切

鍪 鍑屬、从金秋聲、莫浮切

錪 朝鮮謂釜曰錪、从金典聲、他典切

銼 鍑也、从金坐聲、昨禾切

鑢 銼鑢也、从金盧聲、魯戈切

鉶 器也、从金荊聲、戶經切

鎬 溫器也、从金高聲、武王所都、在長安西上林苑中字

鑣 āo 溫器也、一曰金器从金麃聲、平老切

銚 yáo 溫器也、一曰田器从金兆聲、以招切

䤬 dòu 酒器也从金豆象器形、大口䤬、以招切 䤬或省金

鐎 jiāo 鐎斗也从金焦聲、即消切

鋗 xuān 小盆也从金肙聲、火玄切

錯 wèi 鐎也从金𦔮聲讀若彗、于歲切

鍵 jiàn 鉉也一曰車轄从金建聲、渠偃切

鉉 xuàn 舉鼎也、易謂之鉉禮謂之鼏从金玄聲、胡犬切

鉿 yù 可以句鼎耳及鑪炭从金谷聲、一曰銅屑讀若浴、余足切

yìng	jiān	dìng	dēng	jí	yè	chǎn	lú	xuàn
鎣	鐵	錠	鐙	鏶	鍱	鏟	鑪	鏇

鎣：器也、从金熒省聲、讀若銑、烏定切

鐵：鐵器也、一曰鏶也、从金韱聲、臣鉉等曰今俗作尖非是子廉切

錠：鐙也、从金定聲、丁定切 臣鉉等曰錠中置燭故謂之鐙今俗別作燈非是都滕切

鐙：錠也、从金登聲、都滕切

鏶：鍱也、从金集聲、秦入切 鏶或从咠

鍱：鏶也、从金葉聲、齊謂之鍱、與涉切

鏟：鏶也、一曰平鐵从金產聲、初限切

鑪：方鑪也、从金盧聲、臣鉉等曰今俗別作爐非是洛胡切

鏇：圜鑪也、从金旋聲、辭戀切

tí	lǔ	kòu	cuò	yǔ	yǐ	chā	shù	zhēn	pī
鏡	鑪	釦	錯	鋙	錡	鍤	鉥	鍼	鈹

鏡 器也、从金虎聲、杜分切

鑪 煎膠器也、从金盧聲、郎古切

釦 金飾器口、从金从口口亦聲、苦厚切

錯 金涂也、从金昔聲、倉各切

鋙 鉏鋙也、从金御聲、魚舉切 銽 鋙或从吾

錡 鉏鋙也、从金奇聲、江淮之間謂釜曰錡、魚綺切

鍤 郭衣鍼也、从金臿聲、楚洽切

鉥 綦鍼也、从金术聲、食聿切

鍼 所以縫也、从金咸聲、職深切 臣鉉等曰今俗作針非是

鈹 大鍼也、一曰劍如刀裝者、从金皮聲、敷羈切

shā 鎩
鈹有鐔也、从金、殺聲、所拜切

niǔ 鈕
印鼻也、从金、丑聲、女久切
古文鈕、从玉、

qiōng 銎
斤釜穿也、从金、巩聲、曲恭切

zī 鈭
鈭錍釜也、从金、此聲、即移切

bēi 錍
鈭錍也、从金、卑聲、府移切

zàn 鏨
小鑿也、从金、从斬、斬亦聲、藏濫切

juān 鐫
穿木鐫也、从金、雋聲、一曰琢石也、讀若瀸、子全切

záo 鑿
穿木也、从金、糳省聲、在各切

xiān 銛
鍤屬、从金、舌聲、讀若棪、桑欽讀若鐮、息廉切

chén 鈂
臿屬、从金、冘聲、直深切

guǐ	piě	jiǎn	jué	qián	duò	pō	tóng	chú	bēi
鑴	鎩	錢	钁	鈐	鏅	鏺	銅	鉏	鑼

鑴 䰣屬、从金危聲、一曰瑩鐵也、讀若跛行、過委切

鎩 河內謂䰣頭金也、从金徹聲、芳滅切

錢 銚也、古田器、从金戔聲、詩曰庤乃錢鎛、即淺切又、昨先切

钁 大鉏也、从金矍聲、居縛切

鈐 鈐鏅、大犂也、一曰類耜、从金今聲、巨淹切

鏅 鈐鏅也、从金隋聲、徒果切

鏺 兩刃木柄可以刈艸、从金發聲、讀若撥、普活切

銅 䰣屬、从金同聲、徒冬切

鉏 立薅所用也、从金且聲、士魚切

鑼 䰣屬、从金罷聲、讀若嬀、彼為切

lián	qiè	zhāo	zhì	zhèn	chān	zhé	qián	dì	jù
鎌	鍥	銚	銍	鎮	鈂	鈃	鉗	鈦	鋸

鎌、鍥也、从金兼聲、力鹽切

鍥、鎌也、从金契聲、苦結切

銚、大鐵也、从金召聲鎌謂之銚、張徹說、止搖切

銍、穫禾短鎌也、从金至聲、陟栗切

鎮、博壓也、从金眞聲、陟刃切

鈂、鐵銚也、从金冘聲、陟葉切

鈃、鈃也、从金占聲、一曰膏車鐵鈃、敕淹切

鉗、以鐵有所劫束也、从金甘聲、巨淹切

鈦、鐵鉗也、从金大聲、特計切

鋸、槍唐也、从金居聲、居御切

鑯 zān 可以綴著物者、从金朁聲、則參切

錐 zhuī 銳也、从金隹聲、職追切

鑱 chán 銳也、从金毚聲、士銜切

銳 ruì 芒也、从金兌聲、以芮切 籀文銳从厂剡

鏝 màn 鐵杇也、从金曼聲、母官切 鏝或从木、臣鉉等案木部已有此重出

鑽 zuàn 所以穿也、从金贊聲、借官切

鑢 lǜ 錯銅鐵也、从金慮聲、良據切

銓 quán 衡也、从金全聲、此緣切

銖 zhū 權十分黍之重也、从金朱聲、市朱切

锊 lüè 鍰十铢二十五分之十三也、从金寽聲、周禮曰、重三锊、

鍰 huán 鍰、锊也、从金爰聲、罰書曰、列百鍰、戶關切

錙 zī 六铢也、从金甾聲、側持切

錘 chuí 八铢也、从金垂聲、直垂切

鈞 jūn 三十斤也、从金勻聲、居勻切 銞 古文鈞、从旬

鈀 bā 兵車也、一曰鐵也、司馬法、晨夜內鈀車、从金巴聲、伯加切

鐲 zhuó 鉦也、从金蜀聲、軍法、司馬執鐲、直角切

鈴 líng 令丁也、从金从令、令亦聲、郎丁切

zhēng	náo	duó	bó	yōng	zhōng	fāng
鉦	鐃	鐸	鎛	鏞	鐘	鈁

鉦、鐃也、似鈴、柄中上下通、从金、正聲、諸盈切

鐃、小鉦也、軍法、卒長執鐃、从金、堯聲、女交切

鐸、大鈴也、軍法、五人為伍、五伍為兩、兩司馬執鐸、从金、睪聲、徒洛切

鎛、大鐘、淳于之屬、所以應鐘磬也、堵以二金、樂則鼓鎛、應之、从金、薄聲、匹各切

鏞、大鐘謂之鏞、从金、庸聲、余封切

鐘、樂鐘也、秋分之音、物穜成、从金、童聲、古者垂作鐘、職茸切

鍾、鐘或从甬、

鈁、方鐘也、从金、方聲、府民切

bó	huáng	chēng	cōng	zhēng	tāng	qìng	xín	mò
鎛	鍠	鎗	鏦	鉦	鏜	鏗	鐔	鏌

鎛 鎛鱗也、鐘上橫木上金華也、一曰田器、从金尃聲、詩曰庤乃錢鎛、補各切

鍠 鐘聲也、从金皇聲、詩曰鐘鼓鍠鍠、乎光切

鎗 鐘聲也、从金倉聲、楚庚切

鏦 鎗鏦也、从金從聲、倉紅切

鉦 鐃也、似鈴柄中上下通、从金正聲、一曰大鏧平木者、从金恩聲、

鏜 鐘鼓之聲、从金堂聲、詩曰擊鼓其鏜、上郎切

鏗 金聲也、从金輕聲、讀若春秋傳曰鏗而乘它車、苦定切

鐔 劍鼻也、从金覃聲、徐鍇曰劍鼻人握處之下也、徐林切

鏌 鏌釾也、从金莫聲、慕各切

yé	biāo	sà	chán	yǔn	shī	cōng	tán	fēng
釾	鏢	鈒	鋋	銳	鉈	鏦	錟	鏠

鋣 鏌釾也、从金牙聲、以遮切

鏢 刀削末銅也、从金票聲、撫招切

鈒 鋋也、从金及聲、穌合切

鋋 小矛也、从金延聲、市連切

銳 侍臣所執兵也、从金允聲、周書曰一人冕執銳、讀若允、余準切

鈶 短矛也、从金它聲、食遮切
鏤 鈶或从豕、

鏦 矛也、从金從聲、七恭切、臣鉉等曰今音楚江切

錟 長矛也、从金炎聲、讀若老聃、徒甘切

鏠 兵耑也、从金逢聲、敷容切

duì	zùn	liú	hóu	dí	kǎi	hàn	yā	xiá	jiàn
錞	鐏	鏐	鍭	鏑	鎧	釬	錏	鍜	鐧

錞 矛戟柲下銅鐏也、從金臺聲、詩曰叴矛沃錞、徒對切

鐏 柲下銅也、從金尊聲、徂寸切

鏐 弩眉也、一曰黃金之美者從金翏聲、力幽切

鍭 矢金鏃翦羽謂之鍭、從金矦聲、乎鉤切

鏑 矢鏠也、從金啻聲、都歷切

鎧 甲也、從金豈聲、苦亥切

釬 臂鎧也、從金干聲、矦旰切

錏 錏鍜頸鎧也、從金亞聲、烏牙切

鍜 錏鍜也、從金叚聲、乎加切

鐧 車軸鐵也、從金閒聲、古莧切

釭 gāng 車轂中鐵也。从金工聲。古雙切

錔 shì 車樘結也。一曰銅生五色也。从金折聲。讀若誓。時制切

釳 xì 乘輿馬頭上防釳，插以翟尾鐵翮象角，所以防網羅釳去之。从金气聲。許訖切

鑾 luán 人君乘車四馬鑣八鑾鈴象鸞鳥聲和則敬也。从金从鸞省。洛官切

鉞 huì 車鑾聲也。从金戉聲。詩曰，鑾聲鉞鉞。臣鉉等曰，今俗作鐬，以鉞作斧戉之戉，非是。呼會切

鍚 yáng 馬頭飾也。从金昜聲。詩曰，鉤膺鏤鍚。一曰鍱車輪鐵。臣鉉等曰，今經典作鍚與章切

xián	biāo	jié	fū	diào	zhì	láng	dāng	méi	wěi
銜	鑣	釳	鈇	釣	銴	鋃	鐺	鋂	鍡

銜 馬勒口中、从金从行、銜行馬者也、戶監切

鑣 馬銜也、从金麃聲、補嬌切 鑣或从角

釳 乘輿馬頭上防釳角也、从金劫省聲讀若劫、居怯切

鈇 莝斫刀也、从金夫聲、甫無切

釣 鉤魚也、从金勺聲、多嘯切

銴 羊箠耑有鐵、从金埶聲讀若至、脂利切

鋃 鋃鐺瑣也、从金良聲、魯當切

鐺 鋃鐺也、从金當聲、都郎切

鋂 大瑣也、一環貫二者、从金每聲、詩曰、盧重鋂、莫桮切

鍡 鍡鑸不平也、从金畏聲、烏賄切

lěi	xì	pū	quān	chāo	tà	guā	luò	zhǎn	zú
鑘	鏭	鋪	鑴	鈔	鐺	錕	鉻	鐆	鏃

鑘也、从金壘聲、洛猥切

鑘也、从金氣聲、許旣切

箸門鋪首也、从金甫聲、普胡切

怒戰也、从金氣聲、春秋傳曰、諸侯敵王所鑴、許旣切

所以鉤門戶樞也、一曰治門戶器也、从金巽聲、此緣切

叉取也、从金少聲、別作抄、楚交切

以金有所冒也、从金沓聲、他荅切

斷也、从金昏聲、古活切

鬍也、从金各聲、盧各切

伐擊也、从金亶聲、旨善切

利也、从金族聲、作木切

| jué | shòu | liú | mín | jù | táng | tí | é | duī |

鈌 刺也、从金、夬聲、於決切

鏉 利也、从金、欶聲、所右切

鎦 殺也、徐鍇曰、說文無劉字、偏㫄有之、此字又史傳所不見、疑此即劉字也、从金、从卯、刀字屈曲傳寫誤作田尔、力求切

鐇 業也、賈人占鐇、从金、昏聲、武巾切

鉅 大剛也、从金、巨聲、其呂切

鏜 鏜鍗火齊、从金、唐聲、徒郎切

鍗 鏜鍗也、从金、弟聲、杜兮切

銽 咶圜也、从金、化聲、五禾切

錞 金下垂也、一曰千斤椎、从金、敦聲、都回切

róu	táo	dùn	qí	nèi		qú	míng	suǒ	tián
鍒	錭	鈍	鈰	錗		鑺	銘	鎖	鈿

鍒 鐵之耎也、从金从柔、柔亦聲、耳由切

錭 鈍也、从金周聲、徒刀切

鈍 錭也、从金屯聲、徒困切

鈰 利也、从金市聲、讀若齊、徂奚切

錗 側意、从金委聲、女恚切

文一百九十七 重十三

鑺 兵器也、从金瞿聲、其俱切

銘 記也、从金名聲、莫經切

鎖 鐵鎖門鍵也、从金貨聲、穌果切

鈿 金華也、从金田聲、待秊切

釧 臂環也、从金、川聲、尺絹切

釵 笄屬、从金叉聲、本只作叉、此字後人所加、楚佳切

鈹 裂也、从金、爪、普擊切

文七 新附

开 jiān

开 平也、象二干對構上平也、凡开之屬皆从开、开、徐鉉曰亻象物平、無音義、也、古賢切

文一

勺 zhuó

勺 挹取也、象形、中有實、與包同意、凡勺之屬皆从勺、若切

与 yǔ

与 賜予也、一勺爲与、此与與同、余呂切

几 jǐ

几 踞几也、象形、周禮五几、玉几、雕几、彤几、鬃几、素几、凡几之屬皆從几、居履切

凭 píng

凭 依几也、從任几、周書凭玉几、讀若馮、臣鉉等曰人所依馮几、皮冰切

尻 jū

尻 處也、從尸得几而止、孝經曰仲尼尻尻謂閒居如此、九魚切

処 chǔ

処 止也、得几而止、從几從夊、
𡘊 処或從虍聲

昌與切

文四 重二

且 jū

且 薦也、從几足有二横、一其下地也、凡且之屬皆從且、

zǔ 俎 禮俎也、從半肉在且上、側呂切
zù 虘 且往也、從且虍聲、昨誤切

文三

jīn 斤 斫木也、象形、凡斤之屬皆從斤、舉欣切
fǔ 斧 斫也、從斤父聲、方矩切
qiāng 斨 方銎斧也、從斤爿聲、詩曰、又缺我斨、七羊切
zhuó 斫 擊也、從斤石聲、之若切
qú 斪 斫也、從斤句聲、其俱切
zhú 斸 斫也、從斤屬聲、陟玉切

斲 zhuó 斫也、从斤𣂑、斤以斲之竹角切、𪗨斲或从畫从丮、

釿 yǐn 劑斷也、从斤金、宜引切

所 suǒ 伐木聲也、从斤戶聲、詩曰伐木所所、疏舉切

斯 sī 析也、从斤其聲、詩曰斧以斯之、息移切

斮 zhuó 斬也、从斤昔聲、側略切

斷 duàn 截也、从斤𢇍、𢇍古文絕、徒玩切、𠸿古文斷、从𠭘、𠭘古文叀字、周書曰𠸿𠸿猗無他技、𠧢亦古文

斤 jīn 斫擊也、从斤艮聲、來可切

新 xīn 取木也、从斤新聲、息鄰切

所 yín 二斤也、从二斤、語斤切

斗 dǒu
斛 hú
斝 jiǎ
料 liào
斞 yǔ
斡 wò
魁 kuí

文十五　重三

斗 十升也、象形、有柄、凡斗之屬皆从斗、當口切

斛 十斗也、从斗角聲、胡谷切

斝 玉爵也、夏曰琖、殷曰斝、周曰爵、从吅从斗冂象形、與爵同意、或說斝受六升、古雅切

料 量也、从斗米在其中、讀若遼、洛蕭切

斞 量也、从斗臾聲、周禮曰、桼三斞、以主切

斡 蠡柄也、从斗倝聲、楊雄杜林說皆以為軺車輪幹、烏切

魁 羹斗也、从斗鬼聲、苦回切

jiào	zhēn	xié	jū	bàn	pāng	juàn	dòu	tiāo
斠	斟	斜	斞	料	斸	䜌	斢	䉀

平斗斛也、从斗冓聲、古岳切

勺也、从斗甚聲、職深切

枴也、从斗余聲、讀若荼、似嗟切

抒也、从斗臾聲、擧朱切

量物分半也、从斗从半、半亦聲、博幔切

量溢也、从斗丂聲、普耶切

杼滿也、从斗䜌聲、切俱願

相易物俱等爲䜌、从斗蜀聲、切易六

斛旁有㔷、从斗厎聲、一曰突也、一曰利也、尔疋曰、㔷謂之錐、古田器也、臣鉉等曰、說文無厎字、疑厂象形、兆聲、今俗別作鏊、非是、士雕切

shēng
升 十龠也，从斗，亦象形。識蒸切

máo
矛 酋矛也，建於兵車，長二丈，象形。凡矛之屬皆从矛。莫浮切

𠐵 古文矛，从戈。

文十七

láng
䂕 矛屬，从矛，艮聲。魯當切

kài
䂒 矛屬，从矛，害聲。苦蓋切

zé
䂙 矛屬，从矛，昔聲，讀若笮。士革切

jīn
矜 矛柄也，从矛，今聲。居陵切 又 巨巾切

niǔ
䂔 刺也，从矛，丑聲。女久切

文六 重一

車 輿輪之總名,夏后時奚仲所造,象形,凡車之屬皆从車,尺遮切

軒 曲輈藩車,从車干聲,虛言切

輜 輜車前衣車後也,从車甾聲,側持切

軿 輜車也,从車幷聲,薄丁切

輬 臥車也,从車京聲,呂張切

輼 臥車也,从車昷聲,烏魂切

軺 小車也,从車召聲,以招切

輕 輕車也,从車巠聲,去盈切

輶 輕車也,从車酋聲,詩曰輶車鑾鑣,以周切

輣 péng　兵車也、从車朋聲、薄庚切

軘 tún　兵車也、从車屯聲、徒魂切

幢 chōng　陷敶車也、从車童聲、尺容切

轈 cháo　兵高車加巢以望敵也、从車、巢聲、春秋傳曰楚子登轈車、鉏交切

輿 yú　車輿也、从車舁聲、以諸切

輯 jí　車和輯也、从車咠聲、秦入切

轋 màn　衣車蓋也、从車曼聲、莫半切

軓 fàn　車軾前也、从車凡聲、周禮曰立當前軓、音範

軾 shì　車前也、从車式聲、賞職切

輅 lù　車輅前橫木也、从車各聲、臣鉉等曰各非聲、洛故切

較 jué　車騎上曲銅也、从車爻聲、古岳切

軬 fǎn　車耳反出也、从車从反反亦聲、府遠切

轛 zhuì　車橫輅也、从車對聲、周禮曰參分軹圍去一、以爲轛圍、追萃切

輢 yǐ　車旁也、从車奇聲、於綺切

輒 zhé　車兩輢也、从車耴聲、陟葉切

軜 chūn　車約軜也、从車川聲、周禮曰孤乘夏軜、一曰下棺車、曰軜、敕倫切

轖 sè　車籍交錯也、从車嗇聲、所力切

líng	yǐn	zhěn	bú	mǐn	zhóu	fù	rèn	róu
軨	輑	軫	轐	轙	軸	輹	軔	輮

輮 車軔也、从車、柔聲、人九切

軔 礙車也、从車、刃聲、而振切

輹 車軸縛也、从車、复聲、易曰輿脫輹、芳六切

軸 持輪也、从車、由聲、徐鍇曰常從胄省、直六切

轙 車伏兔下革也、从車、慶聲、慶古昏字、讀若閔、眉殞切

轐 車伏兔也、从車、業聲、周禮曰、加軫與轐焉、博木切

軫 車後橫木也、从車、㐱聲、之忍切

輑 軨車前橫木也、从車、君聲、讀若帬、又讀若褌、牛尹切

軨 車轔間橫木、从車、令聲、郎丁切 轜 軨或从霝、司馬相如說、

qióng 䡣 車軨規也、一曰、一輪車、从車熒省聲、讀若榮、張營切

gǔ 轂 輻所湊也、从車殼聲、古祿切

gǔn 輥 轂齊等皃、从車昆聲、周禮曰、望其轂欲其輥、古本切

qí 軝 長轂之軝也、以朱約之、从車氏聲、詩曰、約軝錯衡、渠支切 軝 軝或从革

zhǐ 軹 車輪小穿也、从車只聲、諸氏切

wèi 軎 車軸耑也、从車、象形、杜林說、徐鍇曰、指事于歲切 轊 軎或从彗、

fú 輻 輪轑也、从車畐聲、方六切

lǎo 轑 蓋弓也、一曰輻也、从車尞聲、盧皓切

軝 車軝也、从車大聲、特計切

輨 轂端沓也、从車官聲、古滿切

轅 輈也、从車袁聲、雨元切

輈 轅也、从車舟聲、張流切

軥 車轅耑持衡者、从車具聲、居玉切 輈籀文輈

軎 車軸耑也、从車象形、魚厥切

軏 車轅前也、从車元聲、魚厥切

軶 轅前也、从車厄聲、於革切

輑 轅軥也、从車軍聲、乎昆切

輨 軥下曲者、从車句聲、古候切

轙 車衡載轡者、从車義聲、魚綺切 鑣 轙或从金从獻

軜 軝馬內轡繫軾前者、从車内聲、詩曰：𣪊以觼軜、奴荅切

衜 衜車搖也、从車从行、一曰衍省聲、古絢切

𨎌 𨎌車後登也、从車丞聲、讀若易抍馬之抍、署陵切

載 載乘也、从車𢦏聲、作代切

軍 軍圜圍也、四千人爲軍、从車从包省、軍兵車也、舉云切

軷 軷出將有事於道、必先告其神立壇四通樹茅以依神、爲軷、旣祭軷轢於牲而行、爲範軷、詩曰：取羝以軷、从車犮聲、蒲撥切

範 範軷也、从車笵省聲、讀與犯同、音犯

轓 轓載高皃、从車獻省聲、五葛切

xiá	zhuǎn	shū	zhōu	bèi	yà	niǎn	lì	guǐ	zōng
轄	轉	輸	輖	輩	軋	輾	轢	軌	蹤

轄 車聲也、从車害聲、一曰轄鍵也、胡八切

轉 運也、从車專聲、知戀切

輸 委輸也、从車俞聲、式朱切

輖 重也、从車周聲、職流切

輩 若軍發車百兩為一輩、从車非聲、補妹切

軋 輾也、从車乙聲、烏轄切

輾 輾也、从車展聲、尼展切

轢 車所踐也、从車樂聲、郎擊切

軌 車徹也、从車九聲、居洧切

蹤 車迹也、从車從省聲、臣鉉等曰今俗別作蹤非是即容切

軼 車相出也、从車失聲、夷質切

輑 車轖鉉也、从車眞聲讀若論語鏗尔舍瑟而作文讀若䩔、苦閑切

輊 抵也、从車埶聲、陟利切

軭 車戾也、从車匡聲、巨王切

輟 車小缺復合者从車叕聲、臣鉉等按、网部輟與、𦈢同此重出陟劣切

䡔 礙也、从車多聲、康禮切

轚 車轄相擊也、从車从毄毄亦聲周禮曰舟輿擊互者、古歷切

篹 治車軸也、从車算聲、所眷切

kě	kēng	rǒng	lún	quán	ní	dǐ	zhēn	fén
軻	殸	軵	輪	輇	輗	軧	輹	轒

軻 接軸車也、從車可聲、康我切

殸 車堅也、從車殸聲、口莖切

軵 反推車令有所付也、從車從付讀若胥、而隴切

輪 有輻曰輪、無輻曰軨、從車侖聲、力屯切

輇 蕃車下庳輪也、一曰無輻也、從車全聲讀若饌、市緣切 輲 輇或從叀

輗 大車轅耑持衡者、從車兒聲、五雞切

軧 大車後也、從車氐聲、丁體切 槐 軧或從木

輭 大車簀也、從車奏聲讀若臻、側詵切

轒 淮陽名車穹隆轒、從車賁聲、符分切

說文解字 第十四上 車

一一九二

輐 yuān 大車後壓也、从車宛聲、於云切

輂 jú 大車駕馬也、从車共聲、居玉切

𨎌 chái 連車也、一曰卻車抵堂為𨎌、从車差省聲、讀若遲、皆士切

輦 niǎn 輓車也、从車扶在車前引之、力展切

輓 wǎn 引之也、从車免聲、無遠切

軖 kuáng 紡車也、从車㞷聲、讀若狂、巨王切

輠 huàn 車裂人也、从車瞏聲、春秋傳曰、輠諸栗門、臣鉉等曰、瞏渠營切、非聲當从還、省胡慣切

斬 zhǎn 截也、从車从斤、斬法車裂也、側減切

輀 喪車也、从車而聲、如之切

輔 人頰車也、从車甫聲、扶雨切

轟 羣車聲也、从三車、呼宏切

文九十九 重八

輓 車名、从車屛聲、士限切

轏 車聲、从車孨聲

轥 車迹也、从車徹省聲本通用徹後人所加、直剡切

文三 新附

𠂤 小𨸏也、象形、凡𨸏之屬皆从𨸏、臣鉉等曰今俗作堆、都回切

𨸏 危高也、从𨸏中聲讀若臬、魚列切

官_{guān} 吏事君也从宀、从𠂤𠂤猶眾也此與師同意古九切

文三

說文解字弟十四上

李承緒篆
黎永椿校
陳慶修覆校
陳昌治校刊

說文解字弟十四下

漢太尉祭酒許慎記

宋右散騎常侍徐鉉等校定

㠯文

㠯 大陸山無石者象形凡㠯之屬皆从㠯房九切

陵 大陸也从㠯夌聲力膺切

隉 大㠯也从㠯綠聲胡本切

阞 地理也从㠯力聲盧則切

陰 闇也水之南山之北也从㠯侌聲於今切

陽 高明也从㠯昜聲與章切

lù 陸	ē 阿	bēi 陂	bǎn 阪	zōu 陬	yú 隅	xiǎn 險	xiàn 限	zǔ 阻	duì 隗

陸 高平地、从𨸏从坴、坴亦聲、力竹切 𨽰 籀文陸、

阿 大陵也、一曰曲𨸏也、从𨸏可聲、烏何切

陂 阪也、一曰沱也、从𨸏皮聲、彼為切

阪 坡者曰阪、一曰澤障、一曰山脅也、从𨸏反聲、府遠切

陬 阪隅也、从𨸏取聲、子侯切

隅 陬也、从𨸏禺聲、噳俱切

險 阻難也、从𨸏僉聲、虛檢切

限 阻也、一曰門榍、从𨸏艮聲、乎簡切

阻 險也、从𨸏且聲、側呂切

隗 陮隗高也、从𨸏鬼聲、都罪切

隗 wěi　隗也。从𨸏鬼聲。五罪切

阢 yǔn　高也。一曰石也。从𨸏允聲。余準切

陒 lěi　阠也。从𨸏厽聲。洛猥切

陗 qiào　陖也。从𨸏肖聲。七笑切

陖 jùn　阠高也。从𨸏夋聲。私閏切

隥 dèng　仰也。从𨸏登聲。都鄧切

陋 lòu　阸陝也。从𨸏㔷聲。盧候切

陝 xiá　隘也。从𨸏夾聲。臣鉉等曰今俗從山非是。侯夾切

陟 zhì　登也。从𨸏从步。竹力切　𨽰　古文陟。

陷 xiàn　高下也。一曰陊也。从𨸏从臽臽亦聲。戶猪切

隰 xí 阪下溼也、从𨸏㬎聲、似入切

隁 qū 㟃𡾰也、从𨸏區聲、崎嶇非是、豈俱切、臣鉉等曰今俗作

隤 tuí 下隊也、从𨸏貴聲、杜回切

隊 zhuì 從高隊也、从𨸏㒸聲、徒對切

降 jiàng 下也、从𨸏夅聲、古巷切

隕 yǔn 從高下也、从𨸏員聲、易曰有隕自天、于敏切

隉 niè 危也、从𨸏从毀省、徐巡以爲隉凶也、賈侍中說隉法度也、班固說不安也、周書曰邦之阢隉、讀若虹蜺之蜺、五結切

陊 zhì 小崩也、从𨸏也聲、丈尒切

說文解字 第十四下 𨸏

huī
隓 敗城𨸏曰隓、从𨸏、𢀔聲。臣鉉等曰、說文無𢀔字、蓋二左也、眾力左之故从二左、今俗作隳、非是。許規切 𡐦 篆文。

qīng
䧚 仄也、从𨸏、頃、頃亦聲。去營切

duò
陊 落也、从𨸏、多聲。隓、臣鉉等曰、今俗作。徒果切

kēng
阬 門也、从𨸏、亢聲。客庚切臣鉉等曰、今俗作坑、非是。

dú
隫 通溝也、从𨸏、賣聲、讀若瀆。徒谷切 𡾰 𨹔古文隫从谷。

fáng
防 隄也、从𨸏、方聲。符方切 堏 防或从土。

dī
隄 唐也、从𨸏、是聲。都兮切

zhǐ
阯 基也、从𨸏、止聲。諸市切 址 阯或从土。

xíng
陘 山絕坎也、从𨸏、巠聲。戶經切

bù	dǐ	wù	yǎn	è	gé	zhàng	yǐn	ào
附	阺	阢	陭	陀	隔	障	隱	隩

附 附婁小土山也、从𨸏付聲、春秋傳曰、附婁無松柏、符又切

阺 秦謂陵阪曰阺、从𨸏氏聲、丁禮切

阢 石山戴土也、从𨸏从兀兀亦聲、五忽切

陭 崖也、从𨸏奇聲、讀若儀、魚羈切

陀 塞也、从𨸏尼聲、於革切

隔 障也、从𨸏鬲聲、古覈切

障 隔也、从𨸏章聲、之亮切

隱 蔽也、从𨸏㥯聲、於謹切

隩 水隈崖也、从𨸏奧聲、烏到切

隈 wēi 水曲隩也从𨸏畏聲、烏恢切

𨽟 qiǎn 𨽟𡄾小塊也从𨸏與臣鉉等曰𡄾古文衍字去衍切

嶰 xiè 水衡官谷也从𨸏解聲一曰小谿也、胡買切

隴 lǒng 天水大阪也从𨸏龍聲、力鍾切

阺 yī 酒泉天依阪也从𨸏衣聲、於希切

陝 shǎn 弘農陝也古虢國王季之子所封也从𨸏夾聲、失冉切

隢 wú 弘農陝東阪也从𨸏無聲、武扶切

陯 juǎn 河東安邑阪也从𨸏卷聲、居遠切

陭 yī 上黨陭氏阪也从𨸏奇聲、於离切

隃 shù 北陵西隃鴈門是也从𨸏俞聲、傷遇切

阮 代郡五阮關也、从𨸏元聲、虞遠切

陋 大𨸏也、一曰右扶風鄠有陋𨸏、从𨸏告聲、苦浃切

陊 𨸏也、从𨸏武聲、方遇切 陗盈

隕 𨸏名、从𨸏貞聲、

阠 𨸏名、从𨸏丁聲、讀若丁、當經切

隒 𨸏名、从𨸏冟聲、

陼 鄭地阪、从𨸏爲聲、春秋傳曰、將會鄭伯于隒、許爲切 當古

陳 如渚者、陼𨸏水中高者也从𨸏者聲、當古切

陳 宛𨸏、舜後嬀滿之所封、从𨸏从木申聲、臣鉉等曰陳者大昊之虛、直珍切 古文陳、

陶 再成𨸏也、在濟陰、从𨸏匋聲、夏書曰東至于陶𨸏、陶畫八卦之所木德之始故从木、

說文解字 第十四下 自

zhào 隉 㠪有堯城堯嘗所居、故堯號陶唐氏、徒刀切

yán 䧢 耕以臿浚出下壚土也、一曰耕休田也、从𨸏从土召聲、

chú 除 殿陛也、从𨸏余聲、直魚切

jiē 階 陛也、从𨸏皆聲、古諧切

zuò 阼 主階也、从𨸏乍聲、昨誤切

bì 陛 升高階也、从𨸏坒聲、旁禮切

gāi 陔 階次也、从𨸏亥聲、古哀切

jì 際 壁會也、从𨸏祭聲、子例切

隙 xì 壁際孔也、从𨸏从㕿、㕿亦聲、綺戟切

陪 péi 重土也、一曰滿也、从𨸏音聲、薄回切

隊 zhuàn 道邊庫垣也、从𨸏豪聲、徒玩切

陾 réng 築牆聲也、从𨸏耎聲、詩云捄之陾陾、如乘切

陴 pí 城上女牆俾倪也、从𨸏卑聲、符支切 𦤙 籒文陴从𩫏

隍 huáng 城池也、有水曰池、無水曰隍、从𨸏皇聲、易曰城復于隍、乎光切

阹 qū 依山谷爲牛馬圈也、从𨸏去聲、去魚切

陲 chuí 危也、从𨸏垂聲、是爲切

隝 wǔ 小障也、一曰庳城也、从𨸏鳥聲、安古切

yuàn 院

堅也、从𨸏完聲、臣鉉等校曰、部已有此重出、王眷切

lún 陯

山𨸏陷也、从𨸏侖聲、盧昆切

chún 陙

水𨸏也、从𨸏辰聲、食倫切

jiàn 陵

水𨸏也、从𨸏戔聲、慈衍切

文九十二　重九

xìn 阠

陵名、从𨸏卂聲、所臻切

qiān 阡

路、東西爲陌、南北爲阡、从𨸏千聲、倉先切

文二　新附

fù 𨺅

兩𨸏之閒也、从二𨸏凡𨺅之屬皆从𨺅、房九切

jué 䦯

𨸏𥥈也、从𨺅决省聲、於決切

ài
歸 陋也、从𨸏𡍮聲𡍮籒文嗌字、烏懈切、隊籒文歸从𣪠

suì
𨺻 塞上亭守熢火者、从𨸏从火遂聲、徐醉切、𨽙篆文省、

文四　重二

lěi
𠱻 絫坺土爲牆壁象形、凡𠱻之屬皆从𠱻、力軌切

lěi
絫 增也、从厽从糸、𠱻十黍之重也、力軌切

lěi
垒 絫墼也、从厽从土、力軌切

文三

sì
四 陰數也、象四分之形、凡四之屬皆从四、息利切 𑀏古文四、𩁤籒文四、

文四　重三

宁 zhù

宁 辨積物也、象形。凡宁之屬皆从宁。直呂切

甾 zhǔ

甾 帱也、所以載盛米、从宁从甾，甾、缶也。陟呂切

文一 重二

叕 zhuó

叕 合箸也、从叕从糸。陟劣切

綴 zhuì

綴 聯也、象形。凡叕之屬皆从叕。陟劣切

文二

亞 yà

亞 醜也、象人局背之形、賈侍中說以爲次弟也。凡亞之屬皆从亞。衣駕切

誣 yà

誣 闕。衣駕切

五 wǔ

X 五行也、从二、陰陽在天地閒交午也、凡五之屬皆从五、臣鉉等曰、二、天地也、疑古切、

文一 重一

X 古文五省、

六 liù

中 易之數陰變於六正於八、从八、从八、凡六之屬皆从八、

文一

六、力竹切、

七 qī

亢 陽之正也、从一、微陰從中衺出也、凡七之屬皆从七、

親吉切、

文一

九 jiǔ

九 陽之變也、象其屈曲究盡之形、凡九之屬皆從九、舉有切

馗 kuí

馗 九達道也、似龜背故謂之馗、馗高也、從九從首、渠追切

逵 馗或從辵從坴、

文二 重一

禸 róu

禸 獸足蹂地也、象形、九聲、尒足曰狐貍貛貉醜其足蹞其迹厹、凡厹之屬皆從厹、人九切

蹂 篆文从足柔聲、

禽 qín

禽 走獸總名、從厹象形、今聲、禽离兕頭相似、巨今切

离 chī

离 山神獸也、從禽頭從厹從屮、歐陽喬說离猛獸也、臣鉉等曰從屮義無所取疑象形、呂支切

萬 蟲也、从厹、象形、無販切

禹 蟲也、从厹、象形、王矩切
禼 古文禹

𥜽 周成王時州靡國獻𥜽人身反踵自笑笑即上脣掩其目、食人、北方謂之土螻、尔疋云、𥜽𥜽如人被髮、一名梟陽、从厹、象形、符未切

离 蟲也、从厹、象形、讀與偰同、私列切
离 古文离

禸 獸迹也、象耳頭足厹地之形、古文𥜽下从厹、凡禸之屬皆从禸、許救切

文七　重三

獸 守備者从嘼从犬、舒救切

甲 jiǎ

甲 東方之孟、陽气萌動、从木戴孚甲之象、一曰人頭宓爲甲、甲象人頭、凡甲之屬皆从甲。古狎切 古文甲、始於十見於千成於木之象、

乙 yǐ

文一 重一

乙 象春艸木冤曲而出、陰气尚彊、其出乙乙也、與丨同意、乙承甲象人頸、凡乙之屬皆从乙。於筆切

文二

乾 qián

乾 上出也、从乙、乙物之達也、倝聲。渠焉切 又古寒切 籒文乾

亂 luàn

亂 治也、从乙、乙治之也、从𤔔。郎段切

尤 yóu

𠃬 異也。从乙又聲。徐鍇曰：乙欲出而見閡見閡則顯其尤異也。羽求切

文四 重一

丙 bǐng

丙 位南方、萬物成炳然、陰气初起、陽气將虧、从一入冂、一者陽也。丙承乙象人肩。凡丙之屬皆从丙。徐鍇曰：陽功成入於冂、冂門也。天地陰陽之門也。兵永切

文一

丁 dīng

个 夏時萬物皆丁實象形、丁承丙、象人心。凡丁之屬皆从丁、當經切

文一

戊 wù

戊 中宫也。象六甲五龍相拘絞也、戊承丁、象人脅。凡戊

chéng 成

就也、从戊丁聲、莫候切

𢦤 古文成、从午、徐鍇曰、戊中宮、成於中也、

文二 重一

jǐ 己

中宮也、象萬物辟藏詘形也、己承戊象人腹、凡己之屬皆从己、居擬切

𠧬 古文己、

jǐn 巹

謹身有所承也、从己丞、讀若詩云赤舄己己、居隱切

jì 㠱

長踞也、从己其聲、讀若杞、暨己切

文三 重一

bā 巴

蟲也、或曰食象蛇、象形、凡巴之屬皆从巴、徐鍇曰、一、所吞也、指事、伯加切

bǎ
𦜇 搤擊也、从巴肅闕、博下切

文二

gēng
庚 位西方、象秋時萬物庚庚有實也、庚承己、象人齎凡庚之屬皆从庚、古行切

文一

xīn
辛 秋時萬物成而孰、金剛味辛、辛痛即泣出、从一、从䇂、䇂辠也、辛承庚、象人股、凡辛之屬皆从辛、息隣切

zuì
辠 犯法也、从辛从自、言辠人蹙鼻苦辛之憂、秦以辠似皇字、改為罪、臣鉉等曰、自古者囚為鼻字、故从自、徂賄切

gū
辜 辠也、从辛古聲、古乎切

𦍛 古文辜从死、

xuē 辥

辥 辠也、从辛𡴎聲、私列切

cí 辭

辭 不受也、从辛从受、受辛宜辭之、似兹切

cí 辞

辞 訟也、从𠻜、𠻜猶理辜也、𠻜理也、似兹切 𤔲 籀文辭从司

文六 重三

biǎn 辡

辡 辠人相與訟也、从二辛、凡辡之屬皆从辡、方免切

biàn 辯

辯 治也、从言在辡之間、符蹇切

文二

rén 壬

壬 位北方也、陰極陽生、故易曰龍戰于野、戰者接也、象

癸 guǐ

冬時水土平、可揆度也、象水從四方流入地中之形、癸承壬、象人足凡癸之屬皆从癸、居誄切

※ 籒文从癸从矢、

子 zǐ

十一月陽氣動萬物滋人以為偁、象形、凡子之屬皆从子、李陽冰曰子在襁褓中足併也、即里切

※ 古文子从巛、象髮也、

※ 籒文子囟有髮、臂脛在几上也、

文一 重一

人裹妊之形、承亥壬以子生之敘也、與巫同意壬承辛、象人脛脛任體也凡壬之屬皆从壬、如林切

文一

癸承壬、象人足凡癸之屬皆从癸、

八从矢、

文一 重一

孕 yùn 裹子也、从子、从几、徐鍇曰取象於裹妊也以證切

㝈 miǎn 生子免身也、从子从免、徐鍇曰說文無免字、疑此字從隸省以免身之義通用爲解免之免、晚冕之類皆當從隸省、芳萬切、臣鉉等曰今俗作亡辯切

字 zì 乳也、从子在宀下、子亦聲、疾置切

㝅 gòu 乳也、从子、殻聲、一曰殻豰也、古候切

孿 luán 一乳兩子也、从子、䜌聲、生患切

嬬 rú 乳子也、一曰輸也、輸何小也、从子、需聲、而遇切

季 jì 少偁也、从子、從稚省、稚亦聲、居悸切

孟 mèng 長也、从子、皿聲、莫更切 古文孟

孽 niè 庶子也、从子、辥聲、魚列切

zī 孳
gū 孤
cún 存
jiào 孝
yí 疑
liǎo 了
jié 孑
jué 孒

孳 汲汲生也、从子茲聲、子之切 籀文孳从絲、

孤 無父也、从子瓜聲、古乎切

存 恤問也、从子才聲、徂尊切

孝 善事父母者、从老省从子、子承老也、呼教切

疑 惑也、从子止匕矢聲、徐鍇曰止不通也、矣古矢字、反匕之幼子多惑也、語其切

文十五 重四

了 尦也、从子無臂、象形、凡了之屬皆从了、盧鳥切

孑 無右臂也、从了乁象形、居傑切

孒 無左臂也、从了𠄌象形、居月切

文三

孨 謹也。从三子。凡孨之屬皆从孨。讀若翦。旨兗切

屚 盛皃。从孨从日。讀若薿薿。一曰若存。臣鉉等曰、屋也、七連切 魚紀切

𥄎 盛皃。从孨从日。讀若薿薿。一曰若存。魚紀切 𥄎籀文

孨从二子。一曰㵸即奇字簪。

文三 重一

𠦒 不順忽出也。从到子。易曰、突如其來如、不孝子突出、不容於內也。凡𠦒之屬皆从𠦒。他骨切

文子、即易突字

𠫓 或从到古文子、亦㪅之、況𠫓不順者乎、余六切

育 養子使作善也。从𠫓肉聲。虞書曰、敎育子。徐鍇曰、𠫓不順子也。

毓 育或从每。

疏 shū

𣥂 通也、从㐬从疋、疋亦聲、所菹切

文三 重二

丑 chǒu
丑 紐也、十二月萬物動用事、象手之形、時加丑、亦舉手時也、凡丑之屬皆从丑、敕九切

羞 niǔ
𦣻 食肉也、从丑从肉、女久切

羞 xiū
羞 進獻也、从羊、羊所進也、从丑、丑亦聲、息流切

文三

寅 yín
寅 髕也、正月陽气動去黃泉欲上出、陰尙彊、象宀不達、髕寅於下也、凡寅之屬皆从寅、徐鍇曰髕斥之意、人於是所以擯陽气銳而出上閡於宀也、弋眞切 𡩟 古文寅

mǎo 卯

卯冒也、二月萬物冒地而出、象開門之形、故二月為天門、凡卯之屬皆從卯、莫飽切 非古文卯、

文一 重一

chén 辰

辰震也、三月陽气動、靁電振、民農時也、物皆生、從乙匕、象芒達厂聲也、辰房星、天時也、從二、二古文上字、凡辰之屬皆從辰、也徐鍇曰匕音化乙艸木萌初出曲卷也臣鉉等曰三月陽气成艸木生上徹於土故從匕、厂非聲、疑亦象物之出植鄰切 𠨷古文辰、

文一 重一

rǔ 辱

辱恥也、從寸在辰下、失耕時於封畺上戮之也、辰者農之時也、故房星為辰、田候也、而蜀切

巳 sì

巳也、四月陽气巳出、陰气巳藏、萬物見成文章、故巳為蛇、象形。凡巳之屬皆从巳。詳里切

文二　重一

㠯 yǐ

用也、从反巳。賈侍中說、巳意巳實也、象形。羊止切

文二

午 wǔ

啎也、五月陰气午逆陽、冒地而出、此予矢同意。凡午之屬皆从午。疑古切

啎 wǔ

逆也、从午、吾聲。五故切

文二

未 wèi

味也、六月滋味也、五行木老於未、象木重枝葉也。凡

未之屬皆从未。無沸切

shēn
申

申 神也。七月陰气成體自申束。从臼自持也。吏臣餔時聽事。申旦政也。凡申之屬皆从申。失人切 𢑚 古文申

yìn
𢑚 籒文申。

𢍘 擊小鼓引樂聲也。从申柬聲。羊晉切

yú
臾

臾 束縛捽抴為臾。从申从乙。臣鉉等曰乙屈也羊朱切

yè
曳

曳 臾曳也。从申丿聲。余制切

文四 重二

yǒu
酉

酉 就也。八月黍成可為酎酒。象古文酉之形。凡酉之屬

酒 jiǔ

皆从酉、與久切
酉爲秋門、萬物已入一閉門象也、
酉爲春門、萬物已出、
就也、所以就人性之善惡、从水从酉、酉亦聲、一曰造也、吉凶所造也、古者儀狄作酒醪、禹嘗之而美遂疏儀狄、杜康作秫酒、子酉切

醿 méng
籀生衣也、从酉冡聲、莫紅切

醓 yín
孰籀也、从酉岂聲、余箴切

釀 niàng
醞也、作酒曰釀、从酉襄聲、女亮切

醞 yùn
釀也、从酉昷聲、於問切

酓 fàn
酒疾孰也、从酉弁聲、芳萬切

zhòu	rǔ	chún	láo	lǐ	lì	juān	shī	tú
酎	醹	醇	醪	醴	醨	酮	釃	酴

酴 酒母也、从酉余聲、讀若盧、同都切

釃 下酒也、一曰醇也、从酉麗聲、所綺切

酮 醨酒也、从酉昌聲、古玄切

醨 薄酒也、从酉离聲、郎擊切

醴 酒一宿孰也、从酉豊聲、盧啟切

醪 汁滓酒也、从酉翏聲、魯刀切

醇 不澆酒也、从酉臺聲、常倫切

醹 厚酒也、从酉需聲、詩曰酒醴惟醹、而主切

酎 三重醇酒也、从酉从時省、明堂月令曰孟秋天子飲酎、除柳切

àng	nóng	róng	gū	zhī	làn	gǎn	kù	dàn	pò
醠	醲	醅	酤	醳	醶	䤁	酷	醰	酺

醠 濁酒也、从酉盎聲、烏浪切

醲 厚酒也、从酉農聲、女容切

醅 酒也、从酉茸聲、而容切

酤 一宿酒也、一曰買酒也、从酉古聲、古乎切

醳 酒也、从酉睪省聲、陟离切

醶 酒味淫也、从酉監聲、盧瞰切

䤁 泛齊行酒也、从酉贛省聲、讀若春秋傳曰美而豔、古禫切

酷 酒味厚也、从酉告聲、苦沃切

醰 酒味苦也、从酉覃聲、徒紺切

酺 酒色也、从酉市聲、普活切

pèi	yì	zhǎn	zhuó	jiào	jǐn	yìn	chóu	zuó	mì
配	酏	醆	酌	醮	醋	酳	醻	醋	醯

配 酒色也。从酉己聲。臣鉉等曰己非聲。當从妃省。滂佩切

酏 酒也。从酉也聲。與謄切

醆 爵也。一曰酒濁而微清也。从酉戔聲。阻限切

酌 盛酒行觴也。从酉勺聲。之若切

醮 冠娶禮祭。从酉焦聲。子肖切 禚 醮或从示。

醋 歠酒也。从酉昔聲。子朕切

酳 少少歠也。从酉匀聲。余刃切

醻 主人進客也。从酉罶聲。市流切 𨡔 醻或从州。

醋 客酌主人也。从酉昔聲。在各切臣鉉等曰今俗作倉故切

醯 歠酒俱盡也。从酉㒸聲。迷必切

jiào	hān	dān	yù	jù	pú	pēi	zuì
醮	酣	酖	醧	醵	酺	酹	醉

xūn
醺

醮 歠酒盡也、从酉嚼省聲、子肖切

酣 酒樂也、从甘甘亦聲、胡甘切

酖 樂酒也、从酉尤聲、丁含切

醧 私宴歙也、从酉區聲、依倨切

醵 會歙酒也、从酉豦聲、其虐切 醵或从巨、

酺 王德布大歙酒也、从酉甫聲、薄乎切

酹 醉飽也、从酉音聲、匹回切

醉 卒也、卒其度量不至於亂也、一曰潰也、从酉从卒、遂將切

醺 醉也、从酉熏聲、詩曰公尸來燕醺醺、許云切

醟 yòng 酗也、从酉熒省聲、爲命切

酗 xù 醉醟也、从酉句聲、香遇切

醒 chéng 病酒也、一曰醉而覺也、从酉呈聲、直貞切

醫 yī 治病工也、殹惡姿也、醫之性然得酒而使从酉王育說、一曰殹病聲酒所以治病也、周禮有醫酒古者巫彭初作醫、於其切

茜 sù 禮祭束茅加于祼圭而灌鬯酒是爲茜象神歆之也、一曰茜榼上塞也、从酉从艸、春秋傳曰、尔貢包茅不入王祭不供無以茜酒、所六切

醨 lí 薄酒也、从酉离聲、讀若離、呂支切

chǎn
醶 酢也、从酉、僉聲、初減切

suān
酸 酢也、从酉、夋聲、關東謂酢曰酸、素官切 𨣞 籀文酸从㽙

zài
𩫭 酢漿也、从酉、𢦏聲、徒奈切

yàn
䤃 酢𦞦也、从酉、僉聲、臣鉉等曰、醶非是、魚窆切

cù
酢 醶也、从酉、乍聲、倉故切 臣鉉等曰、今俗作在各切

yǐ
酏 黍酒也、从酉、也聲、一曰甜也、賈侍中說酏為鬻清、移尒切

jiàng
醬 鹽也、从肉、从酉、酒以和醬也、爿聲、即亮切 𦞦 古文 𤖕 籀文

hǎi	mú	tú	lèi	bì	jú	liáng	jiàn	rǎn
醢	薱	䤘	酹	醳	醮	醇	䜘	䡈

醢 肉牆也、从酉盍、臣鉉等曰盍亦器也、所以盛醢呼改切

薱 醢薱榆牆也、从酉孜聲、莫候切

䤘 薱薱也、从酉俞聲、田候切

酹 餟祭也、从酉守聲、郎外切

醳 擣榆牆也、从酉畢聲、蒲計切

醮 牆也、从酉芮聲、居律切

醇 雜味也、从酉京聲、力讓切

䜘 䜘闕、慈冉切

䡈 䡈闕、而琰切

文六十七 重八

luò	hú	mǐng	dǐng	xǐng	tí	qiú	zūn
酪	醐	酩	酊	醒	醍	酉(酋)	尊(樽)

酪
乳漿也、从酉
各聲盧
各切

醐
醍醐
酪之精者也
从酉胡聲戶吳切

酩
酩酊
醉也、从酉
名聲莫
迥切

酊
酩酊也
丁聲都
挺切

醒
醉解也、从酉星聲按醒字注云、一曰醉而覺也、則古醒亦音醒也、桑經切

醍
清酒也、从酉是聲它禮切

文六新附

酋
繹酒也、从酉水半見於上禮有大酋、掌酒官也、凡酋之屬皆从酋、字秋切

尊
酒器也、从酋廾以奉之周禮六尊、犧尊、象尊、著尊、壺

尊,太尊,山尊,以待祭祀賓客之禮。祖昆切。𢍜 尊或从寸。臣鉉等曰,今俗以尊作尊卑之尊,別作罇,非是。

文二 重一

戌 xū

戌,滅也。九月陽气微,萬物畢成,陽下入地也。五行土生於戌,盛於戌。从戊含一。凡戌之屬皆从戌。辛聿切。

文一

亥 hài

亥,荄也。十月微陽起,接盛陰。从二,二古文上字。一人男,一人女也。从乙,象褱子咳咳之形。春秋傳曰:亥有二首六身。凡亥之屬皆从亥。胡改切。𦫷 古文亥為豕,與豕同。亥而生子,復從一起。

文一　重一

說文解字弟十四下

李承緒篆
黎永椿校
陳慶修覆校
陳昌治校刊

說文解字弟十五上

漢　太　尉　祭　酒　許　愼　記

宋　右　散　騎　常　侍　徐　鉉　等　校定

古者庖犧氏之王天下也、仰則觀象於天、俯則觀法於地、視鳥獸之文與地之宜、近取諸身、遠取諸物、於是始作易八卦以垂憲象、及神農氏結繩爲治而統其事、庶業其繁、飾僞萌生、黃帝之史倉頡見鳥獸蹏迒之迹、知分理之可相別異也、初造書契、百工以乂、萬品以察、蓋取諸夬、夬揚于王庭、言文者宣教明化於王者朝廷、君子所以施祿及下、居德則忌也、倉頡之初作書、蓋依類象形、故謂之文、其後形聲相益、即謂之字、字者言孳乳而浸多也、著於竹帛謂之書、書者如也、以迄五帝三王之世、改易殊體、封于泰山者七十有二代、靡有同焉、周禮八歲入小學、保氏敎國子先以六書、一曰指事、指事者、視而可識、察而可見、上下是也、二曰象形、象形者、畫成其物、隨體詰詘、日月是也、三曰形聲、形聲者、以事爲名、取譬相成、江河是也、四曰會意、會意者、比類合誼、以見指撝、武信是也、五曰轉注、轉注者、建類一首、同意相受、考老是也、六曰假借、假借者、本無其字、依聲託事、令長是也、及宣王太史籒箸大篆十五篇、與古文或異、至孔子書六經、左上明述春秋傳、皆以古文、厥意可得而說、其後諸侯力政、不統於王、惡禮樂之害已而皆去其典籍、分爲七國、田疇異畮、車涂異軌、律令異法、衣冠異制、言語異聲、文字異形、秦始皇帝初兼天下、丞相李斯乃奏同之、罷其不與秦文合者、斯作倉頡篇、中車府令趙高作爰歷篇、太史令胡母敬作博學篇、皆取史籒大篆、或頗省改、所謂小篆者也、是時秦燒滅經書、滌除舊典、大發隸卒、興役戍官獄、職務繁初有隸書以趣約易、而古文由此絕矣、徐鍇曰、王僧虔云、秦獄吏程邈善大篆、得皐繫雲陽獄、增益大篆、去其繁複、始皇善之、出爲御史、名其書曰隸書、班固云、謂施之於徒隸也、即今之隸書、而無點畫俯仰之勢、自爾秦書有八體、一曰大篆、二曰小篆、三曰刻符、四曰蟲書、徐鍇曰案漢書注蟲書卽鳥書、以書幡信首象鳥形、即下云鳥蟲是也、中剖之字形半分理應別爲一屈曲塡密則秦璽文也子艮云漢高六年蕭何所定以題蒼龍白虎二闕羊欣何覃思累月然後題之體八觚隨其勢而書之

五日摹印、蕭子艮以刻符摹印合爲一體、徐錯以爲符者竹而子艮誤合之、

六日署書、徐錯曰、蕭子艮云署書

七日殳書、於殳也殳

八日隸書漢興有艸書徐錯曰案書傳多云張芷作艸、又云齊相杜探作據、說文則張芷之前已有矣、蕭子艮云藁書者董仲舒欲言災異、藁書藁者、艸之初也、史記上官奪屈原藁艸、今云漢興、有艸、知所言藁艸是創艸、非艸書也、尉律、漢律篇名、學僮

十七巳上始試諷籀書九千字乃得爲吏、又以八體試之、郡移太史并課、最者以爲尚書史、書或不正、輒擧劾之今雖有尉律不課、小學不修、莫達其說、久矣、孝宣時召通倉頡讀者、張敝從受之、凉州刺史杜業沛人爰禮講學大夫

秦近亦能言之、孝平時、徵禮等百餘人、令說文字未央廷中、以禮為小學元士、黃門侍郎楊雄采以作訓纂篇、凡倉頡已下十四篇、凡五千三百四十字、羣書所載略存之矣、及亡新居攝、使大司空甄豐等校文書之部、自以為應制作、頗改定古文、時有六書、一曰古文孔子壁中書也、二曰奇字即古文而異者也、三曰篆書即小篆秦始皇帝使下杜人程邈〈徐鍇曰李斯雖改史篇爲秦篆而程邈復同作也〉所作也、四曰佐書即秦隸書、五曰繆篆所以摹印也、六曰鳥蟲書、所以書幡信也、壁中書者魯恭王壞孔子宅而得禮記尙書春秋論語孝經、又北平矦張倉獻春秋左氏傳、郡國亦往往於山川

得鼎彝其銘即前代之古文皆自相似雖叵復見遠流其
詳可得略說也而世人大共非訾以為好奇者也故詭更
正文鄉壁虛造不可知之書變亂常行以燿於世諸生競
說字解經誼稱秦之隸書為倉頡時書云父子相傳何得
改易乃猥曰馬頭人為長人持十為斗虫者屈中也廷尉
說律至以字斷法苛人受錢苛之字止句也若此者甚眾
皆不合孔氏古文謬於史籀俗儒啚夫翫其所習蔽所希
聞不見通學未嘗觀字例之條怪舊埶而善野言以其所
知為祕妙究洞聖人之微恉又見倉頡篇中幼子承詔因
號古帝之所作也其辭有神儒之術焉其迷誤不諭豈不

悖哉、書曰予欲觀古人之象言必遵修舊文而不穿鑿孔
子曰、吾猶及史之闕文今亡也夫、蓋非其不知而不問人
用已私、是非無正、巧說衺辭使天下學者疑、蓋文字者經
藝之本王政之始、前人所以垂後後人所以識古故曰本
立而道生知天下之至賾而不可亂也今敘篆文合以古
籀博采通人至于小大信而有證稽譔其說將以理羣類、
解謬誤曉學者達神恉 徐鍇曰恉即意旨字、 分別部居不
相雜廁、徐鍇曰分部相 萬物咸覩靡不兼載厥誼不昭爰
　　　　　從自許始也、
明以諭其偁易孟氏書孔氏詩毛氏禮周官春秋左氏論
語孝經皆古文也其於所不知蓋闕如也、

説文解字弟一

一部一　上部二　示部三　三部四　王部五　玉部六　玨部七　气部八　士部九　丨部十　屮部十一　艸部十二

説文解字弟二

小部十五　八部十六　釆部十七　半部十八　牛部十九　犛部二十　告部二十一　口部二十二　凵部二十三　吅部二十四　哭部二十五　走部二十六　止部二十七　癶部二十八　步部二十九　此部三十　正部三十一　是部三十二　辵部三十三　彳部三十四　廴部三十五　延部三十六　行部三十七　齒部三十八　牙部三十九　足部四十　疋部四十一　品部四十二　龠部四十三　冊部四十四

說文解字弟三

品 部四十五	㗊 部四十六	舌 部四十七	干 部四十八
只 部五十一	㕯 部五十二	句 部五十三	丩 部五十四
古 部五十五	十 部五十六	卅 部五十七	言 部五十八
誩 部六十三	音 部六十四	䇂 部六十五	丵 部六十六
菐 部六十一	廾 部六十二	𠬜 部六十三	共 部六十四
異 部六十六	舁 部六十七	𦥑 部六十八	䢅 部六十九
爨 部六十九	革 部七十	鬲 部七十一	䰜 部七十二
爪 部七十三	丮 部七十四	鬥 部七十五	又 部七十六
𠂇 部七十七	史 部七十八	支 部七十九	𦘒 部八十
聿 部八十一	畫 部八十二	隶 部八十三	臤 部八十四
臣 部八十五	殳 部八十六	殺 部八十七	𠘧 部八十八
寸 部八十九	皮 部九十	㼱 部九十一	攴 部九十二

說文解字弟四

眉部九十八	目部九十九	明部一百	旬部一百一	盾部一百二	自部一百三
自部一百四	鼻部一百五	酉部一百六	首部一百七	羽部一百八	隹部一百九
雈部一百十	丫部一百十一	苜部一百十二	羊部一百十三	羴部一百十四	
瞿部一百十六	雔部一百十七	雥部一百十八	鳥部一百十九	烏部一百二十	華部一百二十一
冓部一百二十二	幺部一百二十三	㐫部一百二十四	叀部一百二十五	玄部一百二十六	予部一百二十七
放部一百二十八	受部一百二十九	𣦼部一百三十	歺部一百三十一	死部一百三十二	冎部一百三十三
骨部一百三十四	肉部一百三十五	筋部一百三十六	刀部一百三十七	刃部一百三十八	㓞部一百三十九

說文解字弟五

| 丰部一百四十 | 耒部一百四十一 | 角部一百四十二 |

麥	高	克	奰	品	肯	鼓	兮	亚	艸
部九十七	部一百十三	部八十五	部七十九	部七十三	部六十七	部六十一	部五十五	部四十九	部一百四十三
戈	㫰	夰	僉	一	貝	豈	号	甘	𦬼
部九十八	部一百十四	部八十六	部八十	部七十四	部六十八	部六十二	部五十六	部五十	部一百四十四
桒	畗	高	亼	冂	䜌	豆	丂	曰	木
部九十九	部一百十五	部八十七	部八十一	部七十五	部六十九	部六十三	部五十七	部五十一	部一百四十五
毉	㐭	冏	會	靑	𢍆	豐	旨	尺	屮
部一百	部九十四	部八十八	部八十二	部七十六	部七十	部六十四	部五十八	部五十二	部一百四十六
韋	嗇	京	倉	井	ㄩ	豐	喜	丂	工
部一百一	部九十五	部八十九	部八十三	部七十七	部七十一	部六十五	部五十九	部五十三	部一百四十七
桀	來	亯	入	𠭟	㐬	虍	壴	可	㠭
部一百二	部九十六	部九十	部八十四	部七十八	部七十二	部六十六	部六十	部五十四	部一百四十八

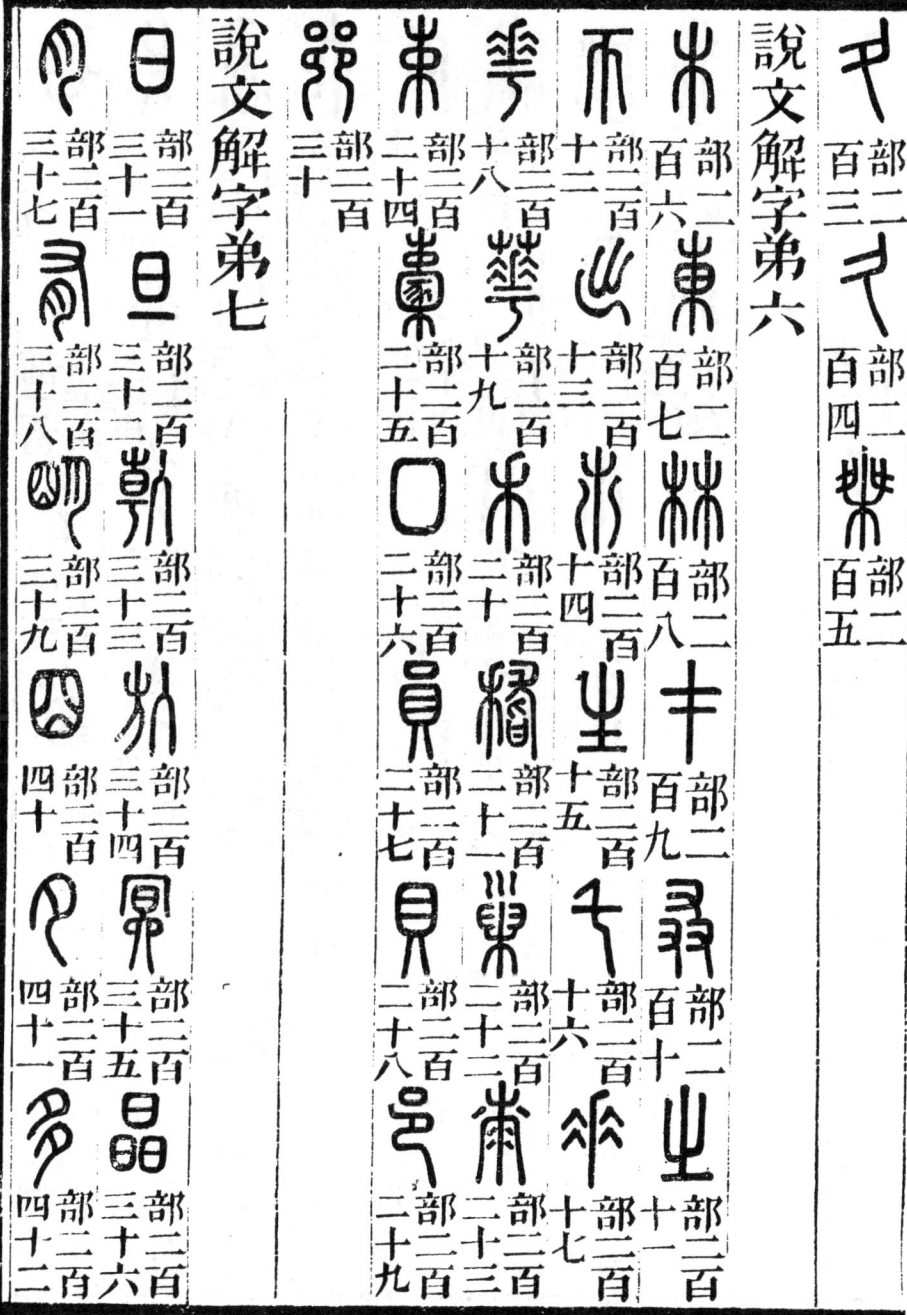

說文解字弟八

部首	部次
田	部四十三 二百
乙	部四十四 二百
秉	部四十五 二百
片	部四十四 二百
亯	部四十五 二百
鹵	部四十六 二百
鼎	部四十九 二百
㐭	部五十 二百
气	部四十七 二百
米	部五十一 二百
來	部五十二 二百
角	部四十八 二百
耑	部五十三 二百
黍	部五十四 二百
禾	部五十五 二百
瓦	部六十七 二百
麻	部六十三 二百
秝	部五十六 二百
㮂	部五十九 二百
弓	部五十七 二百
广	部七十三 二百
宀	部六十九 二百
朮	部六十四 二百
黍	部五十八 二百
白	部六十 二百
网	部七十四 二百
穴	部七十五 二百
尗	部六十五 二百
囟	部六十一 二百
㐬	部八十 二百
巾	部七十六 二百
宮	部七十 二百
月	部七十七 二百
朩	部六十六 二百
二	部六十二 二百
八	部八十七 二百
帛	部八十一 二百
呂	部七十一 二百
月	部七十七 二百
㒼	部六十八 二百
人	部八十八 二百
白	部八十四 二百
网	部七十八 二百
內	部七十二 二百
㣇	部八十九 二百
从	部九十 二百
比	部九十一 二百
水	部九十二 二百

丘 部二百九十三
㐺 部二百九十四
𡈼 部二百九十五
重 部二百九十六
臥 部二百九十七
身 部二百九十八

㐆 部二百九十九
衣 部三百
裘 部三百一
老 部三百二
毛 部三百三
毳 部三百四

尸 部三百五
尺 部三百六
尾 部三百七
履 部三百八
舟 部三百九
方 部三百十

儿 部三百十一
兄 部三百十二
兂 部三百十三
皃 部三百十四
𠑹 部三百十五
先 部三百十六

秃 部三百十七
見 部三百十八
覞 部三百十九
欠 部三百二十
㱃 部三百二十一
㳄 部三百二十二

旡 部三百二十三

說文解字弟九

頁 部三百二十四
𦣻 部三百二十五
面 部三百二十六
丏 部三百二十七
首 部三百二十八
県 部三百二十九

須 部三百三十
彡 部三百三十一
彣 部三百三十二
文 部三百三十三
髟 部三百三十四
后 部三百三十五

司 部三百三十六
卮 部三百三十七
卩 部三百三十八
印 部三百三十九
色 部三百四十
𠨍 部三百四十一

說文解字弟十

馬部三百七十	多部三百六十六	𠦪部三百四十二
𢊁部三百七十一	易部三百六十七	𠧪部三百四十三
鹿部三百七十二	象部三百六十八	東部三百四十五
麤部三百七十三	能部三百六十九	卥部三百四十七
㲋部三百七十四	𦏰部三百五十	鹵部三百四十八
兔部三百七十五	山部三百五十一	齊部三百四十九
莧部三百七十六	屾部三百五十二	朿部三百五十
犬部三百七十七	屵部三百五十三	
㹜部三百七十八	广部三百五十四	
鼠部三百七十九	厂部三百五十五	
火部三百八十	丸部三百五十六	
炎部三百八十一	危部三百五十七	
黑部三百八十二	石部三百五十八	
囱部三百八十三	長部三百五十九	
焱部三百八十四	勿部三百六十	
炙部三百八十五	冉部三百六十一	
赤部三百八十六	而部三百六十二	
大部三百八十七	豕部三百六十三	
亦部三百八十八	㣇部三百六十四	
夨部三百八十九	彑部三百六十五	
夭部三百九十		
交部三百九十一		
尢部三百九十二		
壺部三百九十三		

說文解字弟十一

文 部三百九十四 部三百九十五 部三百九十六 部三百九十七 部三百九十八 部三百九十九 部四百 部四百一 部四百二 部四百三 部四百四 部四百五 百六 部四百 百七 百八 部四百 百九

川 部四百十 部四百十一 部四百十二 部四百十三 部四百十四 部四百十五 部四百十六 部四百十七 部四百十八 部四百十九 部四百二十 部四百二十一
雨 部四百二十二
雲 部四百二十三
部四百二十四 二十五
部四百二十六
部四百二十七

說文解字弟十二

飛 部四百二十八
部四百二十九
部四百三十
部四百三十一
部四百三十二
部四百三十三
部四百三十四
部四百三十五
部四百三十六

說文解字弟十三

戶部三百四十七	虍部四百四十三	氏部四百四十九	叟部四百五十五	由部四百六十一
門部三百四十八	虎部四百四十四	氐部四百五十	夊部四百五十六	攵部四百六十二
耳部三百四十九	長部四百四十五	民部四百五十一	山部四百五十七	弓部四百六十三
匝部四百四十	儿部四百四十六	丿部四百五十二	乙部四百五十八	弘部四百六十四
瓦部四百四十一	半部四百四十二	成部四百五十三	厂部四百五十九	弦部四百六十五
戸部四百四十二	一部四百四十八	厶部四百五十四	匸部四百六十	系部四百六十六

糸部四百六十七	率部四百七十	它部四百七十三	黽部四百七十六	申部四百七十八
素部四百六十八	虫部四百七十一	龜部四百七十四	卵部四百七十七	
絲部四百六十九	蚰部四百七十二	二部四百七十五		

二部四百七十九	土部四百八十	垚部四百八十一	堇部四百八十二	里部四百八十三	田部四百八十四
田部四百八十五	黃部四百八十六	男部四百八十七	力部四百八十八	劦部四百八十九	

說文解字第十四

金部四百九十	幵部四百九十一	勺部四百九十二	几部四百九十三	且部四百九十四	斤部四百九十五
釆部四百九十六	車部四百九十七	𠂤部四百九十八	𨸏部四百九十九	𨺅部五百	厽部五百一
厶部五百二	四部五百三	宁部五百四	叕部五百五	亞部五百六	五部五百七
禸部五百八	九部五百九	厹部五百十	嘼部五百十一	甲部五百十二	乙部五百十三
𠂆部五百十四	𠂆部五百十五	个部五百十六	虎部五百十七	己部五百十八	巳部五百十九
甫部五百二十	平部五百二十一	辛部五百二十二	㐄部五百二十三	壬部五百二十四	癸部五百二十五
丁部五百二十六	屎部五百二十七	厽部五百二十八	寅部五百二十九	卯部五百三十	辰部五百三十一
戌部五百三十二	午部五百三十三	未部五百三十四	申部五百三十五	酉部五百三十六	戌部五百三十七
亥部五百三十九	文四十				

說文解字弟十五上

李承緒篆
黎永椿校
王國瑞覆校
陳昌治校刊

說文解字弟十五 下

漢　太　尉　祭　酒　許　愼　記
宋　右散騎常侍　徐鉉等校定

敍曰、此十四篇、五百四十部、九千三百五十三文重一千一百六十三、解說凡十三萬三千四百四十一字其建首也、立一為耑方以類聚物以羣分同條牽屬共理相貫雜而不越、據形系聯引而申之以究萬原畢終於亥、知化窮冥、于時大漢聖德熈明承天稽唐敷崇殷中遐邇被澤渥衍沛滂廣業甄微學士知方、探嘖索隱厥誼可傳粵在永元困頓之年、徐鍇曰漢和帝永元十二季歲在庚子也孟陬之月朔日甲申曾曾小子祖自炎神縉雲相黃共承高辛太岳佐夏呂叔作藩俾矦于許世祚遺靈自彼徂召宅此汝瀕竊卬景行敢涉聖門其弘如何節彼南山欲罷不能既竭愚才惜道之味聞疑載疑演贊其志次列微辭知此者稀儻昭所尤庶有達者理而董之　召陵萬歲里公乘艸莽臣沖稽首再拜上書皇帝陛下臣伏見陛下神明盛德承遵聖業上考度於天下流化於民先天而天不違後天而奉天時萬國咸寧神人以和猶復深惟五經之妙皆為漢制博采幽遠窮理盡性以至於命先帝詔侍中騎都尉賈逵修理舊文殊藝異術王敎一耑苟有可以加於國者靡不悉集易曰

窮神知化德之盛也書曰人之有能有為使羞其行而國其昌臣父故太尉南閣祭酒慎本從逵受古學蓋聖人不空作皆有依據今五經之道昭炳光明而文字者其本所由生自周禮漢律皆當學六書貫通其意恐巧說衺辭使學者疑慎博問通人考之於逵作說文解字六藝羣書之詁皆訓其意而天地鬼神山川艸木鳥獸蚰蟲雜物奇怪王制禮儀世閒人事莫不畢載凡十五萬三千四百四十一字慎前以詔書校東觀敎小黃門孟生李喜等以文字未定未奏上今慎已病遣臣齋詣闕慎又學孝經孔氏古文說古文孝經者孝昭帝時魯國三老所獻建武

時給事中議郎衞宏所校、皆口傳官無其說、謹撰具一篇、
幷上臣沖誠惶誠恐頓首頓首死皋死皋臣謹首再拜以
聞皇帝陛下、建光元年九月已亥朔二十日戊午上、徐鍇日徐鍇建
光元年、漢安帝之
十五年、歲在辛酉召上書者汝南許沖詣左掖門會令幷
齎所上書、十月十九日中黃門饒喜曰詔書賜召陵公乘
許沖布四十匹、即日受詔朱雀掖門、敕勿謝、
銀青光祿大夫守右散騎常侍上柱國東海縣開國子食
邑五百戶臣徐鉉奉直郎守祕書省著作郎直史館臣句
中正、翰林書學臣葛湍臣王惟恭等奉詔校定許愼說文
十四篇幷序目一篇、凡萬六百餘字、聖人之言蓋云備矣、

稽夫八卦既畫萬象既分則文字為之大輅載籍為之六轡先王教化所以行於百代及物之功與造化均不可忽也雖復五帝之後改易殊體六國之世文字異形然猶存篆籀之迹不失形類之本及暴秦苛政散隸聿興便於末俗人競師法古文既絶譌偽日滋至漢宣帝時始命諸儒修倉頡之法亦不能復故光武時馬援上疏論文字之譌謬其言詳矣及和帝時申命賈逵修理舊文於是許慎采史籀李斯楊雄之書博訪通人考之於逵作說文解字至安帝十五年始奏上之而隸書行之已久冒之益工加以行草八分紛然開出返以篆籀為奇怪之迹不復經心至

於六籍舊文、相承傳寫、多求便俗、漸失本原、爾雅所載艸木魚鳥之名、肆意增益不可觀矣、諸儒傳釋亦非精究小學之徒莫能矯正、唐大厤中、李陽冰篆迹殊絕、獨冠古今、自云斯翁之後直至小生、此言爲不妄矣、於是刊定說文修正筆法、學者師慕篆籀中興、然頗排斥許氏自爲臆說、夫以師心之見、破先儒之祖述、豈聖人之意乎、今之爲字學者、亦多從陽冰之新義、所謂貴耳賤目也、自唐末喪亂、經籍道息、皇宋膺運、二聖繼明、人文國典、粲然光被興崇學校、登進羣才、以爲文字者六藝之本、固當率由古法、乃詔取許愼說文解字、精加詳校、垂憲百代、臣等愚陋敢竭所聞、蓋篆書堙替、爲日已久、凡傳寫說文者皆非其人、故錯亂遺脫、不可盡究、今以集書正副本及羣臣家藏者備加詳考、有許愼注義序例中所載、而諸部不見者、審知漏落、悉從補錄、復有經典相承傳寫及時俗要用、而說文不載者、承詔皆附益之、以廣篆籒之路、亦皆形聲相從不違六書之義者、其開說文具有正體、而時俗譌變者、則其於注中、其有義理乖舛、違戾六書者、竝序列於後、俾夫學者無或致疑、大抵此書務援古以正今、不徇今而違古、若乃高文大冊、則宜以篆籀著之金石、至於常行簡牘、則艸隷足矣、又許愼注解、詞簡義奧、不可周知、陽冰之後、諸儒箋述、有可取者亦從附益、猶有未盡、則臣等粗爲訓釋以成一家之書、說文之時、未有反切、後人附益、互有異同、孫愐唐韻行之已久、今並以孫愐音切爲定、庶夫學者有所適從、食時而成、既異淮南之敏、縣金於市、曾非呂氏之精塵、瀆聖明、若臨冰谷、謹上、

新修字義

左文二十九、說文闕載注義及序例偏旁有之、今並錄於諸部、

顈璵	詔志件借	
薝檽緻	魅蓦别譽	
笑迓睆峯	酨趌	

左文二十八俗書譌謬不合六書之體

蠢字書所無不知所從無以下筆亦不見義無以下筆明堂䒳室易云定天下之蠢蠢當作娓个筆明堂左右个者也當作介暮本在艸中也以手進之芥捧本作奉從廾經典皆作介暮本作莫日在艸中也熟本作𦎫享芽捧從手丰聲經

遬本只作敕從攴人加辵出從放如此借其裝回寬衣也

腰本只作要玄要之要從𦥑從交象人要自臼之形後人加肉

欲說文欲也此欲字注云貪揀本只作柬八束之也後人加心

嗚說文嗚咽也從口烏聲案詞人高唱之詞作嗚呼案歎詞作烏呼吁呼也後人加口

迴本只作回轉也象回轉之形後人加辶

一十二字後人妄加偏傍失六書之義

作奉古為之奉祿後人不本其意乃造此字非皮革所為

轜賦序云漢武帝後庭之戲也本云千秋祝壽之詞為轜車非車馬之用

影案影者光景也非毛髪藻飾之類也合通用景

悅作說經典只

斌本或作份文質備也從文從武過為鄙淺復

非車馬之用影作從斌從貝者音頰亦於義無取

藝本只作埶

後人加艸云、䓝本作筥、說文陛處切經典用只
義無所取、也借為住筥後人從艸
野野亦音蘇禾切從衣
常句切䕿字本作褎柌之褎
之字當噴聲象形、借為褎柌之褎
通用噴學堂也從黃充耳也從糸續省此亦假借
經史所無說文無直部類可附䴢說文無續部
此三字皆無說文無直部類可附䴢聚也詩鹿䴢當用噓字
池沱之池當用沱
池池沼之池
沱江之別流也

篆文筆迹相承小異

尺尺本作𡳿古文及左𠀁不當引
尺尺筆下垂蓋前作筆勢如此後代因而不改、

攴攴說文不從木說文不省此二
人直作攵字、李斯刻石文如此後人因之

音從辛從口中畫字形茂美人皆效之
石如此上曲則字形茂美人皆效之

屬之形李斯筆迹
小變不言為異 元 說文冰乃云從開口形亦為胾說
陽冰乃云從開口形亦為胾說

說文從屮而垂下、於相出入也、從入此如六切說
文字從屮下垂當只作屮
文本作肉後人相承多一畫
之與月字相類
作李斯借爲有無之無廡
之廡本從亡李陽冰乃云不當加亡且蕃廡字從大從
無本從亡從林亦蕃多之義、或作䕛亦止於筆迹小異
卌數之積也何以得爲有無之無
若不加亡
說文作喬
斯筆迹小異、

說文解字弟十五下

銀青光祿大夫守右散騎常侍上柱國東海縣開國子食
邑五百戶臣徐鉉等伏奉聖旨校定許愼說文解字一部、
伏以振發人文、興崇古道、考遺編於魯壁、緝蠹簡於羽陵、

載穆皇風允符昌運伏惟應運統天睿文英武大聖至明
廣孝皇帝陛下凝神繫表降鑒機先聖靡不通思無不及
以為經籍既正憲章具明非文字無以見聖人之心非篆
籀無以究文字之義眷茲譌俗深憫皇慈爰命討論以垂
程式將懲宿弊宜屬通儒臣等寔媿護聞猥承之使徒窮
憤學豈副宸謨塵瀆冕旒冰炭交集其書十五卷以編袠
繁重每卷各分上下共三十卷謹詣東上閤門進上謹進

雍熙三年十一月　日翰林書學臣王惟恭臣葛湍等狀進

　　　　　奉直郎守祕書省著作郎直史館臣句中正

銀青光祿大夫守右散騎常侍上柱國東海縣開國子食邑五百戶臣徐鉉

中書門下牒徐鉉等

新校定說文解字

牒奉敕許慎說文起於東漢歷代傳寫譌謬實多,六書之
蹤無所取法若不重加刊正漸恐失其原流爰命儒學之
臣共詳篆籀之跡右散騎常侍徐鉉等深明舊史多識前
言果能商榷是非補正闕漏書成上奏克副朕心宜遣雕
鎪用廣流布自我朝之垂範俾永世以作程其書宜付史
館、仍令國子監雕為印版依九經書例許人納紙墨價錢
收贖兼委徐鉉等點檢書寫雕造無令差錯、致誤後人牒
至準敕故牒、

雍熙三年十一月　日牒

給事中叅知政事辛仲甫

給事中叅知政事呂蒙正

中書侍郎兼工部尚書平章事李昉

李承緒篆

黎永椿校

王國瑞覆校

陳昌治校刊

說文校字記

標目

只在向前誤倒　酌誤作百又酌彼力切誤作百博陌切

豊盧啟切盧誤虗　伞古懷切懷誤俟

弟一上

玉部瑑佩刀上飾上誤下

丨部中內也內誤而

弟一下

艸部蓋从艸从誤公　蕤从艸豩聲豩誤務　蒔時吏切
吏誤更

弟二上

牛部犅从牛剔剔亦聲脱一剔字又測愚切測誤側

口部嚨盧紅切盧誤虛　䛡讀若集脱若字

吅部嚻一曰窯嚻窒誤窯

走部趣从走叡聲叡誤叡

止部𣥂从又从誤以

弟二下

辵部達引詩曰挑兮達兮脱一兮字　逭逃也逃誤兆

迦古文邇誤作邐

彳部循詳遵切詳誤許

足部跟博蓋切博誤椋

弟三上

谷部㕢象形脫形字

弟三下

獼部㺬重文(𤠔)或从美㺬省誤作(𤠔)㺬省誤𤠜省又𤠜小

篆从羔从美誤作𤠜

弟四上

目部眮徒弄切徒誤徙　瞀莫候切侯誤矣　睼他計切

他誤也　看睎也也誤之

鼻部鼻父二切父誤入

羽部翰从羽倝聲倝誤幹　𤡮羽初生皃生誤三

隹部雖古侯切侯誤矦

羊部𦍧烏閑切烏誤鳥

鳥部鳳鸛頿鴛思頿誤鶏

弟四下

予部予余呂切呂誤臣

爰部爰讀若詩摽有梅摽誤標

奴部叡从奴从目从谷省誤作叡

筋部笏重文腱或从肉建脫肉字

角部觲鄉飲酒角也鄉誤饗

弟五上

竹部簧重文觼或从角从閒角誤竹 篦重文箋或从妾妄誤女 笒一曰箞籯也脱一字

弟五下

矢部矤語巳詞也巳誤以

䰜部厚重文㿝从后土土誤士

弟六上

木部榦从木軋聲軋誤榦 柅柅檷也枀誤黍 枈兵媚切兵誤上

弟六下

之部㞢下徐鍇曰妄生謂非所㞢生妄誤反

禾部積从禾从支只聲脫支字

口部囷去倫切去誤南

邑部䢼从邑䈞省聲䈞誤敲

弟七上

禾部穉引詩曰穉稺未麥穉誤種　穊几利切脫几字

稷齋也齋誤齌　稌春粟不潰也粟誤枲　糅从禾从米

庚聲誤作䅯　秬古黠切黠誤點　秋从禾䔬省聲䔬誤

䆈

米部粱从米梁省聲梁誤梁

弟七下

宀部穼从宀久聲久誤夂

广部瘞从广㘹聲㘹誤䃻

弟八上

人部佼下巧切巧誤功　僥与涉切涉誤步　何下臣鉉等曰今俗別作擔荷擔誤檐　𠊓魚怨切怨誤福　優一曰倡也胺一字　傳直戀切戀誤蠻　御其虐切虐誤虛

𠤎部攱引詩曰攱彼織女攱誤歧

衣部袞重文𧞧籀文袞从㱿衮誤表　袞下臣鉉等曰今俗作抱抱誤袍

弟八下

兜部兜从兒省兒象人頭也兒誤見

見部親从玉切力玉誤王問

欠部歙从欠鰥聲鰥誤穌

弟九上

頁部顱頏首骨也頏誤項　願大頭也大頭誤八頏

顥从頁咸聲咸誤感

彡部修息流切息誤鳥

鬼部魖从鬼犮聲犮誤友　魖引韓詩傳曰鄭交甫逢二

女魖服女誤久

厶部羑从厶从羊厶誤多

弟九下

山部屺引詩曰陟彼屺兮兮誤弓

屵部崖从屵圭聲屵誤戶

广部廅从广虘聲虘誤膚　庖薄交切薄誤簿

厂部厝七互切互誤亙　广桼謂之梋桼誤泰

石部磬象縣虡之形虡誤虍　䃗周禮有䃗蔟氏有上衍

日字蔟誤蔟

豕部豣三歲豕肩相及者及誤反

弟十上

馬部騽从馬軵聲軵誤幹　騇从馬鞠聲鞠誤鞠

犬部玃母猴也猴誤候　彀食母猴猴亦誤候

鼠部鼦皮可爲裘裘誤裏

火部閃从火門省聲門誤門　熬重文聲或从麥熬誤

熬　燦人久切久誤又　烕引詩曰褒似烕之烕誤滅

㷄从火㠯聲㠯誤㷄　新附字燦从火粲聲腕火字

黑部黕胡八切胡誤切　黬羔裘之縫裘誤文

弟十下

牵部圉从牵从口口誤曰

心部息从自自亦聲亦誤下　悟晤省聲晤誤宗　忯巨

支切攴誤文 憲从心丰聲丰誤悫 愙从心叔聲从誤

以 惼从心葡聲葡誤葡

弟十一上

水部灌水出廬江雩婁廬誤盧 瀅从水坙聲坙誤圭

澐江水大波謂之澐澐誤薄 溯皮冰切皮誤成 沒莫

勃切莫誤黃 礜側出泉也側誤例 染下裴光遠云根

茜之屬梳誤枕 萍从水荓荓誤草 新附字瀅巆省聲

灘誤瀅 瀦从水豬聲豬誤豬

弟十一下

仌部冫重文疑俗仌从疑仌誤水

雨部雪丈甲切丈誤文
魚部鮥从魚各聲各誤名　鮨徒哀切徒誤徙

弟十二上

至部鼙讀若摯摯誤摯
門部閉所以距門也以誤从　閱弋雪切雪誤垂
匜部厑重文瓩古文匜从戶厑誤瓩
手部揜从手弇聲金誤今　抍从手升聲丹誤升　拓之
石切之誤从　擂重文撟擂或从秀擂誤簥　擽引楚詞
曰朝擽批之木蘭木誤术　探他含切含誤合

弟十二下

女部嬴从女嬴省聲嬴誤嬴 敗引商書曰無有作姒姒
誤妞 頛引楚詞曰女頛之嬋媛嬋誤蟬 嫛从女兇聲
兇誤妃 孅銳細也銳誤兌 婍小小侵也也誤他 嫛
婍嫛也婍誤陰 姘引漢律曰見姘變不得侍祠不誤又
嫋下臣鉉等曰當从幽省幽誤嚻
誤投
戈部戛从戈从百百誤首又古黠切點誤點 𢦦殺也殺
亡部望从亡朢省聲朢誤望
齒部齔重文齓籀文廬廬誤廬
瓦部甗从瓦鬳聲从下衍反字 瓵瓮似瓴也瓮誤兌

弟十三上

糸部緒口皆切口誤曰　紙都兮切都誤節　絓一曰以囊絮練也曰誤口　纇從糸頪聲頪誤類　繀讀若捷捷誤撻　經從糸巠聲巠誤壬　縈一曰徽幟信也幟誤懺

絲重文絣絲或從辡絲誤緐

虫部蠕蠕蠃又引詩曰蠕蠃負之蠕竝誤蝠　蠕以冒鳴者以誤從　蟌從虫解聲從誤以

弟十三下

二部二從偶一脫一字

黃部歟一曰輕易人歟姁也人誤入

弟十四上

金部鑪洛胡切胡誤故　銳重文厹從厂剡銳誤

說 鏵一曰田器田誤曰　鐏柔戟柲下銅鐏也戟誤戟

鐧從金閒聲脫金字　新附字鈿待秊切秊誤季

斗部斝從吅從斗冂象形冂誤曰　斡從斗軐聲軐誤斡

斜引周禮曰泰三斜泰誤求　斟勺也勺誤勻

車部軝重文軹軝或從革軝誤軝

字　轉從車專聲車誤甫

弟十四下

自部隤讀若潰脫潰字

五部五下臣鉉等曰二天地也誤壘天字

辛部辛从一从辛辠也辛竝誤辛

子部子人以爲偁人誤入 㱿从子殸聲殸誤殻

弟十五上

自敘漢興有艸書下徐鍇曰案書傳多云張芝作艸芝誤

竝又今云漢興有艸興誤典 秦始皇帝使下杜人程邈

所作也邈誤之

旡部四十九向部五十誤倒 酉部一百六酉誤百

羊城西湖街
富文齋刊印

昌治重刊說文以陽湖孫氏所刊北宋本爲底本然孫氏欲傳古本故悉依舊式今欲尋求簡便改爲一篆一行不能復拘舊式每卷以徐氏銜名與許氏並列不復題奉敕之字徐氏新附字降一字寫之以見區別孫刻古本篆文及解說之字小有譌誤益北宋本如此孫氏傳刻古本固當仍而不改今則參校各本凡譌誤之顯然者皆已更正別爲校字記附於卷末昭其愼也其在疑似之閒者則不敢輕改也同治十二年閏六月番禺陳昌治謹識

馨	1227	鱻	154	厲	1178	钁	1175	鱲	953	癱	595
贛	498	鬭	156	蠱	1114	鑼	1173	讜	205	**三十畫**	
鼇	1120	顥	704	糶	485	鑷	1158	鸛	430	驫	785
爛	812	矙	262	纏	1077	饎	170	羼	1114	籠	364
灡	930	躓	161	纓	1072	鱢	955	鑾	1171	灓	215
灝	923	躍	159	纘	1067	竊	568	蠡	1114	鱺	951
灤	890	躅	1121	纏	1070	罎	1114	蹔	715	鸞	294
竈	1114	闉	973	**二十六畫**		讂	227	饗	403	鸞	227
盡	396	闕	972	蘆	721	讁	227	**二十八畫**		鸛	227
矚	294	歟	697	驪	776	讂	226	闋	230	**三十一畫**	
礬	227	黪	821	驥	776	**二十七畫**		圖	1116	鸛	225
礵	226	黵	823	驢	785	驎	783	驟	775	**三十二畫**	
鹽	384	籠	360	蘤	43	驦	777	蠱	1115	鑾	156
孅	1027	簽	371	蘸	73	驤	778	蠹	387	鑿	221
纏	1080	贊	363	輾	1186	圜	230	艦	390	籲	713
彎	261	鱖	803	釃	1226	韝	223	鑿	1162	闥	1207
釁	413	覺	689	觀	687	蘘	38	鱸	821	鱻	950
二十五畫		鐵	1160	鷹	821	蘿	36	鬱	401	驪	960
鬣	720	鏡	1165	鼊	1050	虂	49	欒	293	**三十三畫**	
鬢	719	鑲	1156	顳	707	轤	1189	戁	814	霩	960
鬚	721	饟	405	蠱	1117	鼉	1121	雕	303	爥	293
趲	121	鱔	952	齇	153	蠹	1114	蠱	1116	鱻	958
虀	78	鱉	294	醽	154	闠	973	钁	1163	麤	790
韉	224	艫	352	艦	389	黷	823	廬	789	**三十四畫**	
欑	474	讘	200	繫	569	戁	821	戀	857	靐	452
欏	464	講	195	鶴	296	鸆	295	**二十九畫**		**三十五畫**	
欖	474	調	200	躨	166	艫	301	驪	774	齾	155
爐	834	蠻	1110	鸞	305	瓣	300	夢	36	**三十六畫**	
霹	943	癰	567	鶵	302	蠡	936	鬱	482	龘	74
勵	1147	籲	170	篆	822	鑽	1165	醴	424	廬	790
黼	157	額	712	籟	363	鑛	1158	厫	936	鸞	227
壥	156	灞	909	釁	215	鰄	170	鱺	957	**三十九畫**	
齲	154	灠	959	驟	298	玃	769	讟	206	欘	220
齷	157	齋	590	黧	767	饡	405				

朧	329	璽	1058	聾	196	鱸	301	彎	329	鷺	299
臟	824	鞿	429	齜	154	雛	297	巒	529	蠵	1108
鱄	949	鞻	488	齰	155	斅	303	欒	909	顬	704
鰸	954	螢	1111	齝	155	徽	823	挛	998	巽	839
鱃	950	欒	565	覷	155	鑪	1165	變	248	邏	605
鰻	951	孿	1023	斷	157	鑼	1163	黻	693	籠	1121
鱟	959	繳	1091	辥	156	鏒	1155	孿	1182	籤	852
鰭	955	纑	1087	巇	574	鑠	1156	纕	1080	邊	363
鯆	948	變	212	虛	387	鑛	1172	**二十四畫**		闐	1211
鰡	952	戀	739	虆	391	鑇	938	隴	230	鴝	296
玃	794	彎	1058	齻	621	鷤	1121	鬥	230	鴬	296
鱭	349	孿	1218	矗	531	鱓	952	璿	18	蠹	1115
鯊	1114	彎	1030	曬	532	鱖	953	鹽	719	犨	292
䰙	1120			鶻	303	鱠	953	鬢	720	臭	274
讀	180	**二十三畫**		顯	713	鱓	953	鬢	719	蒙	300
謚	204	瓔	14	罐	1095	鱗	956	驟	781	議	304
謅	203	瓚	16	蠕	1101	鱒	948	赶	125	躃	300
裹	665	鼇	1122	蠱	1117	玃	800	衝	124	齰	1207
顫	712	鬢	723	蠰	1100	調	191	趨	123	衢	152
鴻	306	驥	775	蠿	173	鵃	296	鼇	384	鑄	1167
瘦	595	驛	784	闡	975	摩	1008	贛	223	鑪	1160
癰	598	驗	777	斅	824	廉	812	繭	47	鏡	1157
癬	596	驢	783	鬖	822	糜	562	蕺	41	覬	691
庝	788	趣	121	髖	321	癱	596	觀	688	玀	770
聾	978	趋	121	髕	321	屦	789	櫼	476	饞	403
龔	213	攣	990	轠	415	麟	787	顬	710	鱭	951
龏	1099	攪	997	罐	414	眷	199	臺	1115	鱷	956
襲	660	攬	1000	鑐		嬴	785	鹽	966	鰾	954
鵡	304	聻	978	攫	94	獨	1098	釀	1231	鱧	951
禽	548	戀	846	雞	283	瀾	921	醮	1229	鰾	956
驚	294	蕆	53	鶺	305	灡	927	釀	1225	鰲	950
樷	697	蓋	1114	簑	836	爞	733	礦	757	鱺	949
鶯	304	欌	470	籩	404	鵝	660	礴	758	蠡	791
爞	819	鱉	948	籲	367	襽	6	霞	942	離	349
灑	926	鷩	354	籤	358	襽		霾	292	謹	198
灒	927	酅	671	籤	363	巏	539	霹		讙	197
灕	891	鷟	247	籤	368	鷺	227	靁	947	讕	203
塞	850	鷩	821	籩	365	覆	1057	靂	1113	讚	180
(竊)	568	鸊	836	鷙	780	韃	429	韃	933	讒	201
覿	692	靂	733	鷳	803	鶺	300	鹹	155	讖	201
履	680	鷩	303	鷾	804	纓	1077	齲	154	讓	201
齬	227	鴪	298	齦	804	纒	1090	齬	157	鸂	303
蠱	1116	殲	318	齔	804	纖	1068	齵	154	癱	596
鸎		巍	732	齲	180	纔	1076	齩	155	廬	789
鸎	226	靁	941	儺	635	欒	445	鹼	967	廱	789

字	頁	字	頁	字	頁	字	頁	字	頁	字	頁
趯	120	齜	153	鑊	1158	灈	890	趲	121	鷓	303
趮	123	齝	157	鏞	1161	灡	920	趱	126	贕	499
遲	119	齟	157	鐺	1172	灑	787	聲	385	襲	665
鼙	384	齩	156	鐸	1167	灒	900	蕭	384	饗	408
馨	384	齦	155	鋼	1166	灘	887	歠	695	躓	164
攣	424	縣	260	鐔	1173	懾	868	鴛	304	躔	162
鷟	783	嚳	178	鏟	1159	懼	851	懿	835	囁	111
殼	306	顥	710	鰌	411	懴	860	覿	692	囀	305
轜	218	曩	530	鷸	303	爝	818	聽	977	邐	146
歡	694	朧	533	鶬	302	爤	812	彙	451	躣	385
藂	82	臍	161	鰈	406	燴	809	鷉	297	欏	616
蘁	81	躍	161	鎩	408	爠	818	轢	223	巖	740
藊	70	躔	160	鹽	404	鷙	304	蘿	60	甗	822
藶	41	纍	1081	臟	328	鵞	306	蘩	52	體	322
鶉	305	囂	172	鰱	950	覯	690	蘸	84	髑	320
權	445	齀	523	鰯	948	豐	577	蘼	71	儈	323
櫸	460	闉	969	鰥	949	癟	591	蘗	439	鑣	414
欐	461	闢	971	鰟	953	顧	708	蘿	57	穰	558
櫓	449	朧	1120	鰩	959	瀧	663	驚	782	穳	553
櫻	480	爐	739	鰆	957	襄	8	颱	805	籟	566
蠻	1099	黜	824	鰭	951	鶴	298	鵝	297	籟	369
纇	423	賜	821	鰜	950	屬	680	覷	690	籪	360
轟	1194	黔	824	鰠	948	羼	291	顪	507	籚	366
轛	1185	黯	821	鰍	948	囈	226	嫡	424	籠	365
甗	389	黷	824	饔	798	灤	1057	櫟	438	繁	936
覽	688	黩	321	艫	353	轠	428	鑒	1168	籩	154
醻	1228	髖	321	遴	133	鷎	296	櫟	1190	匾	805
醼	1227	髊	322	鷗	297	媼	1033	囊	491	儻	649
醺	1226	遴	139	讀	193	蠹	1115	禵	225	鰥	275
醸	1229	鄭	503	譺	192	續	1067	邐	138	驅	301
鄺	523	鑑	563	喜	205	欒	1065	鷟	300	驌	301
覡	373	犖	1191	廬	788	纏	1069	龏	542	驊	301
鱗	709	籔	361	(廯)	789	戀	732	鵪	294	驕	295
礁	714	篝	357	龐	744	二十二畫		牆	180	甕	162
飆	1118	劊	358	辯	1216	髒	722	爐	834	艫	682
殲	318	藩	360	囍	758	鬢	721	霞	943	蟹	824
霸	541	學	994	齌	497	驍	777	騪	947	鑄	1155
露	945	儺	628	顢	710	驊	776	霾	692	鑑	1157
霹	944	儷	639	齜	154	驔	785	靈	28	鐵	1154
霧	945	儸	629	顥	1066	驕	777	霆	945	鯀	170
播	575	儹	633	夔	429	騙	774	霽	945	領	706
齰	156	顮	712	醬	1232	驍	775	齬	157	龕	960
齦	156	驉	300	灂	877	攤	1009	曬	261	羅	412
齟	157	翟	147	灌	885	擾	992	甗	673	隱	406

驂	785	鷗	298	巍	735	鐈	1157	譣	184	襮	659
驊	784	爕	808	酁	519	鏫	1160	議	182	譬	181
遱	119	飄	1118	懨	614	鐍	1162	歔	419	彊	1057
趨	123	醵	1229	馘	824	鏾	1159	鏊	1174	肇	285
趫	120	醴	1226	黿	822	鏘	1161	廑	747	隮	1196
趣	122	醲	1227	黵	822	鐘	1167	廬	789	璧	574
趞	119	酸	1231	黥	824	鐏	1170	慶	787	孀	1025
撵	981	醫	411	髏	320	鐉	1173	廢	787	嬾	1024
攘	982	磺	760	鵑	295	鐙	1160	麀	788	嬿	1037
攙	1009	磔	755	臏	322	鍛	1163	瘵	601	糞	960
壤	1125	需	1020	犧	95	麃	573	辯	1069	鶩	300
擴	786	霸	943	犤	562	釋	90	龑	425	鵠	298
翱	279	鄂	506	籍	358	懇	845	龒	460	饗	406
馨	563	毳	674	籌	370	饒	407	競	206	響	207
鞠	57	齟	157	籃	362	饙	404	頯	712	鰲	1060
蘋	63	齦	154	籣	366	饐	408	魔	733	繻	1076
薔	527	齡	158	篡	1078	饋	406	贏	498	纁	1074
蘁	59	齜	155	譽	188	饑	408	齌	1097	纎	1079
蘙	779	骀	156	農	214	饎	207	齋	668	纈	1086
蔹	47	鹹	966	鄲	523	臚	323	蕭	206	繼	1067
蕭	59	獻	799	覺	691	朧	541	糕	567	斷	1179
蘭	40	瓿	1054	譽	97	騰	784	糧	566	**二十一畫**	
蕭	54	薛	391	胬	351	鰈	958	鵒	301	齧	156
襄	39	辭	621	敿	254	鰂	955	爓	816	蠢	1116
麋	41	黨	823	儻	632	鮹	955	灌	882	瓔	14
(蘫)	73	鶃	295	雙	93	鰒	955	瀚	925	瓊	24
蘆	58	嬰	292	獅	803	鲤	950	瀍	908	圜	230
鞭	219	瞻	260	舳	297	鰈	957	瀾	898	闟	230
蹦	1145	贍	502	蠱	1114	鮨	952	瀟	900	犘	1092
輆	776	賺	502	魋	732	鲌	949	渝	922	鬗	224
櫟	443	罌	413	魌	731	鰕	957	瀸	903	邇	761
歡	284	職	690	鶩	353	鰭	949	濤	897	鬚	719
櫳	461	闌	975	警	190	觸	351	瀼	929	鬖	490
櫪	478	闛	969	髓	1206	颺	1118	漢	919	驅	781
櫨	442	闡	971	巇	396	潦	827	潤	894	(驃)	775
櫨	457	闔	971	孿	573	潘	827	漢	884	驄	775
櫜	447	鷂	305	顠	716	護	188	懼	854	駟	776
櫬	479	躋	163	鏡	1167	誠	197	寶	580	驂	779
櫟	479	蠣	1111	鎮	1155	誤	192	寒	782	顛	707
麴	423	蠷	1109	鐔	1168	譴	201	寶	586	攝	984
轎	1185	豓	386	鐐	1154	譟	198	寞	590	擺	984
輳	1193	嚶	114	鐯	1165	譯	205	寢	591	攜	986
轖	1188	嚄	100	鏗	1170	讓	188	鴨	297	攔	995
聲	1191	髏	524	鐙	1159	謎	195	襺	668	趯	121

獷	764	蟺	1107	牘	549	劇	344	韻	207	轒	428
獳	764	蠨	1104	簪	1092	鄭	516	齏	392	轏	547
殰	315	贆	706	儳	643	鯕	958	贏	1101	韜	428
靐	942	嚴	117	䖂	302	鯫	953	羸	667	驚	773
靃	946	獸	1211	臌	299	鯨	958	蠃	290	孼	1218
鄙	515	覷	692	觬	302	鯢	952	齋	553	嬿	1019
辭	245	顗	710	觤	295	鯤	952	旟	537	嬾	1035
翽	278	幰	615	𬀩	274	鯛	958	襜	537	嬽	1022
齟	155	憓	618	繫	1085	鮨	953	顙	706	嬿	1022
齗	153	罼	609	魖	733	鯌	957	類	800	雡	282
齡	153	翿	277	懲	871	鮹	954	釋	565	顏	705
齠	805	䎱	608	懃	94	鯘	954	賴	706	鷔	781
礜	28	羃	922	懜	861	獵	801	鑒	1163	額	704
䉵	621	羆	806	額	716	獗	350	爆	812	歠	700
簹	1100	羅	607	肈	218	觶	352	爍	819	鶏	299
簠	266	辝	737	錯	1159	轙	353	瀇	895	戀	1075
矉	265	艩	320	鍬	1174	遼	144	瀟	902	纀	1092
鄭	521	鼃	1122	鏢	1169	譊	190	瀟	929	繮	1084
購	496	罋	402	鐺	1168	譆	194	瀨	905	繩	1082
賵	496	覸	691	鏤	1155	講	197	瀝	921	繰	1075
贈	497	犢	91	鏒	1165	譖	201	瀕	933	繬	1091
農	540	贊	497	鏓	1168	譚	197	瀘	929	繹	1064
疊	540	犧	92	縱	1169	譙	202	瀅	929	繾	1069
闚	973	毻	1113	鏽	1167	譒	188	漳	925	繪	1073
闥	973	穤	553	鏡	1157	譌	198	潤	926	戀	193
闖	974	犛	94	鏈	1160	識	183	滾	890	繸	1068
關	972	麩	862	鏑	1170	譜	196	瀏	884	繡	1073
閞	973	積	687	鏃	1173	譔	181	瀧	914	**二十畫**	
嚨	97	穦	554	鏇	1160	證	202	瀛	930	鶍	300
疇	1142	穧	556	鐯	1163	譎	199	瀣	393	瓏	17
蹯	167	籀	357	錫	1171	譏	192	懷	850	蘢	960
蹶	163	簸	373	鏟	1157	鄭	513	竀	582	鬓	721
蹻	160	簾	359	鏐	1170	䩸	229	竁	504	髯	722
蹴	161	簷	365	遹	145	廡	573	窺	579	鬆	721
蹸	167	簬	355	貋	768	靡	961	寵	580	髭	722
蹲	165	簽	356	覲	688	廬	745	襀	661	鬏	720
蹭	168	簺	371	辭	1216	癡	602	襦	665	驇	776
蹬	168	簾	360	離	284	龐	747	襞	675	騍	783
蠖	1095	籅	370	䉛	403	麒	788	襲	667	騊	780
蠓	1103	蕭	369	鐽	408	麗	789	襞	565	騌	785
蠣	1101	籔	368	餷	405	麖	789	縶	1086	騮	774
蠅	1121	闓	215	臘	330	辮	264	鵲	295	驕	784
蠍	1104	鬪	395	鶊	298	辦	575	轎	429	驁	778
蟋	1108	駱	803	爊	574	靠	212	轒	429	驛	786

鵑 301
皦 620
魋 711
歸 128
髆 724
衝 152
顓 716
顈 1084
鏌 1168
鎮 1164
鏈 1154
鎛 1168
鎖 1175
鎧 1170
鎎 1173
懖 860
鎼 1161
鎩 1162
鎗 1168
鎽 1169
鎦 1174
鎬 1158
鎕 1174
鎌 1164
鎔 1156
鴿 304
[illegible] 938
顛 708
翻 279
貙 768
[illegible] 768
雞 282
饁 405
饐 406
餾 403
餻 410
[illegible] 405
臑 326
鯁 956
[illegible] 950
[illegible] 951
鯉 949
[illegible] 953
鮸 954
鯀 949
鮷 953
鯇 952
[illegible] 1121
颺 1118
颶 1118
颸 1119
颼 1119
[illegible] 352
[illegible] 353
獵 798
繇 1061
雛 282
謹 183
謳 188
謶 191
謣 198
謯 190
謼 189
謱 192
謾 191
謫 201
[illegible] 202
譜 205
謸 196
謵 200
謬 198
謲 192
褻 658
鄾 523
[illegible] 766
[illegible] 849
廫 749
癑 599
離 282
麎 788
麔 788
瀨 941
濾 939
彌 841
辬 718
[illegible] 855
顏 703
[illegible] 842
齋 326
齌 811
旟 538
旛 539
旞 537
羴 291
羳 289
[illegible] 564
[illegible] 565
糧 566
[illegible] 564
顡 707
鵜 298
[illegible] 162
瞽 515
爗 816
燿 816
鄱 522
燊 572
鎣 1160
[illegible] 924
瀆 908
瀗 863
瀳 910
[illegible] 872
瀀 915
瀦 930
瀑 913
瀐 903
濼 886
[illegible] 916
瀏 896
瀌 916
瀋 924
[illegible] 226
[illegible] 375
竈 585
竄 588
竆 589
竅 586
禯 664
襗 662
襡 665
禬 661
襜 662
禱 8
禰 11
縈 873
璧 17
屩 681
韘 429
[illegible] 429
[illegible] 429
[illegible] 200
[illegible] 160
[illegible] 1094
[illegible] 341
隴 1202
嬻 1030
鞏 220
彝 1090
繞 1069
繐 1078
繚 1069
繢 1066
繟 1077
[illegible] 1085
繑 1079
繅 1071
繙 1068
繎 1068
織 1065
繕 1081
繜 1079
繒 1071
繦 1066
繘 1085
[illegible] 396
雔 283
邋 142

十九畫

瓃 20
瓅 26
贅 707
[illegible] 1092
檠 96
鬊 722
鬋 722
[illegible] 719
鬋 720
鬆 720
[illegible] 779
騠 785
騩 774
騣 786
颿 781
騢 774
騛 776
騤 780
騷 783
鼂 1121
趬 120
[illegible] 119
趫 119
[illegible] 124
[illegible] 124
攎 1006
攗 997
攘 981
鼛 385
鼗 384
[illegible] 382
鏊 1172
壞 1135
壚 1125
壠 1138
聸 976
鞾 224
鞴 222
鞵 219
鞹 217
[illegible] 220
[illegible] 221
蘀 68
蘜 54
藔 73
蘧 39
蘆 39
韓 430
藺 45
[illegible] 55
蘄 45
酆 518
勸 1148
蘋 50
蘇 37
警 187
譪 185
蘢 56
藼 40
顛 704
[illegible] 38
櫝 463
麓 482
櫌 464
櫑 466
櫍 480
櫟 446
櫓 472
蠡 1115
轒 1192
轑 1187
轐 1186
轚 1162
[illegible] 1184
轍 1194
轔 1194
[illegible] 1194
罄 414
繫 1087
櫜 491
[illegible] 225
[illegible] 609
醰 1227
[illegible] 1228
醮 1228
[illegible] 393
[illegible] 1232
麗 790
[illegible] 481
[illegible] 697
夒 426
礤 759
礪 759
礙 757
願 707

襟	659	**十八畫**		磬	179	櫼	446	韄	132	黟	824
禮	3	顓	711	擸	985	櫂	480	瞿	292	額	707
檜	9	靚	691	聶	979	轉	1190	鼂	1121	髑	320
覰	689	竸	685	職	978	轋	1184	朡	265	瞽	1227
歟	696	璹	20	職	977	磬	757	朦	269	犢	94
斁	250	瑾	20	鞮	222	轐	1184	矘	259	犡	92
熨	659	璿	16	鞠	222	槀	491	瞼	271	鵠	299
彝	728	瓊	15	鞔	219	醓	967	瞻	265	穫	556
檗	444	璧	25	鞭	223	擎	985	瞳	263	穡	551
甓	1055	瑾	24	鞨	221	覲	689	顒	706	穢	557
壁	128	鞼	1092	鞞	218	覆	610	嚘	108	穩	811
臂	326	鼇	1141	鞣	218	醞	1229	嚛	101	邂	138
擘	1000	鬆	720	鄰	521	醒	1232	噴	102	積	557
履	680	鬈	719	欺	1145	醪	1226	嚚	172	馥	563
蟊	1115	髻	720	觀	691	醫	1230	暴	531	簿	370
孺	1218	鬐	719	黈	80	顧	712	曠	526	簋	363
隤	1200	鬃	722	蘪	50	礎	760	號	387	簞	360
輹	429	騏	774	蓺	807	頭	713	閭	974	簽	365
牆	422	騠	777	藷	58	厴	447	闔	970	簸	253
羼	838	騎	779	蕩	47	摩	986	闐	973	簡	358
嬸	1035	騑	779	藪	69	厭	854	闓	969	筒	865
嫕	1037	騂	775	蟲	50	蹙	168	閡	971	簟	361
嬬	1035	騧	775	蘢	60	蹙	1110	闌	970	簫	361
嬪	1028	騶	777	繭	1063	燹	806	闕	970	簸	361
嬱	1026	騅	774	藜	81	縱	763	蹲	162	簠	371
隸	238	駒	785	藥	71	獵	764	蹠	164	蕩	356
孟	1114	鵙	230	薈	49	殯	317	蹢	163	簦	366
鼇	1158	翹	277	藷	47	竄	944	蹟	163	礜	755
響	1094	趣	126	蘺	53	貫	941	壘	1134	奯	814
繒	1087	趣	120	藩	72	覈	943	蟯	1095	舉	756
績	1087	趁	124	蒭	40	霤	944	螨	1107	畏	1042
縛	1072	選	123	薛	44	霏	945	螠	1111	儦	641
縹	1074	釐	384	韲	281	霪	943	蟬	1096	鼰	803
縷	1080	馨	270	馘	535	雷	944	蟲	1116	鼾	803
縵	1073	搖	383	櫝	477	鶚	225	蟬	1103	鼬	804
維	1065	遺	134	檻	478	豐	387	蟜	1097	鼩	804
繃	1070	摯	1191	櫚	468	斷	155	蝤	1096	鼢	804
總	1069	黿	1121	橁	464	盬	156	蟠	1102	鼪	804
縱	1067	贄	162	樸	443	觀	1178	蟓	1100	儵	824
縰	1085	警	191	檮	459	覷	689	蟣	1096	雙	292
縮	1068	斂	252	檼	458	懟	863	顋	709	軀	657
繆	1089	穀	240	橫	467	叢	209	戳	737	邊	145
縿	1082	熹	818	檇	442	號	390	舊	280	馘	299
繅	1063	聲	1192	橋	453	題	704	點	823	駿	304

十七畫

蟽	1094	黏	562	擎	1004	朦	541	（襄）	665	鴻	299
蟀	1112	穗	552	儦	628	臊	334	颶	1117	濤	930
蟷	1102	穟	555	徽	1082	膽	336	氈	673	濾	919
螾	1094	機	556	禦	9	膾	324	褻	663	濫	899
螺	1107	簣	360	徦	148	膻	328	磨	979	瀾	902
瞳	1144	簎	1006	劓	1148	膡	497	糜	565	濡	890
瞵	1144	簧	368	衞	152	膽	190	縻	1085	澶	28
覷	688	簞	362	鼪	148	膻	334	臍	325	濫	394
雖	1095	簍	362	盪	392	應	845	濕	886
幬	612	簃	372	頭	842	頷	712	臺	1106	濬	924
幪	614	筧	366	鶡	295	鴰	298	癣	594	濮	886
艦	612	筵	362	鎙	1164	鴃	790	癆	597	澳	897
覬	690	籠	364	鍱	1160	鮚	957	癇	593	濩	885
敦	249	簿	882	鍊	1156	鮪	949	癉	599	濱	894
闃	606	簋	363	鍼	1161	鯽	948	癔	598	濟	889
罽	430	蔣	358	鍞	709	鮦	950	癘	601	濘	906
斂	252	篸	357	鍇	1154	鮋	958	癜	593	濯	925
歜	697	輿	1184	鏵	1172	鮨	956	頜	712	澤	904
尠	1181	舉	994	鍟	1161	鮬	949	塵	789	濰	888
翼	607	歟	693	鍾	1157	鮫	955	膺	788	懞	857
霫	606	懇	853	鎖	1158	鯀	949	麋	788	懦	856
翼	605	睿	1202	鍛	1156	鮮	955	郿	507	懠	857
嶺	742	臬	908	鍠	1168	颶	1118	鄫	842	塞	121
嶷	737	頤	707	鍪	1170	獴	796	齋	5	賽	502
嶽	736	償	637	鍰	1166	獷	796	齊	1025	蹇	165
嶸	740	優	638	鍜	1170	觽	350	應	538	寡	580
顧	711	擊	1005	鍒	1175	解	351	羢	290	窨	588
黜	822	鳥	297	糝	567	膻	399	薈	966	寮	586
點	822	齡	804	僉	169	鴿	298	煮	956	竅	589
黢	821	鼢	803	斂	248	盠	1113	糟	566	寝	585
黜	823	儵	950	鴿	295	講	189	糞	309	邃	589
勖	822	償	637	鐵	574	譁	198	糨	567	寓	586
髀	321	儡	647	鎣	1104	謨	182	篳	559	癔	591
髃	322	傾	705	餻	938	謓	200	鷲	303	鴇	306
髀	321	儲	632	爵	402	譠	191	燦	819	顧	711
鎛	414	儦	628	雞	427	諄	181	燥	817	襏	659
矯	415	軀	1119	貘	768	謝	188	燭	813	襖	667
甑	415	皭	619	貔	768	譳	204	燬	806	襌	665
臬	7	舼	274	豁	938	謫	194	燮	232	襕	663
懂	93	駮	302	餬	406	謗	193	燹	820	襖	666
鵒	302	顆	711	餧	408	謚	205	肇	1187	襖	671
穋	489	皤	619	餓	409	謙	187	營	1230	禧	663
穗	489	魈	732	餕	404	謐	187	謍	190	襪	670
黏	562	魌	733	餌	407	謢	181	淨	919	褐	663

彊	1058	璯	29	趨	118	蕢	49	舖	225	黻	621
彌	226	璬	24	戴	213	蕤	63	醑	1226	顆	708
壅	965	璐	16	髤	2	蕨	66	醓	1232	瞔	260
邅	132	璪	20	螢	1105	薺	52	醙	1227	瞫	267
隰	1199	環	17	盩	836	蕖	68	醏	1231	瞶	266
憖	852	璲	18	蟄	1107	蕰	396	酸	1225	瞵	262
辥	1216	璵	14	褻	665	蔊	79	醞	1228	勝	261
隳	471	贅	499	摯	289	蕡	40	翳	279	瞷	265
隱	1201	警	191	觳	828	檊	828	繄	1082	瞯	268
嬙	1038	賫	1051	觳	1187	蓋	42	鹹	542	購	501
嬡	1024	靚	689	觳	763	藋	43	蘇	707	賻	502
嬣	1020	鴰	307	殼	354	隸	238	壓	1135	嬰	1029
嬝	1028	鄻	508	聲	977	檉	445	壓	1022	嚌	528
嬒	1037	鼀	1120	馨	414	檷	457	鄹	512	壘	540
嬭	1028	髻	723	聰	977	檊	447	磽	757	廖	540
翯	278	髽	722	顆	713	檔	444	磻	759	暑	199
薘	1232	髹	722	聯	976	檟	439	磯	760	暴	837
雕	282	馼	781	艱	1141	橾	473	厴	756	噬	102
氈	674	駋	775	韃	222	櫈	446	斛	1181	闌	970
餙	766	駍	782	鞝	220	樫	449	壐	1130	蘭	972
鴲	305	駖	781	鞠	219	櫛	463	邁	142	闓	259
緻	1090	駉	774	鞜	221	檄	472	獮	764	闊	972
縉	1074	駖	779	鞬	223	檢	472	獶	763	闋	975
縛	1070	駼	785	靸	223	檜	448	懇	872	闇	973
縟	1076	駾	782	鞚	222	檐	459	殬	318	闊	974
縓	1075	駸	780	鞋	1146	檀	446	霎	945	闠	968
縡	1071	駿	781	鞘	1145	檍	438	霜	945	関	974
縜	1080	駿	777	邃	54	樣	456	霝	942	蹟	164
縲	1087	壔	1133	藉	71	樲	440	霟	944	蹋	161
縫	1081	墼	1131	蓦	48	檽	454	霥	944	蹠	159
縐	1088	壎	1130	蘇	47	懋	853	霞	946	蹈	164
縩	1088	壙	1134	藪	46	歜	697	霙	945	蹈	161
縞	1072	擣	998	藍	40、73	燊	423	鴂	302	蹌	160
縭	1082	擩	995	藺	63	轃	1192	鴦	404	蹐	165
縊	1090	擬	996	藏	84	轅	1188	鴞	299	曙	534
縑	1072	擿	991	薳	65	輯	1191	齔	153	嶷	99
縰	1076	擠	983	藿	286	轄	1190	鷟	303	嚌	99
縡	1091	擢	998	薯	268	擊	467	觜	952	勵	1149
鍵	1052	趨	126	薰	41	擊	1005	覬	690	蟶	1094
十七畫		越	125	鴶	297	歜	698	寱	1137	螈	1100
璥	21	趨	122	蘇	81	憼	870	彲	388	蟛	1108
璔	21	趕	126	舊	286	橐	492	戲	1043	蟫	1111
璨	30	趣	121	斲	203	饕	657	虞	388	螳	1112
璩	29	趣	125	薤	76	臨	657	虧	381	螻	1099

字	頁	字	頁	字	頁	字	頁	字	頁	字	頁	字	頁	字	頁	字	頁	字	頁
篝	362	錢	1163	膴	336	諽	203	廦	746	澡	925
篚	366	錫	1154	膡	335	諜	204	糜	788	澤	903
篤	780	鈺	1158	膳	331	諫	185	塵	789	濁	888
篛	361	錮	1156	膷	1093	誠	185	親	691	澉	927
築	456	錯	1173	滕	1083	諧	186	澊	841	澁	909
篡	734	錘	1166	膯	323	諔	197	辦	342	澪	919
篳	371	錣	1175	魯	791	諟	183	辨	1151	激	899
篦	372	錐	1165	鮎	948	謁	179	龍	959	澮	880
篠	357	錦	619	鮑	957	謂	179	意	851	澹	902
簀	372	錍	1162	鮏	951	諰	188	鴻	302	澥	893
篰	358	鋼	1175	鮁	958	諯	201	劑	343	澶	887
篏	367	鋯	1174	鮚	953	諭	181	嬴	1012	澴	885
興	213	鎃	866	鮏	956	謚	204	蕎	225	濱	913
盥	394	錞	1170	穌	559	諼	191	羲	380	瀟	895
舉	213	錟	1169	鮒	951	諷	180	檎	566	澱	921
嚣	738	錠	1160	鮊	955	諳	204	樸	566	懍	860
儔	641	鍵	1159	鮣	957	諺	189	糖	568	懆	864
儕	778	錄	1155	鮑	956	諦	183	瞥	268	憾	855
儒	625	鋸	1164	鮀	952	諆	199	甑	1054	憚	873
嬰	1036	錙	1166	鮍	957	諔	205	奠	811	憨	860
殷	569	鵨	691	鮍	951	謎	206	燒	807	憸	855
毇	804	劍	347	鮐	955	諞	195	燀	815	憺	854
僻	649	歙	698	鮒	951	諱	184	燎	814	懈	858
番	413	黎	567	鴗	304	諝	185	燁	810	憲	846
儳	641	親	688	獲	799	褱	670	燋	809	褰	663
雛	292	闍	1052	穎	555	璘	298	燠	817	窺	588
儐	633	閼	770	篘	728	東	463	燔	807	寫	587
儐	632	閾	768	餤	820	辜	420	熾	817	窸	586
龥	1206	敵	250	颼	1118	壴	418	醟	820	窞	101
魷	274	陳	402	獳	793	憨	862	燊	826	寰	1030
翰	278	盦	393	獫	797	雒	284	營	584	禧	668
駟	299	頷	708	獨	798	褱	662	縈	413	褔	669
骸	301	餕	409	獪	793	膚	745	褮	670	褸	659
骻	297	餞	407	獮	793	鄶	746	縈	1082	鴇	664
骹	304	錫	403	鰓	350	麼	376	濩	913	豫	666
徼	147	餧	409	䰠	350	瘴	592	濛	914	禧	3
衡	351	餘	1105	鱅	351	癃	600	澾	930	禪	11
衞	152	館	407	鮚	353	瘵	847	澭	903	禫	9
頭	716	餒	409	蝦	1122	瘴	598	澌	247	賮	497
舶	690	膩	335	頰	705	瘦	595	減	929	頯	706
螫	1102	曉	334	縶	575	瘲	593	澂	697	壁	1127
錏	1170	膰	335	鴛	299	瘵	592	潞	881	壂	617
錯	1161	膫	332	諜	182	瘶	601	澧	884	避	139
錡	1161	膴	333	諶	183	瘳	602	濃	916	嬖	1030

十六畫

歙	694	薇	38	麩	424	輔	714	瞭	264	噷	108
歔	696	薂	53	麨	424	覦	714	瞋	270	噣	97
熹	811	薈	66	橵	443	歷	127	頯	705	噬	100
憙	382	蕆	54	橦	462	㱥	808	賵	502	嗷	97
擭	995	蓟	43	樲	469	曆	535	曉	533	噲	97
據	984	薜	54	樮	440	歶	830	暗	529	噞	116
操	984	憖	848	樊	814	縻	469	曈	533	憶	101
擇	988	薑	671	橫	438	奮	285	曇	534	嘯	106
擐	997	蕘	319	橙	434	頰	705	覢	689	鴬	299
撿	982	蕉	55	橪	474	豭	764	鴫	295	閻	970
擅	996	薦	787	橘	434	墾	1139	鴫	303	閩	970
墤	1140	薋	66	樣	450	壚	834	暴	1078	閹	973
墩	1125	薪	76	機	468	殧	316	縣	715	閨	968
壇	1138	蕧	55	輻	1187	駕	781	鴞	296	閣	973
壏	1139	薄	69	輯	1184	殯	317	顯	707	閻	969
椴	829	蕭	57	輼	1183	殫	318	鴨	306	閼	972
燅	820	薛	51	輮	1186	霏	947	蹀	168	燥	617
豛	412	薷	84	塹	756	霖	944	蹄	165	㜕	210
毅	1072	鞘	535	輸	1190	霎	945	踏	164	還	138
磬	757	翰	276	輗	1183	霏	946	踶	162	㒬	839
鄗	514	薀	392	輶	1188	霓	946	踼	165	麗	607
覬	689	鴣	306	墼	1129	霙	943	踵	162	雚	609
叡	661	鴃	229	燮	1030	霒	947	蹄	160	尉	607
膬	978	械	442	輭	1186	霑	944	踰	160	嶧	737
鞎	221	燒	453	棘	481	矗	1115	蹉	168	嶨	740
鞅	219	樹	449	整	246	虣	389	蹁	166	嶼	742
鞘	224	撕	478	賴	498	臻	965	蹎	166	圜	493
覦	223	橄	471	臬	491	頸	705	蟆	1108	圕	492
鞄	222	散	336	融	225	冀	654	螗	1103	默	794
鞋	218	橞	442	翱	277	螞	777	螳	1099	黇	822
墾	23	樺	459	豎	1155	餐	405	螟	1098	黔	823
燕	959	橑	458	頭	703	叡	315	螇	1103	黖	823
夢	48	樸	454	瓢	576	虜	225	螞	1094	骹	322
薔	80	橺	452	醒	1225	遽	145	螭	1105	矯	274
蓮	83	樻	441	醞	1227	盧	392	螊	1106	憨	855
蕭	42	樺	437	醐	1233	虨	390	蝙	1105	雛	282
蕀	81	櫈	438	醍	1233	虒	391	螟	1095	積	557
赬	1146	橋	474	醞	1225	麃	390	嚎	104	穆	553
甕	51	樎	440	醒	1233	對	209	嘆	115	穩	561
薉	67	橰	475	醜	733	粉	621	暿	1142	穄	553
蕆	38	樵	448	醶	1232	擎	674	器	173	穉	557
鄭	514	麭	490	匶	1050	瞞	260	毄	117	䉽	563
蕿	319	播	447	磧	755	瞭	264	戰	1043	勳	1147
薙	70	憖	849	磙	754	鴟	266	噤	102	敫	248

十五—十六畫

字	頁	字	頁	字	頁	字	頁	字	頁	字	頁
諸	180	瘛	596	熮	808	憮	852	嫐	1034	繼	1078
諠	200	瘢	599	潔	931	憧	859	嬌	1039	緬	1085
諆	199	瘤	596	澆	923	憐	871	嬈	1021	緯	1065
諏	182	瘭	602	澒	928	憎	862	嫣	1013	編	1083
譜	190	瘀	596	潰	905	憕	846	嫡	1023	緯	1065
諾	179	蕢	833	澍	913	憰	859	嬈	1013	緼	1067
諓	187	歎	699	澌	916	賓	501	嬉	1033	緣	1079
誹	192	廛	789	潛	927	戭	1044	燼	1022	畿	1143
諕	198	慶	849	憑	882	寰	584	駕	779	鼠	843
課	185	廢	748	潭	883	寫	581	頩	710	**十六畫**	
諸	195	嚳	403	潦	913	寶	588	翟	276	椰	514
調	197	毅	241	澐	898	窱	589	翫	275	賴	349
誦	186	普	843	潛	911	窳	587	獗	277	聲	980
誘	187	敵	249	潵	924	窯	585	戮	1044	璈	14
誤	190	賚	500	潰	903	窵	578	翬	277	璬	14
說	196	盉	1115	潤	918	數	583	孟	1113	璙	14
誰	203	敳	538	澗	908	窐	222	週	139	璕	24
論	182	蠚	1100	潤	901	頜	704	蝥	1102	璝	16
諗	185	頦	713	潸	901	翩	278	摯	288	璠	14
調	186	鄰	519	潣	883	褫	667	耤	1182	璒	25
詢	195	踵	290	潤	901	鳩	306	豫	771	璣	19
諒	179	羯	289	潕	884	畫	395	樂	472	璣	27
諄	181	踰	289	鋈	1154	蝨	1113	樹	1089	薰	823
許	202	輦	429	潐	917	親	688	緗	1091	髻	723
談	179	糈	565	潒	892	慰	852	練	1072	鬈	721
誼	187	頠	712	(潒)	906	遲	138	緘	1083	髭	721
賣	420	樛	568	澳	908	劈	728	緬	1064	髮	720
槀	558	稻	566	潏	897	劈	343	緌	1081	駛	786
廚	745	遂	142	潘	921	履	680	緒	1064	駁	786
摩	1000	遴	139	潼	876	屦	674	緹	1075	駞	778
廟	749	遵	134	塗	20	鳩	296	緝	1087	駉	782
廛	746	翦	276	澺	886	層	677	緼	1089	駏	775
褻	661	導	243	澇	879	彈	1059	絹	1071	駝	784
襃	662	獎	799	潯	902	選	138	總	1088	駱	775
庾	745	熯	808	潺	930	陸	740	絹	1070	駮	784
廞	749	熻	814	潲	897	醬	1231	緄	1080	駠	782
摩	993	熛	809	潩	931	險	1197	緪	1089	駭	782
瘞	601	熜	813	憤	863	劓	1202	緥	1079	駢	779
瘍	594	熲	690	憭	847	嬈	1036	緃	1082	閾	230
瘟	598	熒	21	憯	864	嫷	1028	緅	1083	斁	253
瘦	593	熒	8	憪	856	嬋	1035	緰	1088	趣	124
瘨	593	營	270	憬	871	嫽	1020	締	1070	趂	126
瘥	1137	熒	575	憤	861	嬋	1039	縒	1068	趞	122
瘨	593	熠	816	憚	869	嫺	1026	緒	1084	趙	120

十五畫

字	頁	字	頁	字	頁	字	頁	字	頁
厲	750	嘩	107	蝽	1102	稷	553	皢	488	鋪	405
甋	1055	嘲	116	蟒	1096	稻	553	髮	301	餂	407
遼	143	嘈	112	螓	1098	黎	563	魴	296	餓	409
履	753	嘽	101	鄲	513	穄	559	皚	620	餘	407
豬	763	噍	99	數	247	穈	558	縣	1061	餲	409
殖	317	噍	100	遺	141	穊	554	皛	620	餕	409
殤	316	噉	105	閫	182	稼	551	皝	620	歙	700
震	942	噂	105	閱	974	稺	552	僻	642	鴆	306
霄	942	嘮	110	閭	970	魏	687	蟊	1099	膊	336
霅	942	噊	110	閬	972	箴	358	廡	273	膘	332
霂	943	嘰	100	嶢	741	箱	366	質	499	腰	330
霈	943	虢	438	幟	616	範	1189	德	147	滕	897
遨	142	鳲	1152	棧	739	箴	368	徵	655	膠	337
輩	1190	剭	344	嶓	744	箭	368	徹	245	鴂	301
鬅	509	罷	1211	寰	263	篁	369	徸	149	頜	708
齒	341	遷	136	嶠	742	筱	370	慫	858	瞀	737
齒	153	踏	160	麟	742	篔	364	淂	243	誾	715
敹	248	踦	159	罵	609	篙	364	頡	1019	夋	792
劇	347	踐	162	罶	606	篯	370	艎	683	魷	958
勰	1149	踟	167	罷	608	箯	364	艘	682	鰤	954
歔	696	踣	159	幝	614	筐	358	磬	264	鯔	959
慮	844	踔	162	幞	618	管	420	鉥	1164	鈔	954
獻	693	踝	159	幠	615	箭	355	鋪	1173	鴒	956
鄰	510	踴	166	幡	614	篇	357	鋏	1156	魵	954
撆	999	踡	166	幢	617	篠	360	鏗	1158	魧	957
截	1044	踤	163	幟	617	慫	356	銷	1156	魴	950
賞	498	踣	165	縈	740	篆	357	銷	1159	魯	273
瞋	266	踞	165	墨	1130	筄	369	鉚	1172	穎	885
暖	267	蝘	1095	楸	933	僵	645	銼	1158	麩	1015
朣	264	蝠	1110	舭	322	覷	688	鉛	1159	獝	799
暗	266	蜾	1099	骷	321	膊	549	銡	1166	獠	799
瞑	267	蝜	1104	骼	322	價	650	鍩	1173	獢	793
畍	838	蝎	1104	骸	321	鋻	1155	銳	1165	獡	795
暈	1188	蝎	1097	骸	322	儥	626	鋑	1174	獫	795
賦	500	蠋	1107	骿	321	儉	639	銀	1172	獮	797
賭	502	蝮	1093	氈	673	儈	650	劍	341	颳	1118
賤	500	蝗	1102	靠	961	傻	631	鄭	517	鯺	351
賜	498	蜮	1094	犖	93	儋	632	領	705	鯆	350
嘆	532	蝓	1107	頀	708	儃	635	頦	709	舩	350
嘳	530	蛐	1101	慘	91	億	639	鴆	305	邂	145
曉	111	蝚	1109	頞	708	儀	638	貓	770	頜	704
嘖	110	蝸	1097	邑	508	(舁)	273	虢	390	頗	809
噎	107	蝙	1110	積	552	鼐	273	辤	1216	領	710
噶	109	蝦	1108	稽	489	魵	486	餞	407	請	179

鄧	512	慧	847	趣	120	熱	817	薀	68	麩	423
劇	343	頡	711	趁	124	瞀	532	蕩	881	麪	424
瞀	265	耦	348	趟	124	摯	984	蕩	72	稺	423
斲	1179	憝	857	趜	121	熬	870	蒲	57	輬	1185
遺	134	瑾	15	趨	122	穀	559	萱	49	輥	1187
緒	1074	璜	17	進	126	賣	501	蓋	68	輗	1192
緒	1064	璃	21	趣	124	漦	922	蕁	46	槊	472
綾	1073	珊	30	趋	125	聵	977	蔬	83	暫	530
緇	1068	璀	29	趣	120	瞽	196	蔌	52	摯	992
緻	1091	瓏	24	趒	125	歎	696	蓺	43	慭	870
緇	1068	璁	24	撾	993	鞈	222	薹	386	輪	1192
緓	1071	璋	18	撓	991	鞊	220	蓤	53	輇	1190
緔	1089	璞	24	撻	1003	輅	217	蕬	72	輣	1184
綺	1072	閙	231	撞	981	鞎	220	鼐	550	輖	1190
緁	1081	靚	691	撽	992	翱	276	觑	229	輬	1183
綾	1073	黎	895	撣	999	蓶	76	樻	479	輊	1188
綫	1081	犛	96	撅	1006	賁	71	椿	480	輓	1193
緋	1091	氂	96	撩	987	蕈	61	樕	454	輟	1191
緄	1077	氂	718	撲	1004	蕗	73	横	475	輜	1183
緆	1088	慾	867	撮	989	蔵	84	樠	448	區	1054
綍	1075	鴉	302	揮	985	蕨	78	槽	471	歐	696
綱	1080	麃	788	賣	485	蓾	62	楸	438	毆	240
緺	1078	輦	1193	撫	990	蕤	63	樞	459	頤	709
綬	1077	髮	719	撟	995	蕕	46	標	452	豎	238
維	1083	髯	721	播	1002	邁	133	樭	477	賢	496
綸	1078	髴	721	撝	1001	蕒	74	械	444	遷	137
縱	1080	髣	720	鞏	218	董	77	樗	444	醋	1228
綏	1077	髫	723	撚	1006	蕾	287	樝	435	酸	1228
綢	1089	隸	761	撞	1000	蕉	67	樟	439	醇	1232
緇	1086	駈	775	撰	998	蕹	59	樘	457	醇	1226
綸	1065	駔	784	撥	996	蒲	65	樓	459	醉	1229
給	1086	駉	784	墼	1171	蕉	76	樱	460	醅	1229
緒	1074	駂	779	墳	1138	葦	59	楓	469	慭	849
緣	1091	駃	782	墠	1136	奭	49	樅	448	憂	425
綯	1076	駙	779	墣	1131	覆	48	樊	212	磕	756
綜	1065	駿	783	燎	1127	蕃	82	槭	444	碼	759
綰	1074	駒	774	墣	1126	蔦	57	樀	459	磊	759
緥	1076	駒	781	墠	1133	舜	61	椭	467	碩	756
綠	1074	駐	782	墺	1124	猶	48	榴	436	磑	758
綴	1208	駝	778	墫	31	董	52	樛	453	磔	432
緇	1076	駿	780	增	1132	蕾	44	樣	454	礤	755
餠	1053	駘	783	墀	1128	蓴	74	櫟	475	鴈	300
十五畫		趣	118	頡	710	薄	41	資	498	廢	751
犛	818	趙	120	赭	828	滿	56	親	689	奭	275

十四畫

貍	769	誦	188	竮	1216	漬	915	㦖	858	暨	535
餇	406	諫	185	彰	717	馮	891	慵	871	曷	107
餅	403	語	179	竭	841	漢	878	惰	858	屢	677
領	705	誤	194、198	韶	207	潢	907	愷	869	彄	1059
膜	335	誥	184	端	841	滿	903	慘	851	彊	1057
膞	337	誠	187	颯	1118	漆	879	慘	864	勥	1147
膊	333	誨	181	適	134	漸	882	寒	850	獙	248
膍	335	誹	191	斜	1182	漕	928	寬	581	赫	428
膃	334	誑	192	臺	337	漙	929	賓	499	墮	739
膑	332	言	206	翩	542	漱	924	寡	582	隨	133
膝	332	說	186	旗	536	漚	915	甄	583	搶	411
臍	329	誋	184	旖	538	漂	898	婁	582	慇	850
膀	325	誦	180	齊	547	潚	905	窬	587	鼓	250
滕	468	誒	194	竭	1060	滯	916	甄	1055	隕	1199
膴	335	鄒	523	達	132	濾	890	窨	585	舜	176
盤	396	斯	940	部	504	漊	914	察	579	頓	710
膈	335	裹	668	矮	290	澀	906	康	578	隝	1202
蜜	1101	稾	454	養	404	漢	880	寧	379	隩	1201
遮	141	敲	251	精	564	漼	902	寤	591	隔	1203
鳳	293	歊	695	粻	568	過	885	寢	591	墜	1140
硾	1042	殼	240	粺	564	潊	930	實	579	陞	1198
復	729	膏	325	粹	567	潒	894	肇	245	嫧	1027
餛	729	塾	1139	粽	567	漮	917	肇	1042	嫣	1023
魠	952	塵	749	鄰	503	漉	921	縈	1073	嫥	1027
夐	258	廌	746	鄭	934	漳	881	褥	661	嫗	1016
疑	1219	遮	142	剸	346	澆	920	裸	660	嫖	1034
颰	1117	廕	1135	鄭	506	漣	879	褁	669	孀	1031
颱	1119	麼	310	歉	698	滴	909	褙	661	嫚	1035
獄	802	慶	748	槊	480	漾	878	禔	664	嫱	1033
獌	801	廒	748	幣	611	漱	926	褐	669	嫡	1027
獄	802	腐	337	嫠	1032	涟	891	襈	663	嫄	1025
獄	794	廄	746	鄙	519	演	895	複	664	嬌	1021
猽	794	廐	747	煜	808	漥	907	褕	658	嫪	1031
獵	795	廖	750	熄	810	潚	933	褊	665	嫲	1035
獎	818	瘌	601	熇	809	漏	928	禕	660	肅	550
雒	280	瘖	597	煒	814	潛	896	禓	10	頗	711
粿	545	瘍	594	煽	819	滲	901	禛	9	蹉	128
犖	386	瘕	592	榮	400	慓	859	祳	4	歊	694
犕	544	瘉	602	榮	447	愽	852	禢	8	翟	276
郵	515	瘖	595	熒	906	慓	856	鞁	244	翠	276
誌	206	瘥	601	犖	92	慙	868	鄂	508	嫛	279
誠	184	瘦	599	熒	826	慢	858	韍	236	㬎	529
詽	192	瘺	598	㤗	820	慟	872	劃	343	熊	805
詩	193	瘈	597	煻	812	慯	867	盡	393	態	857

十四畫

字	頁	字	頁	字	頁	字	頁	字	頁	字	頁
輕	1183	豥	765	嘆	112	蜩	1102	稱	560	僎	624
輒	1134	豨	765	嘌	105	蛞	1097	稷	561	甂	1055
輓	1193	殪	318	嘘	102	蜠	1108	概	552	鼻	274
輔	1186	殨	317	嘑	106	蜢	1112	熏	35	鼻	736
遘	871	需	946	嗾	104	蜮	1142	箝	366	魄	731
穀	240	霆	942	鳴	306	蜴	1145	箸	362	魃	731
歌	695	霂	944	嘈	106	睯	1142	箕	372	魈	731
敲	246	霁	943	嘛	109	睬	1142	箬	356	魁	731
匱	1051	霈	946	嗾	114	遝	143	箠	365	歉	695
遭	136	戩	1045	唪	100	團	492	箋	359	嵞	396
匱	1052	裹	665	嘐	108	鄢	867	算	371	幾	631
鄂	520	翡	276	閨	969	幖	611	箅	361	厰	273
棘	648	裴	664	聞	977	幖	614	箇	364	耑	724
監	657	雌	285	閩	1110	幔	612	箘	355	歔	695
朢	656	鋈	1162	閭	969	幗	617	箘	367	銜	152
緊	238	歐	697	閣	280	慒	612	箄	362	徵	614
酺	1229	戧	314	閥	975	㦗	613	箙	367	衛	1172
醒	1230	叡	314	閤	969	敲	247	箐	356	愨	865
酌	1226	遞	133	閣	971	慁	609	箠	365	槃	465
酷	1227	雇	283	閫	973	劘	345	管	369	撆	995
酴	1226	廎	1053	貶	495	署	608	箍	370	衾	89
酹	1232	嘗	382	鄲	510	㯄	550	僥	648	鄒	521
酸	1231	嚟	545	劃	339	圖	492	債	645	銅	1158
䣑	1224	賑	269	暠	757	舔	173	僖	638	銈	1164
堅	1136	睽	267	嘂	173	舞	427	傲	644	鈾	1163
嬰	1015	睚	263	嘂	523	鄋	511	僳	626	銅	1154
遷	138	暖	260	跻	163	鉞	414	傲	631	銖	1165
彰	709	睽	270	跩	161	製	669	僎	648	銑	1155
厲	751	暈	261	跟	164	錇	413	僚	627	鋌	1157
厭	753	睽	264	路	166	毹	672	僭	641	銛	1162
碩	706	堅	24	跟	159	錫	416	僕	209	鋋	1169
碪	754	暴	1069	踊	161	犗	94	遜	160	銓	1165
碭	754	敲	251	蜻	1103	犕	94	僩	630	銚	1159
碣	755	賕	500	蜡	1104	㹗	91	價	628	銳	1163
碌	755	賑	496	蜥	1095	㹦	92	僤	629	銘	1173
䃞	755	䝱	501	蜙	1102	鍚	173	僵	190	銘	1175
㞳	751	賒	499	蜨	1111	稏	559	僑	628	銘	1157
愿	847	覡	692	蚞	1109	稽	489	偽	643	錚	1168
戩	830	暱	532	蜾	1109	稭	554	然	641	銀	1153
爾	256	暉	528	蜨	1101	稭	558	僦	650	戣	210
㲷	1148	曁	531	蝸	1107	褐	555	僮	623	鄚	515
奪	285	氍	674	蜺	1103	稰	555	僧	643	慙	849
臧	239	嘖	105	蜼	1110	種	552	僔	647	歆	696
貌	764	嘖	111	輪	1106	程	559	僧	650	鄡	522

字	頁	字	頁	字	頁	字	頁	字	頁	字	頁
愴	864	彈	1059	綏	1090	摧	983	軴	223	蔣	60
慆	851	敽	250	綈	1072	撡	1005	軯	220	蓼	38
慊	860	隃	1199	緌	1080	摘	992	軷	220	薌	84
慟	867	裝	668	鄭	513	摍	997	軺	219	榦	1043
塞	1132	遜	137	勦	1149	摺	992	鞁	221	榦	456
索	582	隕	1200	飣	1208	摎	1003	蔫	68	乾	673
寘	584	香	1220			摜	991	菲	45	幹	1180
寋	577	辇	427	**十四畫**		摷	1004	蓺	65	熙	819
毄	241	陸	961	耤	349	誓	184	董	78	瑕	177
窠	586	隆	487	瑭	23	墐	1128	萑	78	榛	440
窞	587	際	1204	瑱	19	墟	1135	蘄	70	構	456
窣	588	障	1201	琛	21	塿	1136	蒪	74	榰	457
窡	588	畾	1189	瑣	22	墉	1131	曹	79	榹	467
窸	851	媾	1017	瑀	25	墇	1133	蓝	46	模	456
寖	889	媶	1034	瑤	26	境	1139	槀	63	槇	452
寐	591	嫄	1019	瑲	22	𡐦	446	蔕	64	槌	467
颪	1055	媲	1015	閔	231	嘉	383	蓼	317	榑	455
督	266	媱	1024	靜	400	臺	965	慕	853	榻	473
褚	669	媛	1018	碧	26	墊	1131	摹	1001	樢	463
裺	669	嫋	1015	葵	796	鞠	989	蔓	50	榕	442
裾	659	嬌	1021	敖	811	幫	610	勩	1147	榭	480
褐	668	嫌	1032	斠	1181	墊	1028	蔓	59	樺	443
裨	666	嫁	1014	麥	1039	埶	801	鄘	514	樱	450
裗	659	娛	1024	規	688	毃	845	冀	37	榲	477
裯	661	婉	1027	嫛	1026	壽	672	蔓	1097	槐	440
裾	662	嫋	1023	髦	719	曷	394	薩	38	樺	480
禖	9	翟	283	髣	721	壽	277	蔑	287	榭	480
福	4	畲	1053	駁	778	赫	828	甍	1054	槐	459
禋	5	翠	278	馴	784	經	828	遠	60	櫨	466
禎	4	鄒	522	馼	783	趙	123	蔤	64	椴	444
禔	4	勦	1148	駁	776	趕	122	蔦	51	榴	453
禓	10	戩	1043	駉	778	趍	121	蔥	77	槍	461
禘	7	獊	1182	駁	778	逋	126	蔡	69	槥	445
禬	9	預	713	駃	784	趖	125	蔎	71	榠	458
煩	705	粲	473	墿	783	銎	1162	蔗	47	榜	470
肅	236	練	1091	撢	990	蛋	1105	葦	51	樣	441
預	706	綠	1070	搏	1001	睯	1208	蒺	76	榬	459
羣	290	緄	1085	摳	981	聝	979	蔽	68	権	474
槃	465	綵	1084	搾	1005	聚	655	菱	53	覞	376
鄎	507	綎	1065	摽	991	勤	1149	蓫	45	尉	424
殿	241	綃	1064	撋	989	黏	222	蔵	48	藆	423
辟	727	絹	1073	撅	1008	靳	218	蕾	56	蚩	311
敫	252	緖	1087	撝	1010	鞅	223	蔚	57	輒	1185
慇	865	綌	1087	摟	993	鞄	217	蓐	64	輔	1194

十三畫

傳	640	徬	148	膜	323	話	186	靖	841	溥	893
傳	648	慾	860	朦	336	誕	197	誵	842	滆	923
傴	646	覛	937	腰	334	詿	194	碌	842	溧	883
僄	643	餘	683	腏	767	詬	204	新	1179	溽	904
與	213	幣	610	腊	328	詮	186	鄞	518	滅	928
毀	1135	槃	1028	腸	325	詥	186	歆	699	塰	926
晨	214	盦	743	腥	334	誂	196	意	844	塗	1128
舅	1146	鉦	1167	腨	327	詭	292	牌	842	湮	917
鼠	803	鈷	1172	腫	330	詣	189	淳	840	湞	892
牒	549	鉗	1164	腹	326	詢	205	隸	840	溳	884
牖	548	鉢	1161	腤	331	詢	200	旇	538	溷	901
傾	634	鉞	1171	腳	327	詻	181	童	1193	溦	914
愈	549	鈷	1164	脺	1126	詑	193	羥	289	滌	923
煸	549	鈿	1175	勝	615	諍	189	義	1046	滫	921
僂	646	鉏	1163	腬	331	詬	199	羨	700	準	918
催	645	鈴	1166	詹	88	該	204	叠	386	滙	889
噆	1232	鉛	1154	雎	282	詳	182	豢	764	塗	1139
賃	500	鉤	176	奐	791	訓	193	犌	350	滔	894
傷	645	鉉	1159	劍	346	詯	197	煎	811	滄	924
傒	631	鉈	1169	鮎	958	詡	187	慈	848	瀚	912
粵	488	鉊	1164	雉	281	裏	659	煁	810	溜	883
像	647	鈹	1161	勠	1149	裛	668	煙	814	滈	914
愧	732	僉	410	鳩	295	亶	421	煉	813	澾	886
僭	644	會	411	颭	1118	稟	421	煩	712	滂	896
傭	631	覭	691	猱	794	廈	749	煥	817	溢	923
躬	584	魠	673	鮭	352	敲	251	煬	812	溓	916
皋	1215	歆	699	鮔	353	廎	745	煴	815	溶	901
鄔	511	愛	425	艄	351	瘏	593	煜	816	滓	921
梟	242	狟	769	觡	352	麻	597	煨	810	溟	912
魃	732	貊	769	解	352	瘉	594	煌	816	淮	915
魁	1180	貉	769	誓	183	瘃	598	煖	817	溺	878
敫	313	亂	1212	鄒	508	痱	596	煊	820	漣	884
歇	697	餘	409	頎	708	瘍	600	塋	1137	滓	915
臀	332	餃	407	誄	204	痹	598	熒	961	梁	564
粵	381	飴	406	試	185	瘁	596	嫈	1031	涵	915
僇	646	飵	406	註	194、198	瘃	597	煇	816	慔	853
僋	629	飾	615	詩	180	瘀	595	煒	815	惽	870
衙	1189	飱	408	詰	202	廉	747	煠	813	慎	845
衙	152	飽	407	諫	202	廓	514	溱	883	愾	866
遞	137	餇	408	誇	196	鹿	790	漖	884	愷	385、845
微	148	飶	406	誠	184	廚	786	溝	907	愫	864
徭	978	飴	403	詷	187	資	496	滥	931	慥	851
溪	149	頒	706	誅	203	裔	664	漠	893	慷	848
徇	152	頌	704	詵	179	豢	765	滇	877	慆	854

十三畫

楛	449	楣	458	碓	758	暘	266	跳	163	蜀	1098
禁	11	楯	437	碑	755	睡	267	跪	159	嘰	607
楚	482	楹	457	碌	756	睨	263	路	167	嘲	506
椡	443	楔	437	碎	758	睢	265	跟	159	嗛	613
福	477	楸	482	碌	760	睮	261	蝸	1104	嫁	616
棟	447	楸	436	寞	806	睟	265	蛺	1101	嫁	614
械	466	嗇	422	廒	751	朕	262	蜓	1096	幎	612
棫	462	圶	15	雁	282	睬	269	蛸	1100	圓	492
楷	436	剶	344	艁	833	暗	267	蜆	1100	牌	320
楨	455	鄒	519	狠	764	賊	1043	蛔	1107	歆	698
楷	465	郄	726	頎	711	賄	496	蛾	1099	矮	417
楊	444	裘	671	殟	316	賂	497	蚸	1104	雉	281
想	850	輊	1191	殯	315	暘	527	蛻	1105	歃	697
楫	474	軾	1184	匯	1051	暍	531	蛋	1100	稑	552
楣	460	輈	1194	鄂	505	暗	529	蛹	1094	棋	561
楬	479	輆	1188	電	942	曎	528	畸	1142	稙	552
楨	460	輇	1192	零	943	暉	528	畹	1143	秫	555
楕	469	輅	1185	雹	942	暇	530	畷	1143	稞	557
楸	439	夥	1191	殂	158	尟	132	鄭	513	稇	557
楥	468	軿	1183	頓	709	煦	808	愚	857	稗	554
槐	446	奭	272	背	260	歇	694	園	493	稔	559
楜	439	匯	1051	督	267	照	815	豊	386	稠	552
槌	467	畺	1145	敬	244	暈	534	黽	1120	稑	561
楯	460	裔	493	歲	129	嗷	111	閒	971	甃	1055
晢	619	踣	200	踵	127	嗜	108	聞	971	擎	993
榆	448	斟	225	貨	501	嗑	109	閔	971	愁	867
楒	456	磬	756	觜	352	嗼	113	開	970	筭	371
楥	468	腎	260	訾	194	嗔	105	遣	138	筳	359
櫻	439	剽	344	棗	547	嗊	100	歆	695	筠	372
楓	445	勖	1150	粲	564	嗥	114	崔	744	筮	359
榜	455	甄	1053	虜	387	嚅	113	崪	744	筱	356
槌	480	賈	499	廉	765	嗂	106	嵩	742	筰	365
楷	457	酪	1233	虞	388	嗃	116	署	608	筴	357
楂	476	酪	1233	鄘	516	嗙	109	睪	835	筝	359
栖	437	頎	708	戯	233	嗌	98	置	608	筋	339
椽	442	屖	1106	虜	545	嗛	99	罘	607	篃	363
栖	478	感	866	鄘	522	鄙	503	罳	263	筦	359
梭	474	頎	706	業	209	號	381	罬	605	筤	362
楎	464	惷	868	掌	981	梟	169	罭	609	節	357
楄	477	畵	751	當	1144	嗣	170	罪	606	筥	364
椵	442	甄	1055	睹	264	跨	161	罨	272	絿	1084
楃	462	碏	760	睦	265	跐	166	罩	606	債	650
椆	461	磁	759	睞	269	跧	161	遜	135	僑	641
樺	437	硾	760	睚	271	跲	164	瞿	285	僅	637

十二—十三畫

扉	967	靸	837	經	1088	瑳	20	遠	144	蓮	56
榮	473	靽	85	絿	1074	蓻	1092	蓤	395	蒿	46
啓	527	靿	233	綎	1078	熬	738	虓	389	蔽	75
脋	338	赚	1201	絬	1081	嫠	1037	蛢	827	蔣	84
雇	283	媒	1014	絨	1083	遘	136	蛻	828	蒝	64
補	667	媸	1027	絁	1070	勞	343	趌	125	薮	70
裋	669	媟	1030	絟	1088	敖	233	趆	122	蓸	79
裎	668	媛	1037	給	1071	惡	845	起	126	蔣	67
裕	667	婚	1032	絩	1071	頑	707	趗	125	墓	1137
裞	670	媞	1026	絢	1073	魂	731	趙	121	幕	613
祺	4	媚	1031	絳	1074	揍	982	趂	120	蔓	544
祼	7	媼	1016	絡	1086	搏	984	越	122	蔞	1036
禍	10	媥	1017	絣	1082	搞	985	趎	126	薏	37
禑	10	絮	1086	絕	1066	搣	988	趍	123	夢	543
祿	4	媎	1035	絞	833	揿	1002	趑	125	蒫	65
鄒	509	媿	1038	欻	1087	搢	1009	戠	1231	葙	72
詫	602	媮	1032	統	1064	拔	998	載	1189	薇	66
覡	692	婷	1027	絟	1066	塒	1131	哉	520	蒋	49
惢	873	媛	1029	絣	1090	損	996	髡	722	蔓	286
畫	237	媄	1021	絥	1073	搗	1001	罪	776	蒞	35
逮	144	嫺	1018	絲	1092	搢	1000	馱	786	蒼	67
祀	1215	煤	1027	幾	311	搖	993	馴	782	蓬	81
遐	146	媭	1017	彙	766	搯	982	駒	776	蒿	81
尉	812	媥	1034			摘	986	駁	780	席	71
屡	676	媁	1034	**十三畫**		搒	1007	馳	781	蒟	61
犀	95	媚	1021	耡	349	塈	1125	鄠	513	蕾	82
屠	676	媰	1038	銙	350	搵	988	勢	1151	蒹	54
孱	1220	賀	496	舂	861	搝	992	聖	977	蒯	54
弼	1060	赍	1225	瑟	1047	搭	993	聘	977	蒲	45
費	499	鉃	244	瑚	28	推	1005	戡	1044	蔓	43
慈	855	登	128	琱	15	搰	999	歅	698	莘	73
疏	1221	發	1059	項	709	搊	998	斟	1181	蓉	83
違	139	喬	175	瑎	25	搉	1082	鄹	516	蒙	79
韌	430	嗒	741	瑒	18	絷	1082	靳	221	蓂	58
隔	1201	幤	616	瑁	18	填	1129	幹	223	雚	77
陸	1200	婺	1026	瑞	19	塏	1135	靸	219	菟	50
媵	795	粮	1182	瑝	22	塙	1125	靷	221	嬰	1026
漿	922	縈	1207	瑰	27	塘	1139	靶	221	蒻	45
陵	1033	訛	766	瑪	22	塡	1139	鞅	522	蔭	65
亞	239	絓	1064	瑜	15	鼓	383	鄞	1193	蒸	76
隙	1205	結	1070	瑗	17	鼓	251	蓁	66	菌	55
隕	1199	組	1078	瑕	21	殼	113	蒜	77	蓊	43
隑	1205	絾	1085	瑁	25	毂	1059	著	56	蔠	83
陴	1198	綺	1079	瑑	20	毇	1218	蓋	72	楔	461

十二畫

毹	937	飯	404	詍	194	涑	841	漆	914	湄	908
須	716	飪	404	詁	184	戠	1045	湘	883	滁	930
艇	683	雄	283	詠	191	童	208	湮	912	渭	922
朕	682	敜	251	詞	200	啻	1055	凍	927	溪	906
舒	312	腡	333	詛	193	喾	180	減	928	愷	863
畬	1142	腌	336	詶	193	竢	841	湎	922	慊	853
鈃	1157	腓	327	訣	181	竣	842	澳	919	愊	847
鈇	1172	脾	331	詞	203	啇	107	湝	895	恫	853
鉅	1174	腄	329	訣	196	尠	512	沈	872	惻	865
鈏	1169	腴	327	詐	199	湞	940	湞	883	惕	859
鈍	1175	脽	327	訴	201	旐	536	湞	904	愲	854
鈑	252	脾	324	評	189	雄	281	湿	901	愠	862
鈔	1173	脂	337	診	203	棄	309	測	899	愒	855
鈚	1174	腤	334	詆	203	郯	509	湯	919	惴	866
鈒	1179	朕	939	詏	202	羢	289	湞	913	惷	846
釽	1176	勝	1148	記	191	挑	288	遇	889	惶	869
鈐	1163	腔	338	詠	189	翔	278	溫	877	愉	856
欽	693	腒	333	詞	724	艵	727	渴	917	惻	854
鈰	1175	膠	336	詘	202	菾	1083	渨	912	愫	851
鈞	1166	臬	454	詖	181	普	533	渭	878	愃	850
鈁	1167	睍	690	詔	184	粦	820	湍	899	惲	846
鈧	1162	鼻	454	詒	192	尊	1233	滑	903	慨	847
鈌	1174	欲	698	馮	780	（尊）	1233	湫	918	惆	871
釗	1154	猰	802	渼	941	奠	374	湩	927	愐	852
鈕	1162	猩	794	渾	940	敵	1036	淵	902	怪	865
鈀	1166	猲	793	就	419	道	144	湟	879	愫	863
銃	1169	猥	794	鄗	511	遂	141	渝	928	割	343
弒	242	猴	801	高	417	徫	569	渹	912	窔	579
逾	135	猎	794	敦	250	羢	1219	湲	930	寒	582
盦	1106	猶	800	庹	750	曾	88	盜	701	富	579
翕	277	狻	792	廂	746	焯	815	渡	910	寔	578
殽	241	獞	802	厬	749	焜	816	游	910	寓	582
番	89	猵	801	痛	592	焞	815	湆	917	意	851
敨	810	觟	352	痞	600	焠	813	游	538	寑	581
禽	1210	觚	353	痍	600	欻	695	溠	882	賓	586
遙	146	觛	353	痤	599	焱	826	湔	877	窐	587
爲	228	欻	699	痢	594	勞	1149	滋	904	窨	587
舜	427	愁	866	痤	596	葡	613	浚	920	窖	588
猋	770	養	405	痒	594	湊	911	渾	900	覘	692
貁	769	然	807	痊	601	焱	900	津	910	甯	255
貂	769	貿	499	痛	592	湛	912	溉	888	窑	578
閡	313	登	386	瓶	1056	渫	925	渥	915	寐	591
飥	403	鄒	517	滄	940	湖	907	浻	924	病	591
飭	1150	証	185	桀	432	湎	891	湋	899	運	137

十二畫

字	頁	字	頁	字	頁	字	頁	字	頁	字	頁
硪	757	紫	1075	喫	116	悶	864	骭	321	傲	629
確	757	毁	241	喁	115	蛞	1096	骫	322	備	632
碙	756	覘	689	喔	107	蛕	1094	甥	1146	傅	633
厤	751	睿	938	喝	112	蜊	1103	無	1048	傆	636
雁	283	魑	389	啞	106	蛭	1096	鈷	415	斛	1180
胹	1182	鄏	509	喟	102	蚰	1113	鉼	413	戝	253
敳	236	羑	209	喈	114	蜩	1109	短	416	舄	307
夐	259	羢	621	喘	101	蜓	1095	毳	674	臬	566
厥	751	敞	247	啾	98	蜕	1108	犅	91	貸	497
焱	802	棠	436	喤	98	蛟	1105	犇	686	蛋	111
匴	1051	賞	1054	喉	97	蛘	1105	㹁	92	順	708
匯	833	堂	127	喑	99	蚌	1100	犉	92	條	1079
猣	764	掌	980	嗞	111	蜴	1109	犍	96	啻	269
猨	487	暴	467	喠	98	畮	1142	稌	743	逌	139
狷	251	昳	260	嘅	112	畯	1144	稍	560	傑	625
毿	240	朞	266	喔	114	敨	246	程	558	隹	285
殖	318	睅	260	喙	97	敩	252	程	560	傒	644
殗	319	睍	261	㦲	1045	敡	175	稍	558	悠	865
殘	318	睎	267	單	117	貴	501	稌	554	傍	638
裂	667	睉	270	品	172	遏	142	稀	552	傔	649
矮	315	晚	262	喦	169	遇	136	黍	562	俗	626
雄	285	睇	270	喦	740	剴	340	稃	557	偏	630
欯	319	眼	268	喌	117	遄	135	称	489	甑	169
猝	316	鼎	549	丼	118	翠	607	黎	435	剝	345
殃	317	掔	981	嘼	1180	買	500	税	559	息	655
殛	316	貼	502	罺	514	罨	605	喬	832	躬	415
雲	947	貺	501	趾	164	罝	608	等	358	遑	145
猗	158	貯	498	跖	159	嵌	742	筑	370	鄒	512
雅	280	貶	501	跋	164	崵	738	策	367	甄	1055
鄙	516	販	497	跋	160	崘	737	筒	369	較	253
晉	377	貽	502	跌	165	嵯	740	筌	361	彪	732
禍	701	睹	526	跔	166	嵬	734	筴	367	鄋	510
禐	701	晻	529	跎	168	嶌	741	筳	359	甌	390
至	965	睗	527	踦	163	嵐	742	筵	360	遁	137
棐	479	睚	531	跛	165	崚	739	筋	339	街	152
韭	94	暑	531	閔	12	幅	611	筞	367	徥	148
斐	718	最	604	開	971	幅	616	筍	356	衕	152
悲	865	量	656	閒	972	愉	613	筆	362	御	150
惡	854	猒	377	閌	969	惲	612	筈	362	徸	150
菽	128	晷	528	閉	970	幃	615	筝	370	復	147
紫	129	景	528	閏	971	盦	543	筊	364	循	147
剴	340	冪	766	閔	974	淼	931	筆	237	徧	149
貲	129	晶	540	閖	975	黑	821	頏	704	假	149
辈	290	敦	250	閍	808	圍	494	頜	711	徠	147

紨	1087	揣	1000	喜	382	靮	224	葙	38	棺	479
紗	1069	揲	984	㦤	1097	靫	219	蒽	845	椌	472
紙	1064	握	998	韋	1126	葑	52	蔵	66	楗	461
絢	1083	搣	999	壹	835	葚	61	葭	79	棣	445
終	1071	提	986	壺	834	葉	62	葦	78	椐	441
絆	1084	揚	994	壼	834	斯	1179	蒢	45	極	457
紵	1088	揮	981	款	694	萱	49	菱	40	椳	438
紞	1081	揾	1007	尌	383	蔞	60	葵	37	迦	143
紼	1089	揭	994	彭	383	惹	872	菽	66	辟	486
紃	1074	揣	990	靰	229	葴	49	喪	118	軻	1192
紹	1067	揖	1002	報	836	葜	61	辜	1215	軷	1189
紱	1079	插	987	達	140	葬	85	(朝)	535	軸	1186
給	1066	探	1004	鄂	522	葴	50	椇	469	軹	1187
絥	1092	揊	987	琞	375	堇	74	楮	446	軼	1191
巢	490	揄	995	項	705	萷	50	棱	476	軔	1192
十二畫		掙	989	蛮	1110	鄭	511	椒	477	軫	1186
琵	349	援	998	越	119	募	1151	楮	442	軨	1186
貳	498	揃	988	趄	125	莫	287	植	459	軝	1192
絜	1089	搢	994	趁	126	葛	49	森	482	鞠	1188
琫	19	揠	997	趂	119	葺	72	棫	573	軣	1188
琴	1047	揆	1008	趆	123	㐵	81	棽	482	報	1190
琶	1047	揮	999	趎	124	萬	1211	棽	482	軺	1183
琵	1047	扁	1006	超	119	葛	58	棟	456	惠	311
瑛	16	㨆	1002	博	177	蓲	44	械	440	欻	693
琳	16	揈	1002	戟	335	菌	76	椅	439	惑	861
琢	21	握	985	裁	658	萩	57	椓	475	剻	614
琖	29	揆	996	軼	761	葆	81	棧	468	腎	324
琥	17	搖	991	馭	774	蒐	50	梱	474	翠	94
琡	30	掾	987	晨	232	葭	76	楇	473	掔	994
琲	29	硈	758	鄎	515	葩	63	椏	449	覃	966
琨	26	堪	1127	惡	862	萬	44	椎	470	覆	420
琠	14	塔	1140	雷	1144	葰	41	槬	466	棗	548
琟	25	塌	1126	貴	496	葎	52	棆	437	棘	548
瑚	21	堤	1130	覓	792	萎	64	楸	256	酣	1229
琰	18	堋	1133	聑	979	賁	47	猒	798	酤	1227
瑄	30	場	1138	聐	977	敬	731	棚	468	酢	1231
琮	17	堙	1124	貰	499	蕆	67	椆	437	酌	1230
琬	17	堨	1127	萁	471	萴	43	榴	453	逼	145
琛	29	塄	1126	斯	1179	落	68	楷	437	雍	284
琚	23	塀	1135	期	541	萍	78	椋	438	鄘	507
勞	1150	塈	1128	欺	699	薄	82	檸	479	鼻	838
雁	283	堉	31	惎	870	菅	40	棓	469	甾	275
棊	451	堯	1140	軒	221	葷	39	棱	471	硯	759
(替)	843	畫	1097	軒	217	萹	41	棷	438	磋	756

十一畫

舩	351	褒	662	淶	891	梁	474	䍀	670	媂	1032
斛	1180	羕	436	凍	876	情	844	袷	665	媌	1022
猛	797	章	207	減	896	悵	864	袊	664	媕	1037
猧	753	竟	207	涯	931	惜	865	祴	9	婕	1020
馗	1210	産	487	淹	877	憐	860	袾	11	婞	1038
㹟	545	竫	841	涿	913	悽	865	振	9	媒	1024
奢	185	翊	278	淒	912	悱	871	視	687	姻	1031
祭	5	商	175	渠	908	悼	869	袺	6	婚	1028
訐	195	旌	536	淺	904	惕	869	裉	10	娟	1019
詎	205	族	539	淑	901	悱	870	晝	237	媤	1038
試	203	旋	538	淖	904	悸	860	逮	138	婗	1015
訝	189	旎	538	婆	1025	惟	850	逯	140	雉	1034
訤	199	望	1048	淲	896	惀	850	(尉)	812	婢	1018
訷	195	(商)	542	淉	892	悰	857	屠	676	婬	1037
訥	190	袤	660	混	894	惆	864	扁	944	婳	1020
許	179	旅	312	淠	884	悟	861	扉	676	婚	1014
訴	186	率	1093	涸	917	恰	867	張	1057	婉	791
訟	200	牽	93	渚	920	惇	846	彗	1214	婠	1023
設	187	羝	288	淫	891	悴	867	舸	727	婉	1023
訪	182	羚	288	淮	884	惔	867	弸	1058	婊	1030
訛	184	髡	734	淦	892	悰	848	弴	1056	婦	1015
訣	206	羕	937	淦	911	悸	853	強	1097	婝	1034
夏	425	眷	267	淪	898	悭	855	隋	331	襲	667
庱	750	粗	565	淫	903	憓	867	郿	505	娞	1033
庶	748	粕	568	渨	893	寇	250	陝	1205	絮	1086
劇	342	粒	565	淦	921	寅	1221	僰	796	翌	279
麻	573	粞	566	溯	910	寄	582	胨	350	習	275
庳	747	敍	249	洎	915	寁	581	將	243	翏	278
庚	746	敝	620	溜	905	逭	141	階	1204	欸	696
廖	747	焆	815	涼	922	宿	581	陊	1203	郯	510
雇	748	焙	818	(淳)	925	寀	584	陘	1200	觇	837
庫	748	烰	808	液	923	窒	585	陽	1196	貫	545
廊	749	焕	819	淬	924	室	588	隅	1197	紅	1083
痔	597	烺	806	涪	876	窋	589	陿	1202	紺	1075
痏	598	焌	806	淩	892	窕	589	陣	1199	紲	1085
痍	599	清	901	淤	921	鄏	511	陲	1205	絨	1080
疵	593	渚	889	淯	880	窀	589	陬	1198	組	1081
痊	599	凌	886	淡	922	密	739	㟄	1202	組	1078
痉	601	淇	881	淙	899	案	556	隊	1199	紳	1077
痎	597	淯	909	涫	920	鄆	508	隊	1205	紬	1072
痒	594	渣	892	涇	900	啟	245	敨	252	細	1068
痕	599	淖	894	深	883	扈	506	婧	1025	紩	1077
庸	255	淋	925	淔	892	祜	668	婷	1032	絧	1070
鹿	787	淅	920	淚	901	袾	666	媖	1013	紱	1081

十一畫

恣	868	貶	500	蚯	1110	毬	674	御	644	釣	1172
豜	763	晤	526	圉	835	牻	92	徛	632	釵	1176
毅	764	晛	527	蛉	1103	牼	95	偶	636	釼	1169
豝	763	晧	528	蚯	1099	牿	93	貨	496	鉥	510
梨	558	晦	529	蚼	1110	悇	92	停	650	欷	696
裕	938	晞	532	蛆	1096	將	92	進	134	教	253
盛	391	晚	529	蛇	1094	秸	557	售	116	瓶	1056
雩	946	晙	534	畦	1143	移	554	傞	644	奎	336
頃	652	戝	1043	時	1143	透	139	俥	625	悉	90
雄	284	敜	247	異	213	（梨）	435	偏	641	欲	694
崗	652	景	531	野	1141	動	1149	梟	479	欻	229
韭	1136	曼	232	略	1144	笨	357	鳥	293	叙	314
莑	961	冕	603	婁	1036	笿	367	參	717	彩	718
斐	1036	匙	652	閈	969	笪	368	兜	686	貪	500
遒	263	勖	1148	閉	972	笛	370	皎	619	翎	279
祡	5	啀	105	問	103	笙	368	假	637	貧	500
旹	260	啞	104	國	493	笮	360	鄅	517	脒	329
逴	144	啄	115	豐	1052	符	359	鄧	509	脯	332
离	1211	啾	113	崝	740	笭	366	偓	632	脬	324
鹵	966	唬	115	崑	743	笱	176	偋	640	脂	714
烕	315	唱	104	崛	741	笳	339	偉	627	脛	327
虛	654	唾	101	崞	738	笠	366	俸	627	脢	326
盧	388	唯	103	崛	739	范	359	恩	826	脺	330
虖	388	唵	102	崖	744	筍	361	偅	643	脪	325
彪	389	唸	111	崔	741	筬	357	偊	639	脖	324
處	388	啁	108	釜	738	筴	364	術	151	脫	329
雀	281	啥	100	崙	743	笞	368	徛	150	脘	333
崇	620	啍	102	崒	739	虖	390	徠	148	胺	338
堂	1128	啐	110	崇	741	敏	245	得	150	腔	338
常	612	啖	108	崴	741	偰	626	從	653	彫	717
睉	271	唳	116	嵴	341	倄	638	巫	1010	匐	728
晌	262	啜	99	帳	613	偅	490	舸	683	覝	689
脈	264	喦	422	崨	612	偃	645	舳	681	魚	947
眺	268	䚻	178	帷	613	偭	639	船	681	象	771
略	269	鄂	514	崧	616	偯	641	舩	575	翎	277
胺	268	患	868	眾	655	偕	633	敘	253	逸	791
联	271	胼	167	罜	605	偵	651	斜	1181	猜	797
眯	268	跂	167	罵	770	悠	867	念	856	悉	859
眼	259	距	166	䎨	542	側	634	釬	1170	猗	793
眸	271	趼	167	圈	493	傚	247	釭	1171	猨	795
鄆	512	趺	162	過	134	偶	648	鈝	1164	猖	798
戜	1044	跗	167	晤	1223	偲	630	釦	1161	雅	281
敗	250	趹	167	蛄	414	逇	143	鈥	1171	猝	793
販	500	蛄	1099	覞	691	傀	627	釧	1176	猝	794

娩	1022	琅	27	埴	1125	黄	1145	菑	70	桶	471
娣	1017	責	499	埱	1132	菽	56	菫	1140	梭	443
娓	1027	彭	717	場	1139	荊	52	靪	219	救	249
烙	754	赘	252	埵	1133	蚕	1105	勒	222	軒	1193
娛	1026	棄	491	埤	1132	滿	604	逳	135	転	1188
哿	380	規	840	堋	1137	薑	36	乾	1212	軛	1184
豹	244	掕	1003	埻	1130	萋	63	梣	449	軏	1189
脅	325	撇	1007	培	1133	菩	82	械	478	斬	1193
翌	279	措	987	埽	1129	莉	83	柳	445	軓	1185
翎	277	掎	999	堀	1127	菲	78	梵	483	較	1185
豝	276	掩	1002	赦	249	萊	58	棽	1035	軝	1187
通	137	捷	1008	赧	828	萌	62	梀	446	專	243
能	805	排	983	執	835	菌	46	梗	448	鄄	511
圅	546	掉	993	堆	284	菌	60	棟	460	惑	935
逡	140	掍	1008	硈	755	菱	75	梧	447	曹	378
務	1147	捫	985	趄	119	萸	61	桓	386	敕	248
桑	484	揞	1001	赿	123	萑[1]	45	梧	465	欵	698
剶	342	捶	1005	趑	120	萑[2]	286	梜	475	副	342
彖	767	推	982	趌	122	草	74	桉	473	敔	224
絉	1076	捭	1004	赹	123	荃	53	桱	462	區	1049
紘	1077	掀	994	馬	773	菜	69	梢	443	敢	252
純	1064	捨	986	焉	307	葩	37	桯	462	堅	238
紕	1090	捺	984	頂	704	菔	39	樽	435	娶	1026
納	1066	掄	988	堊	1128	萄	80	梱	460	殹	240
紅	1065	捻	1009	聇	978	菰	82	梣	438	鄂	516
紟	1079	授	989	聁	976	菊	39	梻	444	酌	1228
紛	1084	掤	1007	（聃）	976	萃	67	桔	478	酗	1227
紙	1086	措	990	聆	977	菩	44	梅	435	酖	1229
紡	1066	掐	1009	聊	976	菱	59	椴	464	殿	241
紞	1077	掠	1009	聇	978	菸	68	梔	480	脣	324
紉	1084	掖	1008	娶	1014	菁	60	㮃	490	欷	697
紐	1078	摔	988	堅	1133	菏	887	麥	423	戚	1046
紓	1067	掊	987	基	1127	萍	928	桴	443	帶	611
邕	935	接	990	甚	177	葅	73	桴	456	夏	1043
十一畫		捲	1003	勘	1151	莿	73	櫻	440	硅	756
彗	234	捐	982	菶	63	蔯	79	楷	471	盉	392
鄴	504	控	986	菁	39	落	62	梅	458	碰	758
春	569	探	999	萇	42	菅	44	梓	439	瓠	576
琊	28	据	992	其	36	菀	58	梳	463	匏	730
琁	23	掘	1002	甛	376	蔀	36	梲	470	奢	836
球	16	掇	997	菽	82	莱	43	梯	469	匬	1051
理	22	晢	526	菻	57	菉	79	棁	477	萑	285
玲	28	悊	847	菜	79	菌	72	根	452	爽	256
琂	25	堵	1127	迷	42	蒾	47	桱	436		

字	頁	字	頁	字	頁	字	頁	字	頁
狷	802	病	592	粉	567	涕	927	冢	603	陼	1203
狸	800	痁	597	料	1180	浪	879	斦	1179	陸	1197
狳	798	疽	600	粗	566	涓	923	朗	541	陵	1196
逖	144	疸	596	益	393	浬	896	冣	602	陬	1197
狼	801	痃	598	兼	562	涌	900	肵	968	陳	1203
卿	727	疾	592	朔	540	涘	905	肁	968	婴	1033
猁	737	府	595	烓	810	浚	920	扇	967	奘	839
狻	800	痀	595	烘	811	惐	849	冡	1089	隋	1202
逢	136	疵	593	炟	815	悑	869	袪	661	牂	289
桀	432	痂	597	烙	815	悟	852	袥	662	挽	1218
智	265	疲	600	烄	809	悭	855	袚	669	孫	1061
盎	391	脊	1010	剡	340	悄	868	袓	667	陵	1206
芻	75	效	246	郯	519	悍	857	祖	666	蚩	1101
清	939	离	1210	烙	819	悝	859	袗	658	㟪	278
訏	199	衷	658	浙	876	悄	862	祇	661	崇	11
許	201	素	1068	浹	909	悒	856	袍	660	陲	1205
訌	197	凋	940	涇	893	悃	847	袨	670	陮	1197
討	204	瓷	1056	浦	906	悔	863	祥	666	陴	1205
訕	196	恣	859	涷	926	悌	872	袉	662	陯	1206
訓	192	立	842	浯	888	悛	853	袓	663	陰	1196
訖	189	剖	342	酒	1225	害	582	被	665	斯	77
託	188	部	507	浹	931	宧	577	袥	9	陶	1203
訓	180	𨦈	841	滝	893	㝠	392	袷	7	陷	1198
訊	183	衮	811	涇	878	宭	581	袘	6	陪	1205
記	188	旁	2	娑	1029	宸	577	桃	11	陻	1202
訒	190	施	536	消	917	家	576	祥	4	陞	1204
凍	939	旆	539	涅	904	宵	581	冥	539	脅	329
衷	668	旂	537	涀	890	宴	579	雀	418	烝	808
衰	669	旅	539	泿	915	突	585	冤	791	娱	1031
勋	1148	斿	537	涓	894	窅	261	峱	393	姬	1012
衷	666	欬	698	浥	905	審	590	書	237	娣	1028
富	421	殺	242	涔	915	宷	89	彗	813	娠	1015
高	417	畜	1144	溲	912	㝢	585	剝	343	姱	1035
亳	417	兹	312	浩	897	窊	586	帬	612	㛎	1036
郭	520	粉	289	淀	902	容	579	辰	676	娌	1023
袤	658	殳	289	浼	876	窎	587	（展）	675	娟	1032
庩	750	羞	809	海	893	窌	588	展	681	娟	1039
席	615	羞	1221	逛	1136	窈	589	屏	680	娛	1026
庫	745	羔	288	涂	877	寏	577	犀	676	娉	1029
廇	748	恙	866	浴	925	剜	346	剧	340	挐	1007
唐	107	桊	469	浮	898	宰	580	弱	1057	恕	848
疳	601	拳	981	涣	895	宸	578	曹	271	娥	1019
痄	600	粔	568	涚	918	寂	580	弱	717	娒	1017
疴	592	敉	249	浼	920	案	466	賦	1203	姓	1034

字	號	字	號	字	號	字	號	字	號
酏	1228	鄁	521	蚖	1095	郵	504	俱	633	般	682
酌	1228	昧	268	蚑	1104	告	740	倡	643	舩	575
酒	142	昩	264	蚵	1103	造	134	傷	644	舳	575
配	1228	眬	263	蚶	1093	銓	93	候	637	鄀	522
酎	1231	眭	271	蚚	1098	秝	553	倲	451	釘	1156
辱	1222	眹	269	蚔	1097	秠	556	恁	856	剡	345
唇	110	眕	263	蚲	1102	秥	561	倭	628	殺	242
厝	752	眩	259	蚗	1103	租	559	倪	639	敆	248
威	818	眝	270	眕	1143	秧	558	倠	647	欲	698
厞	753	眳	262	畔	1143	盉	393	俾	639	猇	389
夏	426	眙	270	嬰	426	秩	557	倫	633	弄	211
砢	759	財	496	畕	1145	秨	556	偹	645	晉	314
砧	760	貤	498	覍	690	秫	562	個	649	珧	414
破	758	退	141	盎	392	郝	507	倗	630	畜	570
恋	870	尋	688	圃	493	稅	554	俙	647	豣	769
厤	750	時	525	圊	494	裕	939	巫	488	豺	768
辰	752	晟	534	歐	698	透	146	隻	280	豹	768
脧	752	晄	526	恩	849	委	832	倞	629	奚	839
剞	340	晐	533	圂	494	(乘)	432	倍	641	邕	401
郫	518	晬	534	畢	309	笄	359	倅	649	倉	411
盉	394	鼻	420	閃	974	笑	371	倦	647	飢	405
圅	1051	剔	346	畢	737	笆	363	俴	626	飢	409
逐	141	晏	527	帨	617	笠	365	倌	640	衾	666
烈	807	晜	278	豈	385	筊	367	桌	471	翁	276
殊	316	思	855	罟	606	笫	360	健	629	胏	334
鄩	512	哮	114	罞	264	笒	372	臭	799	胯	327
柬	546	哺	100	置	608	笘	358	皋	838	胵	332
柴	565	哽	108	罠	606	俛	626	息	844	脡	334
致	425	唊	109	鬯	607	倀	641	郫	514	胝	327
貟	497	唬	111	罡	606	呢	654	烏	307	胱¹	330
晉	527	哨	112	罠	607	借	637	倨	629	胱²	541
敊	573	唄	107	敂	636	值	647	師	485	脂	335
欬	695	哦	116	峰	741	倚	634	柸	395	胸	338
峙	127	唏	104	峨	740	俺	630	胆	395	胳	326
柴	455	喚	116	圓	492	倢	634	鈚	843	脆	336
挚	993	唁	113	峯	739	郳	520	虔	390	胲	328
耆	127	唆	99	剛	341	倓	642	徑	147	豖	729
欷	696	唉	105	告	268	倒	650	征	147	骹	754
鹵	378	員	495	牲	487	俳	643	復	149	胅	1042
虓	388	逞	143	牦	413	俶	631	徐	148	(留)	1144
举	208	哭	118	缺	414	俾	630	徬	148	虓	390
党	686	跣	164	秕	673	條	451	殷	657	眞	651
貢	495	蚌	1107	氣	567	條	797	般	682	弩	380
逍	146	蚨	1108	特	91	脩	332	舫	682	狺	799

九─十畫　　筆畫檢字表 53

陋	1198	姦	1038	珣	15	埍	1137	莢	65	栫	468
韋	428	拏	986	珩	19	埣	1127	恭	848	栭	458
賑	1206	怒	862	珧	27	垸	1130	拳	1007	栵	458
眉	272	飛	960	珣	15	堓	1133	莽	85	栜	439
胥	333	盈	393	玪	22	埃	1136	莖	62	桎	478
陝	1198	臬	572	班	30	恚	862	莎	75	桯	454
陜	1202	勇	1150	珢	23	欬	693	莒	66	桃	475
孨	1220	瓴	1054	珝	29	奠	831	莫	85	桐	447
陛	1204	枲	810	敖	313、485	莑	837	覓	38	栘	459
陘	1200	怠	858	珞	27	袁	664	莗	43	株	450
陟	1198	癸	1217	素	1092	毃	240	茵	58	梃	452
陗	1198	癹	129	冓	310	都	503	莪	56	栝	471
嵌	699	柔	455	匭	1049	耊	671	莠	37	栓	463
陪	1203	敄	246	祘	3	耆	672	莜	54	桃	436
除	1204	矜	1182	兩	974	赶	127	荷	56	勑	1147
蚩	1104	租	1182	鬥	229	赵	122	莋	83	桅	449
峕	1194	垩	1207	抹	1001	起	123	莜	74	桦	471
院	1206	象	767	抓	986	起	122	莐	38	格	454
耇	1214	紆	1068	捄	1001	栽	456	茶	81	栘	445
陵	1198	紅	1075	捕	1006	裁	814	莕	48	校	475
娍	1019	紂	1084	振	995	貢	497	莝	75	核	468
娃	1033	紇	1064	挾	985	挈	982	莩	48	栟	439
姞	1012	紃	1080	捎	995	恐	869	莃	65	栿	467
姮	1021	約	1069	捉	988	匪	1050	葡	255	根	450
姼	1029	紈	1071	捐	1007	彬	719	茹	36	栩	441
姨	1017	級	1069	把	996	馬	773	莣	51	述	140
姪	1017	紀	1066	捌	1009	垔	1129	莎	78	索	486
帤	611	紉	1082	挼	999	敂	248	莞	45	軒	1183
姻	1014	紉	699	捽	1006	莀		茛	60	軏	1188
妹	1022	**十畫**		哲	103	耼	673	軑	535	甹	1187
姺	1013	耕	348	妾	1036	聆	979	荳	46	軓	1185
姵	1038	耢	348	挫	983	眀	979	郖	980	帆	1184
姑	1025	挈	348	捋	987	耿	976	莊	35	連	140
姬	1039	挚	984	捊	989	耽	976	茘	42	軔	1186
妿	1024	契	347	換	1008	恥	870	蔓	75	專	243
姶	1020	泰	926	撪	994	耶	518	茈	287	通	141
姚	1013	秦	560	捝	996	華	488	(栗)	547	哥	380
娧	1032	珥	19	挪	988	茡	64	真	651	速	135
妮	1024	珙	30	捐	992	茝	41	桂	436	鬲	224
姁	1029	珩	16	挨	1004	荟	59	栲	467	逗	139
姪	1018	珤	20	捹	983	菜	61	桔	441	哿	609
姣	1022	瑰	24	逝	133	莆	36	梆	515	袷	618
嫌	1020	珠	26	埗	1134	菩	80	桓	461	敇	253
姘	1037	班	18	垷	1128	茜	1230	棟	481	酎	1226

九畫

敀	246	胆	337	訄	198	秔	567	洽	916	突	586
皅	620	胂	326	訒	183	迷	140	洮	878	客	582
鬼	731	朎	328	亯	419	籹	568	染	926	姿	232
臾	211	胜	334	哀	113	酋	1233	洈	882	冠	602
禹	1211	胅	330	亭	417	首	715	洶	891	軍	1189
帥	610	胙	331	庤	748	豖	88	洶	900	屋	968
（侯）	416	胗	329	度	235	逆	136	洚	894	扁	170
侵	637	胝	329	座	747	炳	815	洺	930	扃	968
追	141	胸	333	帝	617	炦	810	洛	880	袄	660
俑	645	胞	730	弈	212	炟	806	浄	886	袓	666
俟	628	胖	90	奕	839	炯	816	洨	889	袥	659
俊	625	胅	331	迹	132	炮	811	洋	888	衱	662
盾	272	胘	331	庭	745	烙	819	洝	919	衸	664
逅	145	胐	541	彥	718	炫	816	（津）	910	袂	662
衍	152	胎	323	痄	599	炐	808	恒	868	神	670
待	149	匍	728	疥	597	灿	807	恃	852	祐	3
徛	148	剌	344	疧	600	洭	882	恭	869	祏	6
衍	894	癸	416	病	600	娞	1032	恆	1123	祐	4
律	150	負	498	疫	601	洼	907	恢	848	袚	8
很	150	匎	790	疢	599	洔	904	恫	865	祖	6
後	149	敏	251	疾	594	洪	894	愧	853	神	5
彤	681	訢	1178	庠	744	洹	887	恬	848	祝	7
郯	517	欨	693	屏	746	洧	914	恤	854	祚	11
俞	681	勉	1148	庤	749	涑	913	恔	849	衬	6
弇	210	風	1117	迸	136	洒	923	恰	872	祇	4
迨	135	髟	651	垤	1132	洧	885	恑	859	祕	5
郝	508	狟	797	咨	103	洎	893	恂	850	祠	7
逃	141	狨	802	姿	1031	洏	919	悄	844	昶	534
剄	344	猇	796	音	109	洿	918	恔	847	冟	401
俎	1178	狡	793	洌	207	洌	900	恢	869	聿	237
卻	726	狩	799	（彦）	718	洟	927	恨	863	郡	503
郤	509	舢	350	帝	2	洫	896	恊	1152	既	401
延	169	狼	795	盇	395	洸	898	宣	576	段	234
采	555	曶	377	施	538	洞	899	宦	580	屍	676
爰	313	訇	195	紗	1060	洇	892	宥	580	屋	677
再	310	尥	205	差	374	洄	910	戚	578	眉	675
曼	314	柩	753	美	290	洙	887	室	576	屑	675
郛	504	迻	137	羑	291	洗	925	宋	579	眉	675
食	402	毼	1054	姜	1012	活	895	官	577	昄	679
瓴	1054	怨	862	叛	90	洎	919	宮	584	屏	677
俎	128	急	855	巻	615	泚	907	穽	588	珥	1057
癸	426	胤	328	料	1182	洇	885	穿	586	敀	246
盆	392	訂	182	迸	146	洐	908	窀	590	盇	392
胧	326	計	186	送	138	派	906	窆	590	巺	374

九畫　筆畫檢字表

字	頁	字	頁	字	頁	字	頁	字	頁	字	頁	字	頁
莒	39	柤	461	酊	1233	省	272	哧	723	秕	558
茵	75	柙	479	甭	752	削	339	咷	99	秒	556
茱	61	枵	452	咸	106	剈	504	哆	98	香	563
荏	62	柚	435	厎	752	盱	262	咳	99	耗	554
苦	52	枳	445	厖	752	盰	269	昻	105	秭	561
茂	69	柍	437	威	1016	眇	269	品	169	秔	554
荏	37	柷	472	歐	1051	眊	262	削	343	秋	560
苫	80	相	463	研	758	眅	261	郢	513	科	560
苖	54	栖	465	頁	703	盼	270	禺	734	重	656
苕	73	柞	441	厚	420	盻	261	畏	733	竿	364
苔	36	柎	472	砌	760	眨	271	昳	252	竽	368
茗	42	柏	448	砍	911	眠	262	眊	1143	毎	254
茅	68	柤	476	斫	1178	眒	263	盼	1143	段	241
苟	83	枰	442	砭	759	眈	263	思	843	俅	624
茗	84	柩	440	面	714	映	268	胃	324	怹	846
茭	75	柃	464	奐	839	眍	270	青	604	俌	634
茨	72	柢	450	耏	762	取	270	胄	328	便	638
荒	67	枸	443	奎	829	昊	258	趴	160	侸	635
荄	64	柵	461	査	829	曼	340	虹	1110	俠	635
荓	48	柏	472	峟	751	則	715	虻	1111	俍	649
姜	48	柱	457	峂	830	(曼)		蚰	393	俤	856
疝	44	柿	435	郟	512	曼	715	盅	140	异	213
茹	75	拉	476	峗	396	昧	526	迵	1023	修	717
荔	79	柲	470	厎	700	昨	530	敁	493	侯	629
兹	65	柢	443	旭	833	昳	534	峠	574	倪	638
故	246	柹	465	胠	1095	昫	527	炭	809	俚	630
胡	331	柚	476	殆	319	昭	526	峋	742	傅	635
勃	1149	柖	453	迻	143	是	131	峒	611	促	646
革	217	枷	465	殂	316	昪	838	帢	611	(保)	623
要	214	柀	440	殃	318	易	761	罡	608	俄	644
南	486	柏	464	殄	318	冒	604	罘	605	侮	644
首	287	(柳)		殆	317	昷	393	骨	320	俛	648
柰	435	郇	521	皆	273	曷	377	幽	311	徐	640
柳	437	郭	520	毖	653	昴	530	卸	726	俙	644
枯	473	勃	1150	剄	346	昱	531	缸	413	坐	636
枯	454	軌	1190	勁	1148	昪	530	看	267	俗	639
柯	470	郇	523	韭	574	郫	513	怦	92	俘	646
柄	470	鄭	517	背	325	哇	108	牺	91	侹	649
柘	447	厘	1049	告	109	喧	98	部	516	係	646
柂	469	剌	491	奜	1029	咦	101	牲	93	信	183
柩	1051	郜	519	貞	254	咥	104	牴	94	俇	640
枰	476	郛	507	郵	523	咽	98	牷	93	侲	638
柘	449	亜	1134	卤	547	咻	114	适	136	皇	13
相	266	柬	491	虐	388	哑	112	畠	569	泉	936

庖	749	洞	924	怪	857	弦	1060	彔	551	垢	1136
府	744	泗	887	怡	848	弢	1058	希	765	垗	1137
底	747	洗	903	怊	866	弨	1057	糾	176	垛	1128
庖	745	洲	910	宗	583	迢	146	甾	1052	垝	1134
疛	595	派	910	定	578	承	989	**九畫**		垎	1131
疝	595	泒	891	宕	583	孟	1218	契	830	垕	1134
疲	600	洊	903	宙	583	姝	462	奏	837	垶	1133
卒	669	泠	882	宜	581	狀	796	珂	29	垓	1124
郊	504	泜	889	官	1195	戕	1044	珇	20	垠	1133
㤆	853	沿	910	空	587	牁	983	珍	22	垚	1140
庚	1215	泡	886	穸	590	斨	1178	玲	22	封	1130
音	397	注	909	穿	589	孤	1219	玽	24	奐	831
妾	208	泣	927	宛	577	㰍	695	珊	28	豆	383
盲	269	泫	895	宝	583	亟	1123	玼	19	哉	105
㫋	1053	泮	928	宓	578	降	1199	珉	26	耆	672
放	313	沉	897	宖	578	陊	1200	珈	29	郝	506
刻	342	沱	876	宗	579	陂	1202	毒	34	耇	672
郏	520	泌	895	郎	518	陔	1204	型	1130	政	246
劼	1151	泳	911	戾	798	限	1197	匧	1050	赴	118
肮	683	泯	929	肩	326	柔	441	甂	280	赳	119
育	1220	泥	891	房	967	妹	1017	拄	1006	苟	730
氓	1040	沸	906	衫	667	姑	1016	持	983	某	449
並	842	泄	902	衲	663	妸	1019	拮	1002	甚	377
邢	521	泓	899	衿	670	妭	1018	拱	982	葉	477
券	346	沼	907	袄	11	娀	1034	拒	989	茉	70
劵	1150	波	898	祂	6	姑	1024	拍	987	荆	62
卷	726	治	888	祉	4	妲	1039	挓	1002	苋	41
炊	811	泑	876	祈	8	姐	1016	批	988	茎	46
炕	817	怙	851	祇	5	妯	1032	挏	990	茸	82
炎	819	怵	869	役	239	妖	1034	捆	1000	苞	40
沫	925	怲	866	殁	240	娜	521	挺	998	茱	52
沫	877	怛	864	建	151	姓	1012	括	1000	茵	74
泍	921	怛	856	隶	237	姁	1016	挺	988	茜	50
泄	885	怗	852	帚	615	姍	1036	拾	997	茬	66
沽	890	怏	863	彔	551	妼	1021	挑	991	荐	71
沭	887	怡	859	居	675	姱	1037	指	981	荫	69
河	876	性	844	屍	675	始	1021	挌	1007	荝	55
泙	902	怍	870	屇	675	帑	616	按	986	荬	44
泒	919	怕	854	刷	344	弩	1058	挒	992	茀	55
沾	881	恨	861	戗	233	娿	1017	垣	1127	荃	58
沮	877	佛	858	屄	425	姧	244	城	1131	茶	61
油	883	怊	872	屈	680	奎	1129	垤	1136	茈	50
泱	912	怩	872	弢	416	那	513	埏	1139	草	82
況	896	怮	861	弧	1057	叕	1208	垍	1132	苗	76

八畫

臤	238	卓	652	鼻	374	委	1024	侒	635	肮	330
事	235	鹵	378	虯	1106	竺	1123	郎	512	肫	323
刺	346	斅	1029	忠	845	秉	233	臭	839	肭	541
兩	604	虎	389	典	373	戗	633	帛	619	肸	177
雨	941	尚	88	固	494	佳	627	卑	235	股	327
協	1152	旰	261	門	968	侍	634	迫	142	肪	325
厓	750	盱	263	岵	738	佸	628	昌	1196	肬	337
否	533	具	212	岸	743	俚	634	咢	395	肤	327
郁	505	迗	134	岨	738	供	632	卯	396	朋	330
厐	528	明	542	岫	739	使	639	侳	623	肍	1221
刿	342	昕	533	岥	610	佰	636	侔	633	肥	338
奔	832	販	531	帖	613	侉	645	所	1179	(服)	682
奇	379	吻	326	帙	613	例	646	欣	694	周	107
奄	829	欥	699	岰	611	兒	684	郔	519	昏	529
奈	829	呆	455	曶	234	臾	1224	袖	149	迌	140
來	422	果	450	迴	144	版	548	往	147	郁	510
俞	830	昆	533	弟	741	岱	736	彼	147	兔	791
衾	830	昌	530	困	493	侢	617	所	1179	埕	426
狀	802	昇	535	杳	378	郯	517	劘	682	猂	795
奎	835	昂	535	杴	933	佹	642	舍	410	狗	413
奔	830	易	770	图	494	侶	649	金	1153	狍	797
豖	765	昉	534	岡	738	侃	935	侖	410	狙	800
殀	318	旻	525	郘	113	侗	628	命	103	狉	796
殁	316	炅	817	制	345	佹	635	郶	506	狛	801
庖	833	旷	533	郲	514	凭	1177	剎	347	習	377
庥	833	味	101	知	416	侹	630	肴	331	狐	801
廁	518	呾	104	迭	140	佸	636	卦	255	忽	858
或	1044	咀	99	氛	31	侐	635	忿	858	狗	792
妭	425	呷	105	氜	861	佪	642	饻	1045	狎	795
妻	128	呻	111	刹	339	佺	632	斧	1178	狂	793
妻	1014	咽	101	(刮)	344	佮	636	效	256	匋	729
妾	1045	呱	98	迮	135	俏	642	采	475	㲋	570
姗	229	呼	101	垂	1138	俏	650	坖	656	匌	729
妷	685	呧	109	牸	91	佻	642	受	314	咎	647
忞	852	咆	114	牧	253	佩	624	爭	314	姓	544
到	965	呢	114	牻	95	侚	626	乳	964	匊	728
郅	511	咈	108	物	95	侈	642	欣	695	叕	725
迨	143	咄	104	和	104	佳	280	念	845	炙	827
廹	1055	哈	116	秅	557	侂	647	欼	247	帚	614
廼	1056	呶	110	季	559	佼	624	忿	862	婴	1023
非	960	呦	115	秏	561	依	634	瓮	1054	京	419
叔	234	迪	136	秒	555	㑆	634	肺	324	向	421
些	130	迟	139	秄	556	侅	627	胚	323	废	747
歫	128	盯	1144	季	1218	併	633	肰	337	夜	543

怐	620	怟	848	阼	1204	殁	25	拘	176	苚	70
灼	813	怳	846	附	1201	玫	27	拉	983	苗	62
灺	813	忱	850	阺	1201	玦	19	拖	1006	茄	56
弟	430	快	845	岇	35	孟	391	拂	1005	苕	80
（汪）	896	完	579	陀	1201	刴	400	拙	1001	茅	44
汧	879	宋	583	敂	246	扶	840	招	990	苺	42
沅	877	宊	581	陂	1197	忝	870	披	993	苿	463
沄	897	宏	577	妍	1025	珂	1135	拚	996	枘	572
沐	924	牢	93	妍	1033	坡	1126	拇	980	枉	453
沛	890	究	589	妘	1013	坪	1125	拗	1009	枅	458
汶	907	良	421	妓	1029	坫	1128	長	760	枎	453
沔	879	戾	968	妣	1016	坦	1129	延	133	林	481
沈	892	启	106	姆	1023	坥	1137	亞	1208	柿	475
沚	906	（罕）	605	妊	1015	坤	1124	刵	345	枝	451
沙	905	初	340	妎	1030	块	1135	取	234	柜	446
汩	883	社	10	妗	1025	坍	1132	苷	42	枒	446
汩	929	衸	7	妭	1025	坻	1131	苦	44	枊	440
沖	896	祀	5	姊	1016	坡	1125	苶	58	枇	441
汭	895	邲	725	妕	1022	坶	1124	昔	532	柤	473
汻	905	邶	509	妨	1031	坳	1140	苛	67	杪	452
汽	917	君	103	妒	1030	刲	344	若	73	杳	455
沂	887	即	401	妷	1033	卦	254	茂	65	柑	435
汳	885	敃	1013	卧	255	邽	507	茇	64	枔	478
汾	880	屁	470	邵	725	郝	518	苹	39	杵	465
泛	911	尿	680	邲	509	刦	1147	苤	142	枛	451
汦	916	尾	679	劭	1148	坴	1126	苦	72	枚	451
没	912	屄	676	忍	871	奔	211	苴	74	析	477
沸	882	局	115	甬	546	㚖	425	苗	49	枌	448
次	700	迟	145	邰	505	者	274	苗	67	松	448
汶	888	改	248	矣	416	考	672	英	63	柳	473
沆	897	攺	253	夌	425	拑	984	苢	46	殳	240
沈	914	剌	344	夋	767	抴	1006	芙	37	枋	444
沁	880	欥	694			抲	1000	芙	59	枓	466
決	909	忌	861	**八畫**		拓	997	苠	60	述	134
汩	918	阞	1205	邭	509	拚	985	苓	48	枕	462
泐	916	阿	1197	邦	515	拔	998	苟	78	杷	464
沇	881	壯	31	奉	210	抨	1003	茆	81	杼	468
忨	860	妝	1030	武	1045	拈	986	苓	80	軋	1190
怖	863	孜	247	青	399	担	997	苑	69	東	481
忮	857	岊	741	拜	23	抧	991	苞	51	更	311
忧	866	岊	484	玨	30	抉	1004	范	80	或	1044
忡	868	阽	1204	玩	22	挟	1004	苾	70	（卧）	656
忻	846	岑	35	玼	26	抪	987	（直）	1048	臥	656
忺	866	阻	1197	玲	23	抵	983	直	1048	邱	516

七畫　　筆畫檢字表

扰	1005	苆	55	厎	751	吴	832	伶	639	刜	340
抉	991	芰	71	忞	830	邑	502	佝	643	邭	520
把	985	芳	71	应	752	呂	523	低	650	郇	515
抒	996	芜	57	奄	830	里	1141	位	632	（狂）	800
坏	1136	芊	63	奔	830	町	1141	佅	642	狃	799
坋	1136	芋	42	夾	829	男	1146	伴	630	狓	797
坻	1129	臣	980	夾	831	邮	507	佇	651	抓	795
坎	1131	克	550	厔	229	粤	379	佗	631	犺	797
均	1125	弌	1044	豕	762	甹	546	必	627	狄	800
坖	1126	杇	460	尨	792	园	492	身	657	角	349
坊	1140	杜	436	尬	834	困	494	兒	685	删	343
走	118	杠	462	弎	856	岑	738	皀	401	狃	796
赤	827	材	455	垩	1129	网	604	伺	650	夆	431
孝	672	杕	454	至	935	帊	617	佛	631	夆	431
毐	1039	杖	469	邪	508	囮	494	佋	648	彤	399
志	844	杙	441	步	129	囪	175	肉	826	卵	1122
劫	1150	朴	453	辿	137	囯	543	佁	643	奔	211
巩	1054	杏	435	刮	345	刪	320	近	142	灸	813
攻	251	杧	465	奻	314	牡	91	㡡	724	姍	544
巩	229	巫	376	肖	328	告	96	狗	150	系	1061
延	151	杒	466	旰	528	牣	95	役	241	迎	136
芈	288	极	473	旳	526	我	1046	迋	132	言	178
耴	975	杞	446	旱	529	利	340	返	137	泧	940
邢	510	李	435	晏	1028	秃	687	余	89	庁	745
華	309	杝	461	忥	935	秀	551	兌	684	庇	745
芙	83	杒	449	貝	495	私	553	釆	89	戊	747
芜	59	杈	451	見	687	厼	694	谷	938	庀	748
芸	51	孚	486	耶	506	每	34	豸	174	疖	594
芟	53	車	1183	助	1147	臼	214	孝	1219	疝	593
苿	62	甫	255	吠	114	佞	1031	（坐）	1129	疫	595
苣	76	匣	1051	吴	832	兵	211	孚	314	吝	112
芽	62	更	248	呀	116	邱	521	孚	228	廷	718
芘	61	束	491	呢	112	何	631	豕	767	冷	940
苪	47	吾	103	呂	584	伾	630	含	100	序	746
芮	66	豆	385	听	104	攸	249	岐	249	远	145
芼	67	迍	133、143	吟	111	但	646	希	610	辛	1215
芺	47	邴	516	吻	97	但	640	肝	324	祄	32
芹	51	酉	1224	吹	102、693	伸	640	肘	326	朿	460
芥	77	医	1049	呎	109	佃	642	肌	330	肓	324
苓	53	辰	1222	呪	100	俱	643	昏	113	冶	940
芝	69	居	751	呈	106	佀	638	邸	504	忘	859
芪	58	邵	518	鄂	513	佚	644	奐	210	羌	290
芴	78	否	113、964	足	158	作	637	旬	265	判	342
茨	54	百	713	冐	337	伯	625	甸	1142	兌	684

艽	41	至	965	伏	645	(夙)	544	汲	925	妃	1013
芒	64	夼	573	臼	569	旭	527	汶	893	如	1027
芝	36	此	129	伐	646	旬	729	汍	929	妁	1014
芑	80	虍	387	仳	647	旨	382	汛	926	妃	1015
芋	37	邟	516	延	151	勼	1151	氾	906	好	1022
朾	476	劣	1149	仲	625	匈	729	泙	911	奻	1038
朴	451	光	817	伙	912	归	726	汝	880	忍	863
机	448	早	526	件	649	刎	346	沏	892	刕	1151
杻	453	吁	110	任	638	舛	427	忏	854	羽	275
杤	442	吃	381	似	655	效	1021	忖	868	牟	93
朷	455	吐	107	价	640	夆	431	忖	872	叴	1207
亘	1123	吃	108	份	627	名	102	宇	577	叒	484
臣	239	吒	110	仝	626	各	113	守	580	糸	1063
吏	2	吗	111	仰	635	多	544	宅	576	丝	311
再	310	吸	102	伉	625	尥	753	宅	587	𢇛	935
而	609	邑	529	仿	631	(争)	314	字	1218	巡	133
束	548	那	515	自	273	色	727	宄	581	**七畫**	
郏	516	曳	1224	伊	625	冰	939	穵	582	玕	27
西	174	虫	1093	由	733	亦	831	安	578	玗	25
西	965	曲	1052	自	1194	交	832	肎	338	玒	15
郊	505	叩	117	血	395	次	699	祁	510	弄	211
戌	1234	(吕)	584	向	576	邟	511	聿	236	玓	26
在	1129	同	603	囟	843	衣	658	艮	652	玖	23
辺	373	因	494	仔	626	辛	208	邢	521	忌	29
百	274	屾	743	后	723	亢	935	迅	135	迋	133
有	542	回	492	行	151	尕	536	辰	676	匦	1049
存	1219	屺	738	彶	148	亥	1234	盱	1058	形	716
而	762	岌	742	辰	657	邟	937	异	211	芎	1059
匠	1050	刎	610	肎	681	充	684	弫	1059	戒	211
夸	829	呧	616	舟	681	妄	1031	弛	1058	吞	98
灰	810	网	605	合	410	羊	288	改	1020	天	809
成	1043	肉	323	企	624	并	653	阱	400	扶	983
尥	834	朱	450	肎	328	米	564	阮	1203	抏	993
旭	834	缶	412	受	313	芦	174	阯	1200	抪	990
歹	317	牝	91	忞	871	邠	522	收	251	技	1001
列	342	先	686	兇	570	州	936	阪	1197	抛	1009
死	319	廷	151	邠	505	汗	927	艸	35	抨	985
成	1214	舌	173	刎	344	汙	918	阮	1200	扞	994
岐	652	竹	355	肌	323	江	876	防	1200	抌	911
夷	831	迄	146	肌	333	氿	920	丞	210	扮	995
邪	519	兆	686	肋	325	汕	909	阮	1198	捐	1003
邨	522	休	478	朵	452	汗	893	迆	139	抵	1004
攷	251	伍	636	危	754	汋	900	妍	1037	投	991
卬	725	伎	642	阜	1042	汎	897	妣	1018	抗	1005

字	頁	字	頁	字	頁	字	頁	字	頁	字	頁
欠	693	**五畫**		匝	1050	仡	629	氾	899	开	1176
勻	729	玉	13	戉	1045	仢	633	宁	1208	打	22
勼	729	刊	342	北	653	伋	625	穴	585	玌	25
丹	399	示	3	占	255	白	273	它	1119	式	375
勾	728	未	1223	歺	315	白	619	宂	580	迁	143
印	652	末	450	延	151	仔	640	究	583	迂	144
卭	521	邘	519	冉	762	仞	624	尼	968	荆	400
殳	239	邢	508	旦	535	瓜	575	必	89	刑	345
亣	839	巧	375	目	259	仝	412	永	937	邢	510
六	1209	正	131	且	1177	仚	88	聿	236	邢	510
文	718	卉	77	叭	254	仒	115	司	724	郏	519
亢	836	由	1126	叱	110	仚	648	吕	1223	戎	1043
方	683	邛	517	叩	506	乎	380	尻	1177	刓	345
火	806	功	1147	叫	112	參	717	尻	675	邡	517
斗	806	打	1010	甲	1212	令	725	尼	676	圭	1138
户	967	扐	1001	申	1224	用	255	民	1040	扞	1005
兂	418	扔	1000	号	381	肊	325	弗	1040	扜	1007
心	844	去	394	田	1141	印	726	邵	514	扛	995
毋	228	甘	376	只	175	氏	1042	弘	1058	扤	1003
尹	232	丗	286	史	418	句	175	疋	168	扣	1008
尺	679	艺	59	央	235	勼	1048	阢	1201	扚	1004
夬	232	艾	51	兄	685	(勾)	1048	阡	1206	扱	1003
引	1058	芀	55	屵	743	叴	110	卢	752	扶	997
弔	648	芄	77	犯	412	夙	242	出	485	寺	243
丑	1221	芃	80	皿	391	册	1222	朮	486	青	603
阠	1203	丗	178	帆	737	卯	797	癹	233	吉	107
巴	1214	古	176	牝	613	犯	544	阞	1206	帀	178
孔	963	本	450	邶	522	外	1177	陁	1199	圪	1127
防	1196	札	472	囚	494	処	940	奴	1018	考	672
艮	233	刊	341	四	1207	冬	543	加	1150	老	671
办	347	可	379	凸	320	宛	730	召	103	迗	133
劜	431	丙	1213	囡	494	包	397	皮	244	玘	1134
卯	727	左	374	生	487	主	418	孕	1218	圯	1138
允	684	丕	2	矢	415	市	592	圣	1132	地	1124
叉	232	石	754	失	996	广	840	台	106	耳	975
予	312	右	106	乍	1048	立	508	癸	128	共	212
夘	212		231	禾	551	邙	312	矛	1182	芋	38
毌	545	布	616	禾	489	玄	312	母	1016	芐	53
毋	1039	朿	837	刉	341	羊	174	幼	310	芇	287
幻	312	齐	838	仜	629	半	90	**六畫**		芊	84
巛	935	戊	1213	仕	624	汀	918	匡	1050	艺	42
叱	726	发	798	丘	654	汁	923	耒	348	芍	57
弓	546	平	382	付	635	氿	875	轫	347	芨	43
		叵	380	代	637	氿	905	邦	503	芃	65

筆畫檢字表

愚若　編

一畫		几	1177	与	1176	己	1214	仄	752	壬	655
一	1	九	1210	午	431	弓	1056	犬	792	壬	1216
｜	32	儿	684	丏	726	巳	1223	友	235	升	1182
ノ	1047	匕	651	弋	1041	子	1217	尤	1213	夭	832
丿	1040	匸	651	厷	1220	孑	1219	厷	231	仁	624
丶	397	一	602	矢	831	孒	34	厄	725	什	636
乀	1041	了	1219	少	128	孓	1219	匹	1049	片	548
乁	1040	凵	117	小	87	孔	724	巨	375	仆	645
乙	1212	丩	176	月	603	也	1041	牙	158	仇	646
乚	1048	刀	339	口	97	女	1012	屯	34	化	651
乚	1047	力	1146	囗	492	刃	347	戈	1042	仍	634
乚	934	乃	378	巾	610	叉	231	比	653	斤	1178
乙	963	厶	734	山	736	互	766	歹	701	爪	228
二畫		厸	394	千	177	幺	310	先	685	耂	348
二	1122	又	231	毛	487	**四畫**		切	341	反	233
丁	3	廴	151	川	934	丰	487	瓦	1053	兮	380
丁	1213	马	545	彳	146	王	12	止	127	介	88
十	177	巜	934	彡	716	井	400	攴	245	从	653
厂	750	**三畫**		入	410	天	1	少	87	从	412
丆	235	三	12	亼	1048	夫	840	忄	87	众	88
丁	1050	亍	150	勹	1176	元	1	月	603	欠	939
亓	1049	干	174	久	431	开	379	冄	762	父	232
丂	379	亏	381	夕	543	廿	178	曰	525	爻	256
七	1209	工	375	凡	1123	木	434	日	377	今	410
上	2	土	1124	丸	753	朩	572	中	32	凶	570
卜	254	十	31	夂	431	五	1209	水	875	分	88
卩	417	才	483	夊	424	帀	485	（内）		412	公	89
厂	1041	寸	243	及	233	市	618	内	412	乏	131
八	88	开	210	广	744	（市）	486	内	1210	月	540
入	411	丌	373	（亡）	1048	劦	178	午	1223	毕	652
人	623	大	829	宀		支	236	牛	90	户	753
乂	1040	丈	177	之	484	丙	714	手	980	氏	1041
勹	728	兀	684	孑	961	不	964	气	31	弔	486
几	242	尢	833	尸		不	228	毛	672	勿	761

zǔ		zuǎn		zuǐ		醉	1229	鐏	1170	zuò	
祖	6	篹	363	貲	129	zūn		zuó		祚	12
珇	20	酇	503	觜	352	遵	134	苲	83	胙	331
菹	38	纘	1067	濢	904	繜	1079	筰	365	飵	406
詛	193	纂	1078	zuì		尊(尊)	1233	昨	530	坙	426
組	1078	zuàn		檇	475	zǔn		稓	556	柞	441
俎	1178	鑚	1165	晬	534	噂	74	捽	988	繫	569
阻	1197	zuī		最	604	噂	105	醋	1228	伞	636
zù		朘	338	罪	606	劓	346	zuǒ		作	637
齟	1178	厜	750	檇	621	僔	647	丆	235	怍	870
zuān		驨	777	皋	740	zùn		左	374	巫(坐)	1129
鑽	220	纃	1080	皋	1215	鱒	948	庄	833	阼	1204
						捘	983				

主	397	溥	841	娷	1038	窀	588	甾	1052	縱	1080
尌	466	轉	949	膇	1083	叕	607	緇	1076	蝬	1094
宔	583	闞	972	墜	1140	斀	665	鲞	1162	堫	1126
罜	607	轉	1190	畷	1143	穛	759	錙	1166	樅	1190
屬	680	孨	1220	輟	1185	諑	804	輜	1183	zǒng
麈	789	zhuàn		隊	1199	灼	813	鼒	1219	熜	813
渚	889	瑑	20	綴	1208	焯	815	zǐ		總	1069
陼	1203	譔	181	zhūn		濁	888	茈	50	zòng
貯	1208	篆	357	屯	34	瀱	897	莘	73	楤	568
zhù		籑	404	諄	181	汋	900	啙	109	瘲	593
祝	7	賺	502	肫	323	涿	913	呰	129	綜	1065
芧	42	僎	624	窀	590	泿	915	訾	194	縱	1067
逪	139	俴	627	幀	616	濯	925	尛	336	zōu
眝	270	傳	640	zhǔn		鯈	958	第	360	菆	82
翥	277	頊	713	準	918	擢	998	梓	439	齱	154
羜	288	吅	726	埻	1130	窠	1030	秄	486	齺	154
箸	362	隊	1205	zhùn		綴	1033	秄	556	椒	477
壴	383	zhuāng		眒	265	繁	1085	秭	561	鄒	517
虙	387	莊	35	稕	561	鐲	1109	痄	600	耶	518
宔	392	椿	480	zhuō		勺	1166	滓	921	廢	573
築	456	裝	668	劅	342	斫	1176	批	988	驕	784
柱	457	妝	1030	椴	438	斵	1178	姊	1016	鯫	953
杼	468	zhuàng		糕	564	斵	1179	紫	1075	撖	1007
柷	472	壯	31	倬	630	斲	1179	子	1217	緅	1091
貯	498	狀	796	卓	652	斀	1208	zì		隊	1197
佇	651	戇	857	頫	710	酌	1228	芓	37	zǒu
馵	776	撞	1000	灼	807	zī		皆	260	走	118
駐	782	zhuī		捉	988	茲	65	自	273	zòu
疰	793	萑	45	拙	1001	菑	70	白	273	叴	726
注	909	追	141	蠿	1114	咨	103	粢	290	奏	837
紵	1088	隹	280	zhuó		嗞	111	歃	319	zū
助	1147	雏	295	琢	21	孜	247	載	335	葅	72
鑄	1155	腄	329	茁	62	兹	312	欰	696	菹	73
宁	1208	騅	774	窋	101	盩	392	恣	859	租	559
zhuā		錐	1165	啄	115	資	496	漬	915	zú
箊	367	zhuǐ		斮	208	貲	501	學	993	醉	156
髽	722	沝	933	輈	222	鄑	516	字	1218	足	158
zhuān		zhuì		致	251	齍	550	zōng		踤	163
跧	161	諈	186	斀	252	齎	553	葼	64	瘁	316
端	201	敪	233	鷙	294	稵	557	嵏	225	蕞	396
專	243	笍	367	腨	350	仔	640	椶	425	鏃	444
叀	311	餟	409	籠	364	齋	668	椶	439	族	539
顓	709	槌	467	楢	464	頾	716	稯	561	卒	669
塼	1027	贅	499	涿	475	鼒	805	宗	583	猝	695
		碫	755	稞	489	滋	904	艐	682	欶	695
zhuǎn		硾	760	稦	558	妾	1029	崷	741	崒	739
膊	336	惴	866	窆	588	姿	1031	猔	763	鏃	1173
膞	724					駿	786				

赈	709	**zhī**		埴	1131	栀	478	偬	612	妯	193
參	717	祇	4			榰	480	厷	626	晝	237
紾	1069	禔	4	**zhǐ**		質	499	衷	666	冑	328
畛	1143	芝	36	阯	4	郅	511	騣	804	簉	357
軫	1186	蘸	73	止	127	稚	552	忠	845	宙	583
	zhèn	支	236	只	175	秩	557	汷	893	胄	604
跈	163	隻	280	咫	200	實	584	霶	943	驟	781
朕	271	雉	284	皷	250	室	588	終	1071	祝	1055
鸩	306	鳷	298	旨	382	庤	597	螽	1113	紂	1084
朋	330	胝	328	夂	431	置	608	鍾	1157	緅	1088
栚	467	胝	329	枳	445	幟	617	鐘	1167	酎	1226
赈	496	脂	335	積	489	俟	632		**zhǒng**		**zhū**
偵	649	知	416	疷	598	製	669	踵	127	珠	26
朕	682	枝	451	端	621	室	747	種	150	藷	47
震	942	楮	457	咫	667	庤	748	踵	162	茱	61
雨	974	栀	480	怟	679	磧	767	腫	330	諸	180
抳	989	之	484	底	751	彘	767	瘇	598	誅	203
振	995	厄	724	恉	844	豸	767	冢	729	筭	367
紉	1084	馽	778	洔	904	隲	773		**zhòng**	朱	450
鎭	1164	汥	907	沚	906	鷙	783	種	552	株	450
	zhēng	汁	923	沢	916	廌	786	仲	625	邾	514
荸	68	哉	1045	指	981	狴	800	眾	655	袾	666
蒸	76	織	1065	抧	991	炙	827	重	656	豬	763
证	133	鼅	1121	抵	1004	戠	830	憧	846	洙	887
延	151	鐴	1227	紙	1086	志	844		**zhōu**	潴	930
爭（争）	314		**zhí**	坻	1129	忮	857	周	107	銖	1074
筝	370	趨	121	軹	1187	滍	884	邾	118	蠾	1122
偵	651	蚳	155	阯	1200	滯	916	譸	193	銖	1165
徵	655	跖	159		**zhì**	至	965	駕	226		**zhú**
崢	740	蹢	163	璏	19	摯	984	鵃	295	笁	41
烝	808	蹠	164	茝	70	俿	991	侜	642	苼	58
絟	1082	殖	318	茜	74	摘	991	舟	681	趜	120
紝	1083	藬	424	嚏	102	摭	993	訽	729	逐	141
埩	1133	植	459	迣	142	拄	1002	鎝	836	躅	163
鉦	1167	樴	469	踬	157	摯	1002	州	936	竹	355
錚	1168	稙	552	誌	206	墊	1028	婤	1020	筑	370
陘	1203	袠	613	靽	220	紩	1081	賙	1188	鞠	429
	zhěng	值	647	矯	274	緻	1090	輖	1190	欘	464
整	246	睪	783	雉	281	蛭	1096		**zhóu**	瘃	598
拯	994	執	835	鷙	304	時	1143	軸	1186	舳	681
	zhèng	騺	870	寘	311	鋕	1164		**zhǒu**	燭	813
正	131	漐	903	制	345	鉴	1172	肘	326	沭	902
証	186	職	977	觶	350	騺	1191	府	595	嫡	1027
諍	189	拓	997	觶	352	陟	1198	帚	615	屬	1178
證	202	姪	1017	勲	386	陁	1199		**zhòu**		**zhǔ**
政	246	直（直）	1048	致	425		**zhōng**	咒	97	薵	227
鄭	506	埴	1125	櫛	463	中	32	喌	114	丶	397
						苙	47				

	zǎn											
寁	581	齻	153	扚	997	嫸	1033	叉	232		zhě	
儧	633	齻	155		zhá	廲	1114	沼	907	者	274	
	zàn	譜	190	札	472	颭	1119		zhào	赭	828	
瓉	16	則	340	霅	942	鐟	1173	召	103		zhè	
饌	405	筰	360		zhǎ	斬	1193	趙	123	蔗	47	
贊	497	簀	360	眨	271	醆	1228	踔	162	嗻	109	
暫	530	責	499	羡	809		zhàn	詔	184	鷓	306	
濽	927	幀	611	煮	956	蘸	84	肇	245	樜	444	
孏	1023	澤	903		zhà	虥	389	奓	255	柘	447	
鏨	1062	淽	909	吒	110	棧	468	瞿	285	浙	876	
	zāng	擇	988	詐	191	襽	658	挑	288	蟅	1102	
		嫧	1027	詐	199	袒	667	櫂	480		zhēn	
臧	239	稭	1182	柵	461	棧	739	旐	536	禎	3	
牂	289		zè	槎	476	戰	1043	罩	606	禛	4	
	zǎng	厏	528	乍	1048	組	1081	照	815	珍	22	
駔	784	仄	752		zhāi	轏	1194	鮡	958	葴	49	
	zàng	昃	831	齋	5		zhāng	崖	968	甄	51	
葬	85		zéi	摘	992	璋	18	肇	1042	蓁	66	
奘	796	鰂	955		zhái	葦	51	桃	1137	唇	110	
奘	839	賊	1043	宅	576	章	207	陞	1204	貞	254	
	zāo		zēn		zhài	鄣	518		zhē	鵻	302	
遭	136	璻	24	鄒	508	粻	568	遮	142	箴	368	
糟	566	兂	685	瘵	592	彰	717		zhé	亲	436	
傮	648		zèn	債	650	麞	788	哲	103	榛	440	
熸	814	譖	201		zhān	漳	881	輙	191	槙	455	
	záo		zēng	詹	88	張	1057	聱	199	眞(真)	651	
鑿	1162	曾	88	趙	119		zhǎng	謫	201	砧	760	
	zǎo	譄	196	鸇	226	仉	228	謄	336	駗	783	
璪	20	繒	415	占	255	掌	980	磔	432	溱	883	
瑵	24	罾	606	瞻	265		zhàng	橐	451	滇	883	
藻	79	矰	811	鸇	303	帳	613	峙	467	潧	886	
早	526	憎	862	饘	404	嶂	1133	乇	487	臻	965	
棗	548	繒	1071	旃	537	障	1201	晢	526	甄	1053	
澡	925	增	1132	氈	673	丈	177	幘	617	鍼	1161	
繰	1075		zèng	驙	783	杖	469	屟	676	斟	1181	
蚤	1113	賵	225	沾	872		zhāo	猰	798	榛	1192	
	zào	贈	497	沾	881	啁	108	悊	847		zhěn	
草	82	甑	1054	霑	944	釗	345	慴	869	診	203	
趮	119		zhā	鱣	949	盄	392	耴	975	焮	240	
造	134	齻	154	蛅	1100	昭	526	撦	986	疢	242	
梟	169	諸	191		zhǎn	輖(朝)	535	摺	992	胗	263	
譟	198	戲	233	琖	29	佋	648	蟄	1107	脤	329	
竈	585	櫧	351	膻	263	招	990	虴	1111	枕	462	
燥	817	樝	435	氈	375	鉊	1164	鍖	1164	稹	552	
	zé	柤	461	㻞	437		zhǎo	輒	1185	袗	658	
嘖	111	蒙	545	展(展)	675	瑤	19	轍	1194	晨	676	
迮	135	溠	882	顫	710	爪	228			煩	705	

與	213	鷸	300	鋊	1159	**yuǎn**		突	586	貟	941
敔	252	歍	304	育	1220	遠	144	窦	586	抎	993
羽	275	鴥	304	醧	1229	訵	202	頵	707	鋆	1169
予	312	奧	361			颹	708	嶽	736	阭	1198
篽	371	鬱	401	**yuān**				庉	752	隕	1199
楀	439	餘	407	冤	50	**yuàn**		爚	809	**yùn**	
圄	494	鹹	414	逌	139	瑗	17	覷	822	蘊	68
邪	513	棫	440	鞙	220	苑	69	瀹	922	運	137
鄅	517	鬱	482	瞀	265	貟	337	闔	973	韻	207
瓜	575	賣	501	鼘	293	餌	407	閱	974	韗	218
宇	577	郁	505	鴛	299	夗	543	刖	1003	餫	407
寙	587	昱	531	鳶	303	傆	636	妜	1033	鄆	508
俁	629	鹹	542	冎	343	顧	704	城	1034	暈	534
傴	646	寓	582	蕭	384	願	707	戉	1045	靦	688
褕	669	瘉	602	帑	614	愿	847	絨	1080	惲	846
瘐	710	嬰	609	鼘	791	怨	862	鬻	1092	愠	862
庾	746	僨	637	悁	862	掾	987	軏	1188	縕	1065
貐	768	裕	667	淵	902	媛	1029	**yūn**		縕	1089
圉	835	歘	693	嬽	1022	緣	1079	顐	706	孕	1218
愚	853	欲	694	娟	1039	院	1206	煴	815	醞	1225
雨	941	吹	699	蜎	1107	**yuē**		壺	834	**Z**	
寠	944	籲	713	輐	1193	喊	108	**yún**		**zā**	
俞	1051	禹	734	**yuán**		曰	377	芸	51	币	485
鋙	1161	預	713	元	1	約	1069	頛	349	**zá**	
与	1176	譽	755	芫	59	**yuè**		筠	372	雥	292
斞	1180	豫	771	蒝	64	礿	7	囩	492	襍	666
禹	1211	驈	775	趚	126	蘥	54	貦	495	**zāi**	
yù		虞	789	邍	144	雘	92	鄖	514	哉	105
禦	9	狳	798	諑	181	趯	119	匀	728	栽	456
玉	13	獄	802	爰	313	越	119	憪	866	巛	935
芋	38	煜	816	圜	492	龠	124	涢	884	弌	1044
薁	49	贼	824	圓	492	逑	143	沄	897	**zǎi**	
菁	60	念	856	園	493	跀	160	溳	898	宰	580
藿	77	淯	880	員	495	躍	161	雲	947	崒	978
喻	106	減	896	邧	517	跀	167	妘	1013	**zài**	
噊	110	澳	908	袁	664	龠	169	縜	1080	飯	229
遇	136	浴	925	沅	877	鸑	227	**yǔn**		再	310
逳	139	昃	935	湲	930	晻	266	苬	64	栽	456
御	150	霫	946	羱	936	鷲	294	暉	98	截	520
蓹	175	閾	970	援	998	鴂	298	趣	121	溨	914
諭	181	嫗	1016	嫄	1019	歝	313	釁	155	縡	1091
譽	188	或	1044	蚖	1095	刖	344	殞	593	在	1129
舁	211	緆	1074	螈	1098	籥	358	允	684	載	1189
鬻	227	繘	1085	蝯	1109	籰	359	預	706	戴	1231
聿	236	蟜	1100	黿	1120	葯	369	磒	756	**zān**	
墼	288	蟻	1118	垣	1127	粵	381	会	830	鐕	1165
鴧	296	蚆	1109	輨	1188	樂	472	靴	837		
				阮	1203	月	540				

鄞	516	酳	1228		yìng	攸	249	黝	822	竽	368
鄞	522		yīng	膺	180	紑	311	魷	951	亐	381
貇	544	瑛	16	映	534	幽	311	酉	1224	虞	388
伒	652	英	63	倻	640	憂	425		yòu	盂	391
垔	656	嚶	114	鎣	1160	櫌	464	祐	4	餘	407
崟	738	譻	178		yōng	鄾	512	蕕	47	榆	448
廞	751	雁	282	庸	255	優	638	右	106	楰	449
狺	795	鶯	304	雝	283	麀	790	趙	121	邘	508
狱	802	鸎	305	鷛	301	怮	866	又	231	旟	537
淫	903	膺	325	饔	403	悠	867	右	231	窬	587
霪	944	罌	413	亶	420	惥	868	幼	310	仔	626
婬	1037	甇	413	廱	514	泑	876	盇	392	褕	658
蟫	1096	櫻	480	癰	596	漫	915	柚	435	衧	663
垠	1133	賏	501	廱	744	蚰	1107	囿	493	鈺	673
銀	1153	鸚	521	貐	768		yóu	宥	580	俞	681
听	1179	應	845	慵	871	猶	48	疫	595	覦	691
寅	1221	嬰	1029	灉	887	蕕	79	頨	711	歋	693
醋	1225	婴	1031	邕	935	遴	133	黆	734	艅	683
	yǐn	纓	1077	鱅	955	訧	203	豺	770	歈	699
听	104		yíng	墉	1131	肬	330	鼬	804	嵎	737
趣	122	瑩	21	鏞	1167	鹵	378	忧	866	惆	854
攵	151	蓥	68		yóng	繇	414	姷	1029	愉	856
靷	221	迎	136	喁	115	楢	437		yū	愚	857
尹	232	營	190	顒	706	樥	449	菸	68	湡	889
吾	314	營	270	鱅	948	郵	504	迂	144	漁	891
隱	471	籯	363	鰫	955	邮	507	瘀	595	渝	928
歙	700	盈	393		yǒng	旒	538	迃	834	雩	946
蘟	849	楹	457	汈	8	游	538	淤	921	魚	947
濥	894	赢	498	廸	126	甹	546	扜	1007	鱻	959
⺊	1048	營	584	踊	161	覦	690	紆	1068	灪	959
引	1058	褮	670	詠	189	猶	800		yú	舉	994
螾	1094	熒	826	甬	546	油	883	瑀	14	揄	995
釿	1154	瀛	930	俗	626	沈	892	瑜	15	娛	1020
鈏	1179	贏	1012	俑	645	輶	1183	玗	25	娯	1026
輶	1186	縈	1082	涌	900	尤	1213	黃	61	鮽	1104
隱	1201	蠅	1121	溶	901		yǒu	余	89	蝓	1107
	yìn	塋	1137	泳	911	壅	28	飫	89	埨	1124
蔭	65		yǐng	永	937	莠	37	趣	122	畬	1142
胤	328	郢	400	擁	995	友	235	逾	135	輿	1184
檼	458	梬	435	蛹	1094	羑	291	箹	152	隅	1197
窨	585	鄂	513	勇	1150	槱	477	踰	160	臾	1224
印	726	穎	555		yòng	有	542	諛	190		yǔ
猌	798	瘿	595	用	255	牖	549	誙	198	瑀	22
愁	849	癭	747	醟	1230	歐	697	昇	213	萬	44
硟	1042	穎	885		yōu	欲	699	靬	221	噢	115
迒	1136	溾	907	嘤	108	敏	699	鹆	289	齬	157
酙	1224	撄	1005	呦	115	盾	748	腴	327	語	179

yào—yín

爃	1065	衣	658	沂	887	音	180	帟	617	乂	1040
	yē	衤	793	臣	980	議	182	亿	629	厂	1040
噎	107	鷖	821	圯	980	誼	187	億	639	弋	1041
蠍	531	黟	824	姨	1017	詣	189	伇	643	医	1049
	yé	壹	835	婴	1026	詍	194	佚	644	匚	1051
耶	55	揖	981	乁	1041	譯	205	傷	644	弓	1059
邪	519	嫛	1015	義	1047	謚	205	佾	650	曷	1060
釾	1169	嫟	1020	匜	1050	羿	210	裔	664	繹	1064
	yě	繄	1082	瓵	1054	异	211	袘	666	縊	1090
冶	940	蠮	1102	彝	1090	弈	212	欧	698	圯	1126
也	1041	瑿	1136	圯	1138	異	213	归	726	圪	1127
野	1141	陭	1202	疑	1219	軟	229	嶧	728	堉	1136
	yè	陭	1202		yǐ	肆	236	嶧	737	瘞	1137
葉	62	醫	1230	苢	46	殹	241	廙	748	場	1139
喝	112		yí	迤	139	毅	241	廞	752	勤	1149
謁	179	瓵	23	齮	155	役	241	殪	764	軼	1191
業	209	荎	64	敼	224	斁	249	毉	764	酏	1228
箷	358	姨	101	攺	253	羿	250	豙	765		yīn
饁	405	台	106	矣	416	希	277		765	裀	5
餩	408	迻	137	檥	456	易	278		770	茵	75
葉	477	遺	141	旖	538	翊	279	駅	782	喑	99
曄	488	徲	148	倚	634	翳	284	驛	784	音	207
鄴	510	詒	192	頍	710	雉	301	逸	791	因	494
驛	528	羠	289	慉	848	鵙	302	熠	816	瘖	595
夜	543	饐	304	悠	865	殪	316	亦	831	殷	657
僷	626	箷	372	乙	963	殔	317	懿	835	駰	775
裛	668	飴	403	扆	968	肶	325	睪	835	慇	865
靨	714	椻	438	蛾	1099	剈	345	奕	839	氤	885
尼	749	栘	439	蟻	1099	虒	389	意	844	洇	892
焑	815	移	445	錡	1161	虣	390	癔	847	禋	912
燁	816	怡	464	輢	1185	虢	393	薏	851	霪	947
液	923	椸	480	輢	1188	饐	408	愷	853	闉	970
擪	986	貽	502	乙	1212	檍	438	悒	856	捆	1000
抴	1006	郵	519	㠯	1223	榏	440	忍	863	姻	1014
掖	1008	瞔	528	酏	1231	代	441	忢	871	亞	1134
揭	1127	移	554		yì	橔	454	懌	873	陰	1196
鍱	1160	宧	577	瑰	24	椴	464	漢	880		yín
曳	1224	冝（宜）	581	䓬	37	圉	493	瀷	884	垠	23
	yī	痍	599	蓄	44	貤	498	澺	885	黃	48
一	1	儀	638	藆	53	邑	502	泄	885	荶	65
噫	101	匙	651	薁	73	呂	523	泆	903	吟	111
鷖	300	歋	695	噫	98	昜	527	洇	905	嶾	153
椅	439	厭	700	嚱	99	暲	529	溢	923	嚚	172
檹	453	嶷	737	唖	104	契	579	羹	960	闇	182
伊	625	狋	795	趯	123	癔	591	擅	981	噺	390
依	634	夷	831	齔	157	疫	594	扡	996	鼒	391
肙	357	怡	848	趾	164	疫	601	妠	1018	兂	418

趣	120	崖	744	颛	706	奄	829	殃	318	姚	27
巡	133	厓	750	巖	740	沇	882	央	418	藨	70
循	147	涯	931	嵒	740	衍	894	秧	558	喦	106
詢	205		yǎ	礷	757	演	895	泱	912	遥	146
潯	243	雅	280	晷	757	潓	912	姎	1034	蹅	164
樳	445	疗	745	研	758	鰋	953		yáng	斉	185
鄩	508		yà	狠	795	揜	989	炀	10	爻	256
郇	510	齾	155	炎	819	掩	1002	羊	288	肴	331
峋	611	訝	189	沿	910	婩	1027	楊	444	榣	453
旬	729	乞	587	澗	926	戭	1044	陽	527	繇	575
峋	742	兩	609	鹽	966	扊	1049	瘍	594	窑	585
馴	782	猰	802	閻	969	魘	1054	痒	594	傜	644
恂	850	闤	972	阎	969	蝘	1095	崵	738	侑	645
洵	891	揠	998	妍	1033	嗛	1201	易	761	僥	648
潯	902	軋	1190	埏	1139		yàn	揚	994	猷	696
蟲	936	亞	1208	鉛	1154	唁	113	颺	1118	顏	707
鱘	952	晷	1208	阽	1204	遫	142	錫	1171	嶢	741
紃	1080		yān		yǎn	麟	154	陽	1196	鰩	959
	xùn	蔫	68	埳	18	蚦	167		yǎng	摇	993
蕈	61	咽	98	匼	115	諺	189	鞅	223	姚	1013
迅	135	腌	290	唵	116	唐	225	養	404	媱	1024
遜	137	焉	307	魘	154	遀	263	泱	437	鷂	1057
徇	150	淹	336	甗	155	雁	283	仰	635	繇	1061
訓	180	猒	377	弇	210	鴈	300	印	652	垚	1140
訊	183	鄢	513	眼	259	鴳	306	抉	1004	堯	1140
顨	373	鄌	521	曖	267	豔	387	紻	1077	銚	1159
巽	374	狷	794	鷗	298	晏	527	蚌	1105	韜	1183
徇	443	煙	814	剡	340	蕎	527	块	1135		yǎo
徇	626	厭	854	槏	438	宴	579		yàng	歔	156
愻	850	淹	877	魇	447	俺	630	訣	181	窅	261
汛	926	馮	891	鄢	511	偐	641	煬	812	鴄	305
潠	931	閹	973	郾	518	彥(彦)	718	鍚	821	杳	455
卂	961	壓	1022	郁	536	硯	759	怏	863	包	529
	Y	嫣	1023	虣	605	驗	776	恙	866	旟	538
	yā		yán	儼	629	驗	777	漾	878	宫	570
鴨	306	琂	25	偃	645	狲	799	羕	937	窈	577
审	590	嚴	111	褕	669	臙	808		yāo	甸	589
厭	753	嚴	117	掩	669	燠	816	祆	11	窈	589
閘	971	延	151	顩	706	焱	826	葽	60		yào
壓	1135	言	178	魘	733	鷁	839	要	214	藥	71
鋺	1170	訮	195	广	744	燕	859	幺	310	鷂	303
	yá	筵	360	崾	820	嬿	1019	杴	451	窔	589
芽	62	簷	371	詰	820	晏	1028	天	832	靦	691
牙	158	巗	391	曬	821	醃	1037	媄	1031	覤	692
睚	271	檐	459	龥	822	釅	1231	纱	1060	燒	799
狌	281	郔	517	黤	824		yāng		yáo	燿	816
枒	446	顏	703	黶	824	鴦	299	瑶	26	旭	833

蟄	532	凶	843	兄	685	頡	842	續	1067	眩	259
糏	567	阠	1206	匈	729	忴	868	絮	1086	縣	260
懈	574		xīng	洶	900	需	946	勛	1148	旬	265
幯	613	頢	175			鰨	949	酗	1230	贇	391
偰	626	興	213	雄	285	揊	1002		xuān	楥	468
偞	631	胜	334	熊	805	顤	1019	瑄	30	袨	670
衱	662	觲	351		xiòng	繻	1076	藼	40	炫	816
褻	666	騂	540	趚	122	鱊	1102	吅	117	泫	895
屑	675	駍	786	詗	203	戌	1234	趲	123	繯	1069
屭	675	猩	794		xiū		xú	讓	188	絢	1073
屟	676	鮏	956	脩	332	徐	148	諼	191	繏	1085
欪	696	巠	1096	休	478	俆	640	暖	260	鉉	1159
卸	726	垶	1125	鬚	490		xǔ	翾	277	鏇	1160
灺	813		xíng	修	717	稰	9	飌	349		xuē
燮	820	行	151	鵂	778	栩	29	駏	353	薛	44
䙡	830	刑	345	滫	921	許	179	宣	576	韡	224
懈	858	荊	400	羞	1221	詡	187	儇	626	削	339
忞	858	餳	403		xiǔ	盨	392	駽	774	辥	1216
澥	893	邢	510	歺	317	栩	441	煖	817		xué
渫	925	熒	575		xiù	鄦	511	孁	1024	斆	254
瀣	929	形	716	珛	16	糈	566	弲	1057	嚣	278
閒	970	榮	906	璓	23	惰	852	蠉	1104	鷽	296
媟	1030	沂	908	鼿	274	湑	922	亘	1123	觷	351
妎	1036	娙	1023	秀	551	姁	1016	鋗	1159	穴	585
絜	1081	型	1130	褎	661	頫	1084	軒	1183	嚳	738
継	1085	鈃	1157	岫	739		xù		xuán	泉	908
蠏	1108	鋞	1158	臭	799	璿	16	玹	1081
隦	1202	鉶	1158	繡	1073	壻	31	玄	312		xuě
离	1211	陘	1200		xū	蕢	80	櫄	447	雪	942
	xīn		xǐng	嘘	102	蓄	82	檈	466		xuè
薪	76	省	272	吁	110	訹	191	圓	492	莔	80
訢	186	醒	1233	謣	185	敘	253	旋	538	謔	197
昕	533		xìng	訏	199	鵆	296	縣	715	曼	258
馨	563	莕	59	盱	263	卹	396	澱	902	血	395
欣	694	腥	334	胥	339	旭	527	嬛	1025	宩	586
歆	699	杏	435	吃	381	藏	594		xuǎn	狘	802
廞	749	倖	832	楈	437	血	635	烜	98	臧	1117
心	844	性	844	槀	463	屝	680	選	138		xūn
忻	846	悻	855	呴	527	序	746	癬	596	熏	35
新	1179	姓	1012	訏	654	嶼	742	翼	605	薰	41
辛	1215	婞	1022	覷	690	煦	808	顴	688	纁	1074
	xín	婞	1032	敘	693	恤	851	愃	850	壎	1130
鐔	1168	絟	1068	欻	695	洫	854		xuàn	勳	1147
	xìn		xiōng	歔	696	潊	907	荀	152	醺	1229
信	183	詢	200	歔	709	鱮	930	鞙	222		xún
釁	215	凶	570	須	716	嬃	1021	閿	231	珣	15
腾	330	兇	570	魖	731	緒	1064	夐	258	荀	83

洍	885	廈	749	閑	972	臡	523	鴞	296	諧	186
戲	1043	墢	1135	嫻	1026	香	563	膮	334	譁	195
匚	1049		xiān	嫌	1032	裏(襄)	665	簫	369	鞵	219
系	1061	衵	11	娹	1034	廂	750	虓	390	覷	223
細	1068	躙	168	弦	1060	驤	778	枵	452	盱	262
綌	1087	鶱	306	衔	1172	湘	883	梟	479	膋	325
概	1128	枯	449		xiǎn	緗	1091	宵	581	膥	332
釳	1171	钑	574	尟	132		xiáng	痟	594	偕	633
鏭	1173	僊	648	跣	166	祥	4	歊	695	袤	668
隙	1205	仚	648	諓	184	詳	182	驍	777	襭	668
	xiā	先	686	壐	221	翔	278	獢	793	歙	694
呷	105	憸	855	冕	531	夆	431	獟	794	頁	703
呀	116	思	855	幰	618	栟	471	消	917	頡	710
蹅	166	鮮	955	毨	673	庠	744	瀟	929	騱	779
䁱	957	蟲	958	顯	713	洋	888	霄	942	奊	831
	xiá	攕	981	獮	793	珜	1054	綃	1064	爈	834
袷	7	掀	994	玁	798		xiǎng	蛸	1100	懈	860
瑕	21	孅	1024	燹	806	響	207	蠨	1104	愶	863
瓁	24	妗	1025	洗	925	饟	405	銷	1156	挾	985
遐	146	嬐	1028	銑	1155	餉	406		xiáo	攜	986
黠	156	纖	1068	險	1197	饗	406	殽	241	拹	992
辖	427	鱖	1145		xiàn	亯	419	恔	847	絬	1084
轄	429	銛	1162	莧	38	想	850	洨	889	蠵	1108
柙	479		xián	呢	107	蠁	1094		xiǎo	劦	1151
暇	530	弦	47	趤	121		xiàng	小	87	恊	1152
痕	597	噞	99	腎	260	珦	15	詨	205	勰	1152
俠	635	咸	106	睍	261	樣	441	筱	356	協	1152
厒	752	唌	112	胘	337	翯	523	曉	533	斜	1181
破	755	趆	120	睨	527	龑	524	皢	619		xiě
夂	767	諴	185	臽	570	罻	530	鐃	1157	寫	581
䮿	774	矒	268	倯	630	向	576		xiào	觷	791
狎	796	鵬	303	羨	700	像	647	芍	57		xiè
點	823	胘	331	獫	794	褑	666	嘯	106	瓊	24
赮	829	賢	496	獻	799	項	705	效	246	薢	54
霞	946	弚	546	赚	804	象	771	肖	328	喢	109
搚	992	稴	554	憲	846	閜	972	笑	371	邂	145
匣	1051	癎	593	霰	942	勴	1149	皛	620	齘	153
蠱	1114	嵮	616	䤜	953		xiāo	孝	672	禼	157
鍜	1170	伭	642	綫	1081	蟰	41	歘	696	謝	188
轄	1190	次	700	蜆	1100	蕭	57	篙	786	燮	232
陝	1198	騆	774	垷	1128	歊	66	畏	1042	聇	248
	xiǎ	龐	789	限	1197	嘵	111		xiē	鸒	275
閜	971	惔	820	陷	1198	哮	114	歇	694	劈	341
	xià	慈	855		xiāng	虓	115	猲	793	榍	461
丅	3	憪	856	蕻	84	逍	146		xié	楔	461
罅	414	慊	860	相	266	嚻	172	諧	25	械	478
夏	426	鹹	966	箱	366	鸞	225	鮭	170	榭	480

委	1024	彣	718	**wū**		諉	200	酀	519	驚	353
娓	1027	文	718	誣	192	敄	246	晞	532	覡	376
緯	1065	馼	778	訏	307	鶩	300	昔	532	榪	436
蒍	1145	聞	977	巫	376	晤	526	夕	543	欷	472
鍉	1172	蟁	1115	朽	460	痦	581	稀	552	郋	512
隗	1198	**wěn**		鄔	510	寤	591	粞	590	席	615
wèi		吻	97	屋	677	痻	593	蜥	594	襲	660
蔚	57	刎	346	歍	695	刐	682	瘜	596	檄	743
菋	58	穩	561	洿	918	兀	684	皙	619	騽	776
萎	75	**wèn**		汙	918	啎	741	傒	638	鰼	952
犚	94	問	103	吁	1058	勿	761	徯	644	雟	1121
味	101	饂	406	**wú**		鶩	781	褶	668	隵	1199
衛	152	餽	406	珷	16	悟	852	犀	676	**xǐ**	
韑	162	汶	888	蕪	67	霧	945	蚊	695	迊	137
謂	179	搵	1007	菩	80	扤	1003	歔	696	躧	166
矮	290	絻	1068	吾	103	婺	1026	欷	696	諰	188
胃	324	**wēng**		梧	447	務	1147	歙	698	諕	204
饐	408	翁	276	蕪	481	鍪	1154	鬚	720	鞭	219
痱	486	篘	357	郚	519	阢	1201	卻	726	喜	382
尉	607	鯠	953	吳(吴)	832	戊	1213	獯	763	憙	382
位	632	螉	1094	浯	888	**X**		狶	765	枲	572
裝	659	**wěng**		毋	1039	**xī**		驤	785	廙	751
畏	733	滃	912	無	1048	禧	3	鸂	804	洒	923
碨	758	**wèng**		鷡	1202	茜	48	熄	810	彋	1058
彙	766	罋	413	**wǔ**		悉	90	熹	811	纚	1077
蘬	767	瓮	1054	瑀	25	犀	95	熙	819	壐	1030
尉(尉)	812	**wō**		趙	121	犧	95	奚	839	**xì**	
熨	818	喔	114	鵡	305	吸	102	息	844	呬	101
薈	821	踒	166	舞	427	唏	104	惜	865	咥	104
慰	852	蝸	1107	鷡	608	叱	111	渝	897	肸	177
懲	861	**wǒ**		伍	636	溪	149	淅	920	罤	190
渭	878	婐	1024	侮	644	諆	194	谿	938	閲	230
媦	1017	我	1046	廡	745	譆	194	西	965	盻	270
縞	1071	**wò**		憮	852	斳	203	嚠	966	虩	390
蜼	1110	晤	267	悮	853	嚭	252	扱	1003	盡	396
颭	1118	眖	270	憮	884	瞦	260	媛	1018	郤	509
錇	1159	臒	399	嫵	1021	睎	267	娭	1026	鄎	521
薁	1187	握	462	武	1045	翕	277	錫	1088	氣	567
未	1223	偓	632	鷡	1205	觿	352	蜥	1095	佁	620
wēn		臥(卧)	656	五	1209	兮	380	螅	1103	係	646
殟	316	鶩	780	午	1223	義	380	蟋	1112	霫	692
昷	393	涹	909	悟	1223	虛	387	錫	1154	欯	693
溫	877	渥	915	**wù**		醯	393	鑴	1158	歙	697
轀	1183	搚	982	芴	78	樨	441	**xí**		歙	698
wén		握	985	物	95	析	477	蓆	71	艴	828
闅	258	擭	995	誤	194	撕	478	謵	200	忥	861
僤	625	幹	1180		198	郗	512	習	275	愾	864

銅	1154		tǔ			聭	978	泩(汪)	896	圍	494
鈾	1163	吐	107	輐	1184	聵	978		wáng	韡	547
	tǒng	土	1123		tuō	䏏	979	王	12	帷	613
桶	471		tù	託	188		wài	茊	51	幃	615
統	1066	兔	791	脫	329	外	544	亾(亡)	1048	敉	636
	tòng		tuān	梲	470	頺	707		wǎng	褘	663
痛	592	猯	770	侂	647	顝	712	往	147	𤫝	690
慟	872	湍	899	袥	662		wān	㲋	252	嵬	734
	tōu	貒	1145	涶	891	剜	346	枉	453	巍	750
媮	1032		tuán	鮀	952	登	386	网	605	獮	764
	tóu	專	74	挩	996	婠	1023	蛧	1109	夒	833
殳	240	歂	303	扡	1006	彎	1058		wàng	惟	850
渝	549	篿	362		tuó		wán	迋	133	洈	882
麻	573	團	492	跎	168	玩	22	謹	202	潍	888
頭	703	糰	715	訑	191	芄	41	眰	531	潿	899
投	991	漙	929	鞑	223	刓	345	望	656	潙	901
鍮	1088	摶	1001	橐	491	完	579	忘	859	闈	968
	tǒu		tuǎn	佗	631	頑	707	妄	1031	媁	1034
㩒	298	疃	1144	祂	662	丸	753	望	1048	維	1083
鯄	950		tuàn	驒	785	汍	929		wēi		wěi
妵	1021	彖	767	駞	786	紈	1071	薇	38	蔿	57
	tòu		tuī	沱	876		wǎn	逶	139	芛	63
透	146	蓷	45	鮀	952	琬	17	微	148	葦	78
	tū	推	982	鼉	1121	菀	58	餵	350	薳	83
突	588		tuí		tuǒ	脘	333	椳	460	唯	103
秃	687	頹	197	橢	467	盌	391	械	462	韙	132
厸	1220	穨	687		tuò	妴	425	倭	628	諉	187
	tú	魋	733	籜	68	晚	529	覣	687	矮	315
荼	81	庉	748	唾	101	宛	577	巍	735	骫	322
馀	91	隤	1199	槖	454	婑	1023	危	754	樟	437
迋	133		tuǐ	榻	455	婉	1023	煨	810	韣	488
腯	331	腿	628	樰	461	婠	1027	娃	810	寪	578
筡	357		tuì	W		綰	1054	渨	912	瘍	594
醜	390	復	149		wā	輐	1074	溦	914	痿	597
圖	492	駾	782	哇	108	畹	1143	威	1016	疿	598
鄡	507	煺	853	窐	585	輓	1193	隈	1202	癳	598
稌	517	娩	1022	窊	586		wàn		wéi	偉	627
稌	554	蛻	1105	欪	698	墾	24	瓃	25	僞	643
痞	593		tūn	洼	907	薍	54	薩	38	尾	679
屠	676	吞	98	媧	1019	甂	275	蒍	64	頠	708
菟	743	啍	102	娃	1033	贎	496	違	139	广	753
駼	785	焞	815	黿	1121	鄤	514	爲	228	廆	753
涂	877	黗	822		wǎ	忨	860	敫	250	猥	794
捈	1006	涒	923	瓦	1053	擘	981	薩	285	煒	815
塗	1139		tún		wà	萬	1211	薇	356	洧	885
酴	1226	籪	368	嗢	107		wāng	韋	428	鮪	949
酶	1232	屯	675	韤	429	尣	833	口	492	闈	971

闒	969	tǎn		絛	1079	提	986	tiàn	
闟	975	菼	54		táo	綈	1072	瑱	19
搨	1001	噉	106	萄	80	鎕	1161	奠	174
撻	1003	肒	337	咷	99	锑	1174	睍	267
蹋	1028	罈	396	逃	141	醍	1233	tiāo	
鐋	1173	襢	663	詾	195	tǐ		祧	11
	tāi	緆	1076	韜	219	體	322	佻	642
胎	323	坦	1129	匋	413	緹	1075	挑	991
邰	505	tàn		桃	436	tì		斛	1181
	tái	嘆	112	檮	477	薙	70	tiáo	
泬	62	歎	696	騊	785	嚔	102	蒂	49
怠	356	炭	809	洮	878	递	144	芳	55
駘	783	撢	999	鋼	1175	睼	264	苕	80
炱	810	tāng		陶	1203	髢	322	趒	126
鮐	955	蕩	49	tǎo		剔	346	迢	146
臺	965	鼞	384	討	204	俶	649	調	186
儓	1035	湯	919	tè		禘	663	條	451
	tài	鐋	1168	特	91	鬄	722	岧	547
態	857	táng		貣	497	髤	722	髫	719
汰	920	唐	107	忒	856	普（替）	843	髻	723
泰	926	踼	165	忕	856	惕	869	鼦	1051
	tān	棠	436	蟘	1096	悌	872	蜩	1102
嘽	101	鄘	523	téng		渧	927	鎥	1155
貪	500	糖	568	滕	190	涕	927	tiǎo	
灘	909	闛	973	䲢	390	戾	968	誂	196
探	999	螳	1112	勝	615	tiān		朓¹	330
攤	1009	堂	1128	騰	784	天	1	朓²	541
紞	1076	塘	1139	滕	897	沾	1146	窱	589
	tán	鏜	1174	滕	1083	tián		篠	589
蕁	46	tǎng		螣	1093	嗔	105	嬥	1026
談	179	矘	262	tī		晪	252	tiào	
菼	367	帑	616	虒	300	甛	376	跳	162
覃	420	儻	649	梯	469	寘	588	眺	268
檀	446	tāo		俤		恬	848	糶	485
橝	459	弢	93	荑	44	闐	973	覜	691
郯	519	慆	94	稊	59	塡	1129	絩	1071
鄲	520	叜	233	嗁	113	田	1141	tiē	
曇	534	饕	408	趧	126	鈿	1175	貼	502
醰	565	韜	428	徲	149	tiǎn		聑	979
倓	626	駘	780	蹏	159	琠	14	tié	
倓	768	夲	837	鵜	302	殄	318	鮎	222
燂	815	惆	854	褆	664	腆	331	tiě	
憛	867	滔	894	鶗	689	栝	471	驖	775
潭	883	濤	930	題	704	靦	714	鐵	1154
壇	1138	搯	982	庢	751	悿	870	tiè	
錟	1169	鼗	1052	騠	785	忝	870	飻	408
		弢	1058	鯷	953	錪	1158	帖	613
								tīng	
								芋	59
								桯	462
								汀	918
								聽	977
								緽	1067
								綎	1078
								町	1141
								tíng	
								莛	62
								廷	151
								筳	359
								岪	395
								亭	417
								停	650
								庭	745
								霆	942
								tǐng	
								頲	18
								梃	452
								侹	630
								壬	655
								艇	683
								頲	708
								挺	998
								娗	1038
								tōng	
								通	137
								侗	628
								恫	865
								tóng	
								憧	96
								術	152
								詷	187
								童	208
								彤	241
								筒	364
								彤	399
								桐	447
								瞳	533
								痌	599
								同	603
								僮	623
								赨	827
								潼	876
								鮦	950
								甕	1120

怇	636	涗	920		sì	獀	792		suī	娞	1029
裋	669		shǔn	祀	5	涑	926	葰	41	縮	1068
荗	672	吮	100	蕼	47	捒	1008	奞	285		suǒ
庶	748	楯	460	蕻	50	颾	1119	夊	424	瑣	22
恕	848	揗	987	牭	91		sǒu	倠	647	顃	423
沭	887		shùn	嗣	170	藪	69	綏	1090	索	486
澍	913	舜	61	寺	243	嗾	114	雖	1095	貟	495
漱	924	瞚	270	笥	361	宎	232		suí	索	582
戍	1043	舜	427	飤	405	朡	270	隨	133	硰	756
鉥	1161	順	708	秫	423	籔	361		suǐ	惢	873
隃	1202	鬊	722	相	463	浚	920	髓	322	瀡	892
	shuā		shuō	栖	465		sū		suì	鎖	1175
厰	233	説	186	俟	628	蘇	37	崇	11	所	1179
刷	344		shuò	侣	638	穌	559	尜	88		suò
	shuāi	箾	368	伺	650	窣	588	歲	129	些	130
瘝	602	槊	480	隶	761		sú	遂	141	膆	335
	shuài	朔	540	䅑	766	俗	639	誶	202		T
達	132	欶	698	㕞	770		sù	䚄	428		tā
衛	152	碩	706	駟	779	遫	54	檖	442	榙	449
帥	610	獡	795	駛	781	速	135	旞	537	它	1119
率	1093	爍	819	竢	841	諫	185	采	555		tǎ
蟀	1099	摯	981	泗	887	訴	201	毯	555	獭	801
	shuàn	妁	1014	涖	893	嘗	227	邃	589	鰨	948
腨	327	鑠	1156	俟	905	肅	236	襚	670	塔	1140
膞	724		sī	汜	906	鷫	294	碎	758		tà
篹	1191	褵	4	四	1207	橚	438	憗	851	尐	128
	shuāng	玨	25	巳	1223	橚	454	甀	1056	逻	135
雙	292	蕬	54		sōng	觫（夙）	544	襚	1065	蹋	161
䴇	294	虒	390	松	448	橚（粟）	547	總	1078	踏	164
霜	945	樴	466	嵩	742	宿	581	繐	1087	嚃	173
	shuǎng	私	553	娀	1019	鷫	787	鐩	1157	謎	195
爽	256	罳	609	蚣	1102	溯	895	闠	1207	諯	195
	shuī	司	724		sǒng	溯（泝）	910		sūn	譶	200
鞼	223	獄	802	竦	841	素	1092	蓀	83	敲	205
	shuí	颸	803	傱	851	茜	1230	飧	405	昜	278
誰	203	思	843	慫	858		suān	孫	1061	眔	378
脽	327	澌	889	愯	978	狻	800		sǔn	礳	384
	shuǐ	漺	916		sòng	霰	943	膞	334	礳	385
水	875	澌	940	送	138	酸	1231	筍	356	鉈	413
	shuì	䮞	943	誦	180		suǎn	鄩	380	榻	449
啐	100	總	1088	訟	200	匴	1050	損	996	榻	480
睡	267	絲	1092	宋	583		suàn		suō	䶀	674
稚	282	颸	1119		sōu	祘	11	莎	78	磋	759
鋭	409	斯	1179	蒐	50	蒜	77	趖	121	猶	796
税	559		sǐ	廋	334	筭	371	傞	644	濕	886
帨	610	梭	319	梭	474	算	371	衰	669	㳠	920
祝	670	死	319	鄋	511			掞	997	韃	960

shàng—shù

尚	88	撼	1009	慎	845	箑	369	筮	359	几	242
	shāo		shēn	滲	901	食	402	式	375	舒	312
莦	66	蔘	43	脣	1106	時	525	觙	401	殊	316
篍	361	蓡	45		shēng	稌	561	市	418	樞	459
箾	361	呻	111	牲	93	寔	578	柿	435	梳	463
梢	443	詵	179	笙	368	實	579	貰	499	橾	473
稍	560	昣	232	生	487	什	636	釋	565	鄃	510
燒	807	傪	247	昇	535	石	754	室	576	鄒	522
捎	995	胂	326	聲	977	鼫	803	飾	615	朱	573
	sháo	曥	452	甥	1146	湜	901	仕	624	輸	613
韶	207	椮	454	勝	1148	拾	997	侍	634	倏	797
柖	453	甡	487	升	1182	餞	1105	視	687	儵	824
	shǎo	曑	540		shéng	塒	1131	恃	852	淑	901
少	87	突	585	繩	1082		shǐ	澁	909	抒	996
邤	576	佻	635		shěng	芙	37	媞	1026	姝	1022
	shào	伸	640	眚	268	菡	76	氏	1041	姂	1022
哨	112	侟	648	楷	465	史	235	螫	1105	紓	1067
卲	255	身	657	渻	904	餛	401	勢	1151	練	1091
鄘	504	焼	686	婼	1032	矢	415	鎏	1171	輸	1190
邵	509	魗	731	蛸	1104	使	639	軾	1184	疏	1221
袑	663	屾	743		shèng	豕	762		shōu		shú
劭	725	駪	784	滕	468	駛	786	收	251	璹	20
娋	1032	燊	826	膡	497	始	1021		shǒu	顨	229
紹	1067	深	883	晟	534		shì	守	580	贖	499
劭	1148	扟	997	聖	977	示	3	首	713	秫	553
	shē	姺	1013		shī	士	31	手	980	塾	1139
賒	499	娠	1015	蓍	56	蒔	67		shòu		shǔ
奢	836	紳	1077	詩	180	釋	90	售	116	數	247
	shé	申	1224	攸	246	噬	100	受	313	貱	501
虵	77		shén	師	485	嗜	108	瘦	599	署	531
舌	173	神	5	邿	518	是	131	壽	672	曙	534
揲	984		shěn	施	538	逝	133	狩	799	黍	562
	shě	审	89	尸	674	適	134	授	989	署	608
捨	986	諗	185	屍	676	俇	148	綬	1077	襡	665
	shè	瞫	267	鯴	692	跣	162	鏉	1174	鼠	803
社	10	弞	416	涇	917	愒	173	獸	1211	蜀	1098
彀	71	痒	594	失	996	世	178		shū		shù
設	187	弞	694	繟	1072	諟	183	逑	42
赦	249	頣	709	蝨	1100	誓	184	蔬	83	述	134
舍	410	潘	924	蝨	1113	試	185	筳	160	術	151
躲	415		shèn	颯	1121	諡	204	疋	168	豎	238
韘	429	振	9	鉈	1169	事	235	艇	169	尌	383
麝(麝)	789	葚	61	醢	1226	弒	242	延	169	麓	389
懾	868	腎	324		shí	眎	262	叔	234	柔	441
涉	892	甚	377	祏	6	賜	266	書	237	樹	449
歙	933	瘁	607	十	177	奭	275	受	239	束	490
攝	984	欰	697	識	183	藒	350	殳	240	疢	600

仭	624	脜	713	繶	1081	浽	919	穑	551	潜	927
衽	659	蝚	1096	蝡	1104	颯	1118	色	727	挺	988
恁	856	鞣	1142			鈒	1169	塞（寒）	850	姍	1036
妊	1015	鍒	1175	ruí				漇	903	纔	1076
紝	1065	輮	1186	蕤	63	sāi		涑	913	縿	1082
紉	1082	肉	1210	桵	440	鰓	350	瑟	1047	shǎn	
靭	1186	rǒu		甤	487	sài		轊	1185	晱	262
		糅	147	緌	1077	篹	370	sēn		摻	795
rēng		煣	813	ruǐ		賽	502	森	482	痁	820
扔	1000	ròu		蘂	873	塞	1132	sēng		夾	831
réng		肉	323	ruì		sān		僧	650	閃	974
芿	80	rú		瑞	19	三	12	shā		陝	1033
礽	183	茹	75	芮	66	毵	91	殺	242	陜	1202
鹵	378	翟	283	叡	315	籼	363	樧	444	shàn	
朸	442	挐	521	汭	895	sǎn		沙	905	禅	9
仍	634	帤	611	蜹	1104	饊	403	鯊	954	訕	192
陾	1205	儒	625	銳	1165	糁	565	鍛	1162	善	206
		襦	665	rún		繖	1091	shà		膳	331
rì		颥	732	犉	92	sàn		萐	36	贍	502
逺	142	濡	890	睓	265	懒	284	翜	278	鄯	504
日	525	如	1027	rǔn		散	336	翣	279	疝	595
馹	784	嬬	1035	稐	672	椴	573	箑	365	偏	630
銍	965	絮	1086	rùn		馓	612	歃	697	僐	643
		孺	1218	閏	12	sāng		潹	924	狦	795
róng		rǔ		腬	338	桑	484	霎	947	汕	909
茸	82	郟	507	潤	918	sǎng		shāi		鱓	953
蓉	83	孃	591	ruó		颡	704	籭	360	扇	967
韃	222	汝	880	捼	999	sàng		簁	362	擅	996
融	225	乳	964	ruò		喪	118	shài		嬗	1028
榮	447	擩	995	蒻	45	sāo		曬	532	繕	1081
容	579	辱	1222	若	73	臊	334	shān		蝻	1105
頌	704	醹	1226	䎜	335	傮	643	珊	28	墠	1107
髯	721			箬	356	騷	783	芝	71	埵	1133
嶸	740	rù		叒	484	懆	865	苫	72	shāng	
馻	786	蓐	84	弱	717	鰺	956	葠	76	商	175
搈	993	入	411	爇	807	搔	991	羴	291	蕎	225
戎	1043	溽	904	熱	817	繅	1063	脠	334	殤	316
瓺	1055	淳	915	溺	878	sǎo		刪	343	觴	353
鎔	1156	縟	1076			嫂	53	笘	367	煬	416
醲	1227	ruán		S		娷	1017	榅	440	賣	500
rǒng		堧	1142	sǎ		埽	1129	邥	522	傷	645
冗	580	ruǎn		靸	219			訍	597	慯	867
氄	804	瓀	926	灑	926	sè		挻	670	shǎng	
搑	1000	蕤	61	sà		瑟	21	衫	670	餉	405
軵	1192	甏	244	擸	148	薔	80	乡	716	賞	498
róu		偄	641	跋	164	歰	128	山	736	shàng	
鞣	218	碝	754	卅	178	穑	375	煽	819	上	2
脜	331	奧	839	櫒	567	嗇	422				
柔	455	娪	1037	馺	780	棟	481				
粗	566										

	qíng	邱	521	祛	661	去	394	雀	281		ráng
檠	471	秋	560	屈	680	麮	424	舃	307	禳	8
姓	544	丘	654	岨	738	覷	689	權	474	瓤	39
黥	824	鰌	952	驅	781	崖	968	青	603	簾	365
情	844	緧	1084	觑	948	闃	975	卻	726	鄭	513
鯖	951		qiú	軀	954	蜡	1104	碻	756	穰	558
勍	1148	球	16	區	1049		quān	磬	756	瀼	929
	qǐng	求	61	曲	1052	悛	849	确	757	嬢	1037
聲	179	艽	77	豊	1052	俊	853	碏	760	鑲	1156
請	179	臼	110	蛐	1096	鐉	1173	誚	842		rǎng
頃	417	述	140	坵	1137		quán	愨	845	攘	328
檾	572	迺	142	驅	1199	荃	73	淮	915	纏	1080
綮	922	尵	205	阹	1205	栓	93	闋	970	壤	1125
	qìng	鼽	274		qú	趡	125	闕	974		ràng
磬	414	脙	329	璩	29	齭	154	榷	1005	讓	201
室	587	肌	333	蘧	38	詮	186	塙	1125	攘	982
磬	757	觓	350	遽	39	夐	259		qūn		ráo
慶	849	鮂	353	趯	121	棬	350	趀	125	蕘	76
濪	924	梂	446	瞿	147	仝	412	逡	140	饒	407
清	939	囚	494	衢	152	權	445	夋	425		rǎo
鑒	1168	賕	500	蹁	159	佺	632	困	493	懮	94
	qiōng	邦	521	翑	277	鬈	719	竣	792	擾	992
营	40	俅	624	膘	301	泉	936		qún		rào
銎	1162	仇	646	鴝	304	拳	981	敫	250	繞	1069
	qióng	裘	671	朐	329	捲	1003	羣	290		rě
瓊	15	毬	674	腝	333	獾	1057	宭	580	惹	872
芎	40	慫	866	簷	360	絟	1088	帬	612		rén
藭	49	汙	911	鄹	520	鏈	1095	R		人	623
赹	122	綵	1070	氍	673	銓	1165		rán	仁	624
闃	215	蝤	1097	駒	804	輇	1192	蘸	60	任	638
睘(睘)	263	虬	1106	濢	885		quǎn	嘫	105	儿	684
梬	437	盚	1115	渠	908	棬	567	肤	337	壬	1216
窮	504	酋	1233	鑺	957	犬	792	頿	716		rěn
邛	517		qiǔ	絇	1083	巜	934	然	807	荏	37
穹	589	糗	566	蠕	1115	綣	1091	燃	1068	葚	42
窶	589		qū	蠅	1121		quàn	蚺	1093	羊	174
惸	866	茞	72	劬	1151	券	346	髯	1120	栞	451
嶈	961	苗	76	蠼	1175	荃	429		rǎn	稔	559
虬	1110	趨	118	蚚	1178	繯	1075	燃	443	忍	871
筇	1187	詘	202	鞠	1188	蒻	1083	僋	641		rèn
	qiū	胠	326		qǔ	勸	1148	冄(冉)	762	牣	95
蕉	46	胆	337	㹀	158		quē	染	926	訒	190
萩	57	亼	394	取	234	缺	414	䔲	944	刃	347
趙	120	祛	473	拘	841	獻	419	姌	1023	飪	403
搗	299	籧	566	娶	1014		què	爍	1027	韌	430
簌	370	佴	640		qù	趙	120	暥	1232	牣	449
楸	439	軀	657	趣	118	殻	240			牣	610

祁	510	昰	105	謙	187	淺	904	骹	321	qīn	
旗	536	趇	125	辛	208	縴	1091	鄡	511	窺	579
斿	537	迟	139	嬽	213	鏨	1202	髝	617	侵	637
齊	547	迄	146	臤	238		qiàn	顈	706	衾	666
蘄	548	器	173	雃	283	茜	50	磽	757	親	691
疧	600	訖	189	牼	289	芡	54	繑	1079	欽	693
耆	672	臍	264	籤	368	椠	472	墩	1125	駸	780
髻	723	啓	266	僉	410	倩	626		qiáo	綅	1080
鬐	732	棄	309	鄥	523	倪	638	苭	44	qín	
騏	774	肎	328	褰	663	傔	649	落	79	芹	38
騎	779	契	348	覾	692	欠	693	翹	277	芹	51
麒	788	蹊	383	欽	695	歉	698	樵	448	茎	53
懠	848	罄	385	顑	711	嵌	742	橋	474	芩	53
淇	881	磬	414	鬜	722	鎌	950	僑	628	靲	223
鮨	956	企	624	騫	782	綪	1074	顦	712	鷩	225
鰭	958	吱	652	悭	860	塹	1134	嶠	742	鈙	252
齏	1025	裋	659	汧	879		qiāng	喬	832	秦	560
綨	1075	眉	675	汗	893	瑲	22	鐈	1157	瘽	592
蚔	1097	屬	676	裕	939	蹌	160		qiǎo	廑	752
齌	1097	頯	711	攓	981	蹡	160	巧	375	鈴	956
蚚	1098	磧	755	掔	994	羌	290	悄	868	聆	979
蚑	1104	砌	760	捲	998	腔	338		qiào	捦	984
畦	1143	契	830	娎	1026	牄	411	誚	202	琴	1047
鈶	1175	愒	855	阡	1206	槍	461	鞘	224	堇	1140
軝	1187	憩	870		qián	栓	472	竅	586	勤	1150
	qǐ	汽	917	赶	127	戕	1044	擎	1004	禽	1210
玘	29	湆	917	赸	127	斨	1178	陗	1198		qǐn
萱	37	泣	927	雃	283		qiáng		qiē	蔓	75
芑	80	揭	994	箝	365	蘠	58	切	341	趣	120
启	106	甇	1030	箝	366	牆	422	竾	1034	赾	123
起	122	甈	1055	虔	388	嶈	741		qiè	梫	436
啓	245		qiā	鄑	509	嬙	1038	藒	42	寑	581
脊	338	掐	1009	黚	822	彊	1058	齲	156	鰐	590
豈	385		qià	黔	823	强	1097	妾	208	蝹	1094
杞	446	賕	269	灊	877		qiǎng	朅	394		qìn
棨	473	韧	347	潜	911	襁	659	竊(窃)	567	敥	56
邠	514	硈	756	拑	984	繈	1066	痰	600	沁	880
啟	527	恰	872	搩	998	勥	1147	狘	797	濥	884
鯞	715	洽	916	嫺	1018		qiàng	愿	845		qīng
屺	738	揭	992	鈐	1163	哝	99	悡	868	青	399
綺	1072		qiān	鉗	1164		qiāo	滏	892	傾	634
綮	1073	芊	84	乾	1212	趬	119	鯫	954	頃	652
鼜	1191	牽	93		qiǎn	趬	120	挈	984	卬	727
	qì	趆	125	掔	94	蹺	160	姎	1036	卿	727
气	31	遷	137	遣	138	嗀	240	医	1050	清	901
艺	42	逇	143	譴	201	敲	251	緁	1081	輕	1183
茸	72	千	177	槏	459	敿	253	鍥	1164	陻	1200

轡	1092	郫	514	piǎn		嬪	1028	膊	333	pù	
配	1228	疲	600	諞	195	pǐn		轉	429	暴	531
pēn		貔	768	piàn		品	169	朴	451	Q	
噴	110	羆	806	片	548	pìn		氆	486	qī	
歕	694	魮	843	piāo		牝	91	霸	541	妻	63
pén		魾	959	犥	92	朰	572	粕	568	僛	158
盆	392	琵	1047	嘌	105	聘	977	酋	569	踦	159
pēng		甁	1055	趮	120	娉	1029	魄	731	諆	199
怦	92	鼙	1106	旚	538	pīng		破	758	鶈	297
抨	1003	蠯	1114	漂	898	俜	148	狛	801	殌	319
péng		蠯	1116	標	991	甹	379	洦	893	觭	350
芃	65	埤	1132	飄	1118	俜	635	酺	1227	榿	447
蓬	81	陴	1205	piáo		艑	727	pōu		桼	490
彭	383	pǐ		瓢	576	píng		剖	342	郪	512
棚	468	噽	382	piǎo		苹	39	婄	1035	郲	519
傰	630	痞	600	瞟	264	荓	48	póu		期	541
騯	778	仳	647	膘	332	蓱	78	掊	356	傲	644
搒	1007	頦	711	飄	689	平	382	髻	720	欺	699
弸	1058	嵒	744	縹	1074	餠	413	掊	987	顛	713
軯	1184	匹	1049	piào		枰	476	捊	989	俶	754
pī		圮	1134	剽	344	邢	521	pǒu		悽	865
丕	2	pì		僄	643	屏	677	音	397	慼	868
劈	343	革	74	驃(骠)	775	馮	780	pū		漆	879
邳	518	譬	181	慓	856	甂	803	支	245	凄	912
旇	538	辟	300	嫖	1034	泙	802	痡	592	霋	945
秠	556	副	342	勡	1150	溯	910	仆	645	娸	1013
伾	630	癖	595	piē		萍	928	撲	1004	妻	1014
頗	716	僻	642	瞥	268	餠	1053	鋪	1173	戚	1046
駓	775	廦	753	撆	999	蚲	1100	pú		綾	1073
魾	951	澼	897	piě		坪	1125	蒲	45	七	1209
鮍	951	潎	926	丿	1040	凭	1177	羑	209	qí	
披	993	闢	971	鐅	1163	絣	1183	僕	209	祺	4
撆	1000	媲	1015	piè		pō		厬	425	祇	5
坯	1136	甓	1055	嫳	1032	頗	711	樸	443	祈	8
鈹	1161	piān		pīn		挀	990	匍	728	璂	20
鈊	1176	翩	278	闖	230	坡	1125	濮	886	其	36
pí		篇	357	姘	1037	鏺	1163	纀	1079	蕲	45
蚍	44	匾	598	pín		pó		樸	1126	蓁	48
芘	61	偏	641	玭	26	鄱	515	醭	1229	芪	58
皮	244	編	1034	蠙	40	皤	619	pǔ		赵	119
脾	324	pián		響	196	嫛	1028	譜	205	跂	167
腅	332	蹁	166	嚬	265	pǒ		樸	454	弅	211
罷	384	骿	321	顰	442	叵	380	圃	493	齊	326
鼙	411	楩	477	貧	500	駊	780	普	533	奇	379
枇	441	便	638	颦	733	pò		溥	893	諅	385
榌	459	骈	779	瀕	933	迫	142	浦	906	基	471
椑	466			顰	933	敀	246			郪	505

腝	334	niǎn		峈	1194	nǔ		偶	648	斜	1181
輗	350	辰	676	陧	1199	弩	1058	歐	696	páng	
郳	520	淰	921	孼	1218	nù		òu		旁	2
倪	639	撚	1006	níng		怒	862	漚	915	膀	325
蚭	654	嬣	1035	薴	47	nuán		P		鄱	512
尼	676	輾	1190	薴	68	奻	1038	pā		篣	559
麑	789	輦	1193	嶷	117	nuǎn		葩	63	龐	747
怩	872	niàn		寧	379	煖	817	吧	620	pāo	
泥	891	廿	178	甯	578	渜	919	pá		胉	324
霓	946	念	845	冰	939	nuàn		杷	464	橐	492
鯢	952	汦	892	鑏	1114	慶	787	琶	1047	泡	886
婗	1015	㶣	1013	nìng		nuó		pà		抛	1009
蜺	1103	niàng		甯	255	挪	515	帊	617	páo	
輗	1192	釀	38	濘	906	儺	628	pāi		咆	114
nǐ		釀	1225	佞	1031	魀	732	拍	987	鞄	217
禰	11	niǎo		niú		婂	753	pái		袍	660
薿	63	蔦	51	牛	90	nuǒ		俳	643	匏	730
闟	230	鳥	293	niǔ		婐	1024	排	983	庖	745
柅	443	褭	670	茁	36	nuò		pài		麃	789
欄	468	嫋	1023	邪	521	諾	179	㭊	572	炮	811
儗	641	嬈	1036	狃	796	觟	353	箄	882	pào	
鬍	720	niào		紐	1078	稬	554	派	906	皰	244
擬	996	尿	680	鈕	1162	懦	856	辰	937	麭	490
旎	1220	niē		朒	1182	搦	999	紙	1070	奅	830
nì		捻	1009	肍	1221	nǚ		pān		pēi	
逆	136	niè		niù		籹	568	㧋	212	肧	323
芾	174	逴	128	訕	404	女	1012	販	261	秠	395
說	196	䵓	156	nóng		nǜ		潘	921	醅	1229
睨	263	躡	161	農	214	衂	395	pán		péi	
膩	335	喦	169	盥	395	朒	541	肇	218	郏	506
曖	532	讘	200	禮	664	恧	870	磐	264	㔻	509
鈮	563	聿	236	濃	793	衄	918	槃	465	裴	665
覷	688	敜	251	濃	916	nüè		幋	610	碩	706
惄	854	镊	366	醲	1227	虐	388	般	682	培	1133
惐	867	臬	471	nòng		瘧	597	鬈	721	陪	1205
伲	912	櫱	476	癑	599	O		蟠	824	pěi	
匿	1049	齟	486	nóu		ōu		擊	995	肶	541
縌	1078	櫱	565	獳	796	謳	188	pàn		pèi	
niān		薛	737	nǒu		毆	240	胖	90	邶	516
拈	986	甈	781	羺	893	驅	301	叛	90	旆	536
nián		牵	835	nòu		歐	1054	盼	261	帔	611
鮎	406	涅	904	槈	463	óu		辮	264	佩	624
秊	507	灄	927	nú		齵	154	判	342	崀	744
季	559	闑	970	笯	364	ǒu		泮	928	怖	863
黏	562	聶	979	笯	754	蕅	56	畔	1143	渒	884
鯰	953	蠥	1111	奴	1018	髃	320	pāng		沛	890
		钀	1189			耦	348	滂	896	湏	890

靡	961	挽	1218	mǐn		旻	234	mù		赧	828
糜	979			miàn		敏	245			暮	85	戁	846
弭	1057			麪	424	敃	246		昧	264	鍪	220	湳	891
渳	1073			宀	581	愍	252		脉	264	牧	253			nàn
	mì			面	714	笢	357		首	287	目	259	難	531
祕	5				miáo		皿	391		殁	316	睦	265			náng
密	56		苗	67	慜	865	嫇	317	木	434	囊	491
幂	58	媌	1022	潣	901	沬	409	榮	473	蠰	1100
謐	187	緢	1068	泯	929	末	450	穆	553		năng
覛	389			miǎo		閔	974	募	544	幕	613	曩	530
監	393	邈	145	閩	1110	糢	567	睎	616		náo
宻	533	眇	269	蠠	1186	瘼	593	忝	717	巎	14
宓	578	翾	297		mǐng		頞	708	慔	853	呶	110
一	602	篎	370	茗	84	磨	758	慕	853	譊	190
幎	612	秒	452	名	102	貘	768	沐	924	夒	426
幦	617	秭	556	瞑	267	貊	769	霂	943	猱	737
密	739	藐	845	鳴	306	驀	779	坶	1124	怓	861
汨	883	淼	931	鄍	509	默	794	墓	1137	撓	991
濔	883			miào		冥	539	沫	877	募	1151	蟯	1095
覭	937	廟	749	朙(明)	542	漠	893		N		鐃	1167
糸	1063		miè		覭	689	溲(没)	912		ná		năo
羃	1114	鱴	227	溟	912	瀎	919	袭	667	凶	652
塓	1139	薎	268	洺	930	嫼	1034	拏	986	獿	794
醚	1228	蔑	287	嫇	1024	繹	1085	拿	1007	嫐	1038
	mián		衊	287	螟	1095	墨	1130		nà		nào
瞒	260	篾	396	銘	1175	鏌	1168	囡	494	閙	231
髩(髳)	273	穦	553		mǐng			móu		貊	769	臑	326
宀	287	櫗	614	酩	1233	牟	93	鮇	948	橈	453
檰	459	覕	692		mìng		謀	182	納	1006	淖	904
宀	576	威	818	命	103	瞴	262	軜	1189	婥	1038
寐	580	懱	857	孟	585	眸	271		năi		nè
髥	719	滅	928		miù		麰	423	乃	378	肭	175
緜	1061	搣	988	謬	198	侔	633		nài		訥	190
蝒	1099	蠛	1111		mó		繆	1089	奈	435	疒	592
蚵	1103		mín		謨	182	螯	1158	褦	529	餧	657
	miăn		珉	26	麼	310		mòu		鼐	550		néi
鞧	222	鶥	298	髍	322	堥	43	耏	762	儽	616
盳	269	旻	525	膜	335		mú		漆	914		něi
冕	603	罠	607	魔	733	模	456		nán		餒	409
偭	639	瞖	737	摩	1000	醟	1232	誦	195		nèi
丏	714	忞	853	摹	1001		mǔ		鵪	297	內(内)	412
悓	853	怋	861	蔴	1036	牡	91	枏	435	錗	1175
沔	879	揝	990		mò		拇	980	南	486		néng
湎	922	民	1040	殁	25	母	1016	枏	985	能	805
魷	954	緡	1086	藦	50	姆	1017	男	1146		ní
緬	1064	錉	1174	嘆	113	晦	1142		năn		齯	155
勉	1148									罞	531	貎	253

錀	1106	侶	649	**mán**		覛	691	楣	458	朦	541
輪	1192	褛	659	趋	124	髦	719	郿	505	盟	543
陯	1206	屢	677	謾	191	鬘	720	縻	562	夢	543
	luō	履	680	鞔	218	螨	1102	鶥	605	冡	603
将	987	僂	914	瞞	260	蟎	1114	徽	823	幪	614
	luó	縷	1080	樠	448	蠠	1116	湄	908	騥	785
蘿	57		**lǜ**	蛮	604	矛	1182	媒	1014	濛	914
逻	146	律	52	鬘	719		**mǎo**	瑂	1135	霿	945
蠃	337	律	150	懑	859	茆	43	鋂	1172	鯍	949
羅	607	孚	314	鰻	951	茆	83		**měi**	氓	1040
覼	688	臂	332	蠻	1110	昴	530	毎	34	甍	1054
贏	785	慮	844		**mǎn**	朤	603	莓	42	蝱	1115
鑼	1158	綠	1074	孌	261	卯	1222	美	290	虻	1144
	luǒ	繂	1092	晚	262		**mào**	浼	918	酕	1225
蓏	35	勵	1147	滿	903	珇	18	媄	1021		**měng**
臝	667	鑢	1165		**màn**	茂	65		**mèi**	猛	797
砢	759		**lüè**	蔓	59	蕵	66	吻	263	蠓	1103
倮	1101	掠	1009	曼	232	芼	67	昧	268	蜢	1112
魺	1179	螺	1103	槾	460	蘇	81	靺	428	黽	1120
	luò	略	1144	幔	612	萺	81	寐	526		**mèng**
落	68	鋝	1166	獌	801	眊	262	寐	591	癦	590
荦	92		**M**	慢	858	眊	263	袂	662	懜	860
骆	217		**má**	嫚	1035	瞀	265	顪	707	孟	1218
略	269	麻	573	縵	1073	楸	436	髦	732		**mí**
雒	280	蟆	1108	鏝	1165	楙	460	妹	1017	迷	140
鵅	298		**mǎ**	轘	1184	椹	482	媚	1021	謎	206
瓅	318	馬	773		**máng**	貿	499		**mén**	篜	357
答	362		**mà**	芒	64	郹	515	璊	21	糜	565
駱	775	禡	10	牻	92	冒	603	虋	36	粆	566
烙	819	鄢	515	唗	111	冒	604	樠	673	饝	567
蠃	842	痲	594	盲	269	袤	660	顖	712	罞	605
洛	880	罵	609	宎	460	耄	671	門	968	覭	690
濼	886	髼	721	邙	508	兒	685	捫	985	彌	761
荦	943		**mái**	厖	752	覺	690		**mèn**	麋	788
鮥	949	薶	76	駹	775	戀	853	滿	863	麇	788
纙	1070	瞋	266	尨	792	媢	1031	悶	864	麋	812
絡	1086	霾	945	泷	893		**méi**		**méng**	瀰	930
鉻	1173		**mǎi**		**mǎng**	禖	9	夢	48	蘼	1085
酪	1233	買	500	蟒	85	珻	25	茵	58		**mǐ**
	lú		**mài**	莽	85	玫	27	萌	62	敉	249
膢	330	邁	133		**māo**	藨	41	蒙	79	眯	268
驢	785	講	197	貓	770	眉	272	曚	269	芈	288
閭	969	麥	423		**máo**	脢	323	普	287	米	564
	lǚ	賣	485	茅	44	脢	326	虋	300	寐	591
梠	459	衇	937	犛	96	梅	435	饛	406	怴	871
旅	539	霢	943	旄	539	某	449	酀	513	瀰	902
吕(呂)	584	勱	1147	毛	672	枚	451	虋	539	洣	924

尥	834	轔	1194	瓴	1054	籠	365			彔(录)	551
料	1180		lǐn	绫	1073	曨	384		lú	稑	552
	liè	菻	57	蠕	1101	巃	460	蘆	39	麗	607
苶	55	亩	421	蛉	1103	欐	479	鑢	301	僇	646
埒	92	繗	709	鈴	1166	隆	487	峖	312	觀	688
迾	142	廥	820	軨	1186	癃	533	臚	323	磟	760
迴	143	濂	939	陵	1196	朧	541	簅	366	鹿	787
受	314		lìn		lǐng	瓏	542	盧	392	潞	881
肟	325	藺	45	領	705	瘳	601	枦	442	漉	921
列	342	吝	112	嶺	742	襱	663	櫨	457	露	945
捋	443	遴	139		lìng	礱	758	鄘	513	嫪	1030
栵	458	躪	167	令	725	瀧	914	鑪	682	戮	1044
梨	558	鄰	280		liú	籠	938	顱	704	杢	1126
儠	628	賃	500	塗	20	龍	959	鸕	421	勠	1148
裂	667	閵	808	珋	28	聾	978	廬	745	錄	1155
鬣	721	屆	1116	闐	230	蟲	1099	驢	821	輅	1185
鴷	781	轔	1144	鵅	297		lǒng	濾	929	陸	1197
獵	798		líng	劉	358	塗	926	攎	1006		luán
烈	807	玲	22	瘤	596		1128	庐	1053	摹	43
鼰	843	靈	28	騮	774	壠	1138	纑	1087	孌	193
洌	900	苓	48	颼	803	隴	1202	壚	1125	欒	212
岁	935	凌	53	瀏	896		lòng	鑪	1160	鸞	294
擸	985	蘦	59	漻	933	弄	211		lǔ	臠	329
甄	1055	齡	158	螂	1107	梇	449	舊	49	樂	445
蛚	1103	翎	279	飂	1118		lōu	魯	273	巒	529
蛶	1104	笭	366	嘹	1142	摟	993	櫓	472	幰	693
颱	1118	棱	395	罾(留)	1144		lóu	虜	545	戀	739
埒	1127	綾	409	鎦	1170	婁	50	虜	745	欒	909
劣	1149	鑝	414	鎦	1174	邊	143	鯥	954	攣	998
	lín	庱	425		liǔ	譓	192	鹵	966	鑾	1171
琳	16	檂	460	柳(栁)	445	髏	320	鐪	1161	觺	1218
膦	261	柃	464	罶	606	樓	459		lù		luǎn
林	481	图	494	綹	1065	僂	646	禄	4	嫡	1023
鄰	503	酃	515		liù	慶	748	璐	16	卵	1122
痳	597	伶	639	褶	8	鷞	950	岺	35		luàn
臨	657	醽	707	翏	278	婁	1036	菉	79	覼	250
嶙	742	廨	789	雡	282	蝼	1099	逯	125	鬩	313
麟	787	冷	882	霤	295		lǒu	逮	140	亂	1212
磨	788	凌	886	餾	403	簍	362	路	167		lún
獜	797	騰	939	廇	745	塿	1136	眜	269	論	182
粦	820	霝	942	溜	883		lòu	鷺	299	侖	410
湴	908	零	943	雷	944	瘻	595	髅	299	棆	437
淋	925	鈴	957	六	1209	漏	928	鮅	349	倫	633
郴	934	籠	960		lóng	扇	944	簏	356	崙	743
霖	944	聆	977	瓏	17	囱	1049	籠	364	惀	850
鷲	948	掕	1003	龍	56	鏤	1155	麓	482	淪	898
鱗	956	霎	1020	嚨	97	陋	1198	賂	497	掄	988

茛	60	纍	1081	梨(梨)	435	牁	92	醴	1226	涼	922
筤	362		lěi	杝	461	唳	116		lián	飈	1117
桹	452	蘲	50	犁	508	趡	126	廉	55	輬	1183
郎	518	讄	204	穄	554	歷	127	蓮	56	醇	1232
㯕	578	誄	204	黎	563	鬲	224	連	140		liǎng
廊	749	鸓	305	權	609	粼	226	醴	156	䐱	333
硠	756	耒	348	儷	639	隸	238	謰	191	从	412
狼	801	藟	439	荖	718	鴻	302	簾	360	网	604
蜋	1100	儽	635	貍	769	利	340	籤	363	兩	604
鋃	1172	嶚	740	驪	774	笠	366	鎌	405	緉	1089
稂	1182	磊	759	愁	862	樧	443	慊	613	蜽	1109
	lǎng	灅	890	慈	867	櫟	446	覝	688		liàng
朗	541	灑	890	鱺	951	櫪	478	鬑	720	諒	179
	làng	壘	1134	荾	1039	酈	523	廉	747	眼	268
浪	879	鐳	1173	縭	1082	曆	535	礛	755	㱮	701
閬	970	陫	1198	縲	1087	栗(栗)	547	爌	814		liǎo
	láo	厽	1207	蠡	1141	秝	562	憐	871	璙	14
牢	93	絫	1207	鑗	1155	糲	564	㥕	871	遼	143
潦	879	垒	1207	醨	1230	粒	565	溓	916	敹	248
勞	1149		lèi		lǐ	癘	596	霊	943	鷯	298
醪	1226	襰	6	禮	3	疠	597	鰱	950	膫	332
	lǎo	茉	70	理	22	詈	608	聯	976	簝	365
藃	73	肋	325	邐	138	例	646	蠊	1106	寮	586
橑	458	邦	515	麗	247	厤	680	鏈	1154	爒	601
老	671	頼	711	炎	256	觀	687	鎌	1164	廖	769
潦	913	頬	712	豊	386	蠦	739		liǎn	獠	799
轑	1187	類	800	李	435	厲	751	薟	53	嫽	808
	lào	纇	1066	檕	474	厤	751	斂	248	憭	851
癆	601	勵	1149	郢	513	礫	755	槏	467	漻	896
嫪	1031	酹	1232	俚	630	磿	756	鄻	508	繆	938
	lè		léng	裏	659	礪	759	撿	982	聊	976
竻	23	棱	476	澧	884	麗	790		liàn	撩	987
仂	178		lěng	鯉	949	戾	798	潄	247	嫽	1020
勒	222	冷	940	鱧	950	立	840	楝	447	嶚	1127
朸	455		lí	軆	951	隸	840	煉	813	鐐	1154
泐	916	䕡	41	蠡	1115	溧	883	凍	927		liǎo
扐	1001	童	43	里	1141	畛	903	變	1030	蓼	38
阞	1196	麗	71	醴	1226	砅	911	練	1072	鄝	522
	léi	黎	81		lì	瀝	921	鍊	1156	僚	627
瓃	20	犁	94	吏	2	溧	941		liáng	燎	814
嬴	290	氂	96	瓅	14	鱳	955	凉	92	尞	827
樏	450	邌	138	瑮(瑮)	32	惌	1060	良	421	憭	847
榴	466	謧	194	櫟	26	繗	1076	椋	438	繚	1069
欙	474	嫠	233	玏	27	蠣	1107	梁	474	了	1219
傫	647	離	282	茢	43	颲	1118	梁	564		liào
壚	834	雛	283	蒚	46	力	1146	糧	566	廖	750
靁	941	勞	343	荔	79	轢	1190	量	656	賨	806

kào		kǒng		夸	829	kuī		鶪	297	藜	96
靠	961	恐	869	kuǎ		茥	46	齈	430	來	422
kē		孔	963	夸	432	藤	81	昆	533	秾	555
珂	29	kòng		kuà		雎	273	暉	612	駼	777
苛	60	控	986	跨	161	刲	344	歔	697	淶	891
苛	67	kōu		跨	165	虧	381	顧	711	lài	
髁	321	摳	981	胯	327	窺	588	髠	722	睞	269
榼	467	彄	1057	kuǎi		覬	689	崑	743	籟	369
柯	473	kǒu		蒯	50	頍	707	焜	816	賚	498
科	560	口	97	kuài		悝	859	蜫	1113	賴	498
窠	586	吥	506	噲	97	闚	973	坤	1124	覼	689
kě		kòu		體	323	kuí		kǔn		瀬	905
敤	252	訽	196	膾	336	葵	37	蹞	116	瀬	941
可	379	寇	250	鄶	517	跬	166	梱	460	鱳	953
濍	697	敂	251	邮	523	夸	211	畾	493	勑	1147
顆	708	瞉	306	儈	537	睽	264	稛	557	lán	
渴	917	瞉	412	檜	557	夔	426	悃	847	藍	40
坷	1135	佝	643	儈	650	楑	437	kùn		蘭	40
軻	1192	溘	891	劊	746	鄈	510	困	494	岚	67
kè		扣	1008	獪	793	僛	639	kuò		藍（蘫）	73
嗑	109	釦	1161	快	845	頯	705	适	136	讕	203
課	186	kū		巜	934	騤	780	銛	157	籃	362
刻	342	哭	118	凷	1126	奎	829	鞹	217	籣	367
克	550	殆	319	kuān		揆	996	栝	471	艦	612
客	582	刳	342	髋	321	戣	1043	頢	708	襤	661
禠	671	鬌	424	寬	581	畫	1097	髻	721	籃	719
磬	757	枯	454	kuǎn		魁	1180	悉	860	嵐	742
愙	851	秿	573	款	694	馗	1210	澚	886	厱	751
溘	931	頯	711	kuāng		kuǐ		霩	945	惏	860
勀	1149	堀	1127	邧	509	赳	125	闊	974	瀾	898
kěn		圣	1132	恇	868	頍	708	括	1000	灡	921
齦	155	骷	1137	洭	882	魁	711	L		闌	972
肎	338	堀	1139	匡	1050	kuì		lā		闟	973
狠	764	陆	1203	kuáng		黂	74	拉	476	婪	1035
懇	872	kǔ		誑	192	喟	102	应	752	lǎn	
墾	1139	苦	44	狂（狅）	800	殨	317	拉	783	覽	688
kēng		kù		軭	1191	髋	321	là		灠	712
牼	95	酷	73	軒	1193	饋	406	瑓	15	攬	985
峏	741	嚳	97	kuàng		槶	441	䣛	156	嬾	1035
硜	756	庫	745	貺	501	鬒	721	臘	330	làn	
挳	1005	焅	818	曠	526	憒	861	楋	443	爤	812
賏	1191	绔	1079	穬	554	潰	903	刺	490	濫	899
聲	1192	酷	1227	壙	849	聵	978	瘌	601	爁	1037
阬	1200	kuā		況	896	瘣	1038	帮	614	醶	1227
kōng		咼	113	纊	1086	kūn		lái		láng	
空	587	誇	196	壙	1134	琨	26	坴	15	琅	27
涳	900	侉	645			薫	59	萊	79	蓈	36

jū—kǎo

腒	333	壘	1188	醵	1229	趲	124	劂	1148	欿	698
椐	441	欅	1193			juān		趆	124	钁	1163	磕	756
耶	506	醮	1232	稍	558	蹶	163	鈌	1174	韛	1182
窶	582		jǔ		涓	894	躣	165	較	1185		kān
疴	595	苴	39	捐	1007	趹	167	鐍	1206	看	267
疽	596	蒟	61	鐫	1098	谷	174	孒	1219	刊	342
俱	633	咀	99	鐫	1162	譎	199		jūn	栞	451
裾	662	踽	160	酯	1226	訣	206	君	103	龕	960
居	675	筥	361		juǎn	觖	229	皸	244	戋	1044
蜛	728	簴	365	臇	335	駃	268	麇	788	戡	1044
蚷	728	枸	443	卷	726	矍	292	焆	1029	堪	1127
屦	749	柜	446	蠲	1115	鵑	295	均	1125	勘	1151
駒	774	秬	489	埍	1137	鳩	296	鈞	1166		kǎn
狙	800	聥	977	隽	1202	鷢	303	軍	1189	凵	117
籧	836	舉	994	鷢		鱖	321		jùn	埳	389
沮	877		jù	謇	203	朒	327	莙	46	竷	425
潴	890	苣	76	莢	211	副	340	菌	60	欸	698
涺	892	岠	127	睊	266	鱖	350	麇	245	歁	698
鞠	989	遽	145	卷	267	臄	353	骏	304	顑	712
挶	992	鉅	155	圈	272	爵	403	箘	355	惂	867
据	992	踞	165	雋	285	桷	458	餕	409	侃	935
捄	1001	距	166	卷	386	檿	469	郡	503	坎	1131
尻	1177	詎	205	棬	469	疾	594	晙	534		kàn
且	1177	具	212	圈	493	瘚	596	俊	625	衎	152
雎	1181	明	271	甽	516	御	644	陖	739	崁	396
	jú	瞿	292	羂	605	覺	691	駿	777	闞	974
菊	39	劇	347	裷	615	崛	739	焌	806		kāng
蘜	54	巨	375	倦	647	厥	751	竣	842	穅	557
鞠	57	虡	388	獧	797	玃	769	浚	920	康	578
局	115	誉	402	狷	802	駃	784	容	938	歉	699
趜	123	柜	568	勌	855	臬	791	攈	997	漮	917
踘	124	妻	582	縛	1072	獲	800	畯	1144		kàng
趜	124	聚	602	絹	1073	憰	859	陵	1198	邟	511
屈	229	倨	629	券	1150	沊	897		K	伉	625
籟	295	聚	655	孌	1181	潏	897		kāi	犺	797
鶪	295	祖	666	衛	1189	決	909	開	971	炕	817
鶪	297	屦	680		juē	抉	991	鐦	1064	忼	846
橘	434	虞	765	屩	681	攫	997		kǎi	閌	975
暴	467	畀	838	撅	1006	掘	1002	愷	385	抗	1005
郹	512	懼	851		jué	崫	1042			845		kāo
驧	783	怚	856	玦	19	亅	1047	慨	847	尻	67
臭	794	據	984	珏	30	乚	1047	闓	971		kǎo
鮈	954	噱	1031	蕨	72	彏	1057	垲	1135	祮	6
擢	984	堅	1133	蕨	78	絕	1066	鍇	1154	攷	251
曝	1069	勮	1149	噱	104	蜛	1101	鎧	1170	丂	379
繫	1092	鋸	1164	趣	119	蚗	1103		kài	栲	440
蛅	1108	鉅	1174	赽	123	蟨	1110	嘅	112	考	672

撟	995	聿	128	誡	184	唫	102	憼	848	虀	430
攪	1000	訐	201	戒	211	噤	102	憬	871	樛	453
撹	1004	詰	202	鵤	305	進	134			杘	453
姣	1022	䀹	260	丰	348	近	142	jìng		勼	729
嬌	1025	羯	289	疥	597	靳	221	徑	147	揫	993
蟜	1097	鶷	296	借	637	摰	289	誩	206	揂	994
勦	1149	鵣	300	价	640	殣	317	競	206	摎	1003
	jiào	劍	346	屆	675	盡	393	竟	207		
嗷	97	節	357	髻	721	賮	497	脛	327		jiǔ
噍	100	桀	432	駉	783	晉	527	靜	400	玖	23
叫	112	桔	441	夼	830	覲	691	痙	599	久	431
徼	147	楷	457	尬	834	妻	813	倞	629	韭	574
呌	173	楬	479	悈	849	寖	889	靚	691	灸	813
警	190	稭	555	旴	1143	撍	990	頸	710	玅	1021
訆	198	傑	625			揟	1009	彰	717	九	1210
教	253	健	634		jīn	縉	1074	敬	731	酒	1225
校	475	祜	668	瑾	24	墐	1128	凈	841		
窌	587	鬚	720	妻	237			靖	841		jiù
窖	587	卩	724	筋	339		jīng	瀞	919	遖	133
敫	697	嶻	737	盡	395	菁	39	婧	1025	舊	157
爝	697	畠	741	今	410	荊	62	妌	1025	殷	241
熦	818	碣	755	巾	610	莖	62	境	1139	救	249
漅	917	奊	831	祽	659	鶄	302	勁	1148	舊	286
斠	1181	竭	841	衿	685	京	419	鏡	1157	鵂	296
孝	1219	潔	931	津（津）	910	椋	462			就	419
醮	1228	拮	1002	衿	1079	旌	536	jiōng		臼	566
酳	1229	捷	1008	坅	1133	晶	540	冂	417	咎	569
		婕	1020	金	1153	秔	554	冏	550	穽	582
	jiē	戳	1044	斤	1178	精	564	駉	778	究	589
萋	59	結	1070	矜	1182	競	685	駉	784	咎	647
喈	114	纈	1071			驚	782	扃	968	俱	647
街	152	絜	1089		jǐn	麠	789	絅	1070	僦	650
譵	190	蛣	1096	瑾	15	涇	878			酋	729
苴	199	蠽	1114	堇	78	坙	935	jiǒng		廄	746
皆	273	劼	1147	謹	183	鱷	956	迥	144	麝	789
痎	328	劫	1150	緊	238	經	1065	囧	543	鯦	957
楷	436	鈷	1172	蓳	386	蜻	1103	窘	588	柩	1051
棲	471	子	1219	謹	408			褧	661	舅	1146
稭	558			錦	619		jǐng	潁	809		
痎	597		jiě	僅	637	璥	14	炯	816		jū
置	608	解	352	廑	749	警	187	炅	817	琚	23
湝	895	姐	1016	죄	1214	宷	315	泂	924	苴	74
接	990			醛	1228	剄	346		jiū	趄	125
階	1204		jiè			井	400	啾	98	跔	166
		价	18		jìn	阱	400	赳	120	拘	176
	jié	藉	71	浸	10	邢	510	丩	176	諊	182
孑	87	芥	77	禁	11	景	528	鄡	176	臼	214
趨	121	介	88	瑾	25	儆	631	糾	176	鞠	219
趌	122	犗	91	盡	42	頸	705	鬮	230	奭	272
				衿	95			鳩	295	鴡	303

蒺	66	訾	952	戛	234	奸	1037	櫼	452	降	1199
嚌	99	技	1001	檟	439	姦	1038	楗	461	醬	1231
唧	113	妓	1029	椵	442	戔	1045	栫	468	jiāo	
迹	132	紀	1066	假	637	縑	1072	檻	478	茭	61
徛	150	繼	1067	斝	1180	緘	1083	賤	500	茭	75
跽	159	繫	1087	甲	1212	艱	1141	健	629	蕉	76
忌	184	績	1087			鐵	1160	僭	641	嘄	104
計	186	繢	1090	jià		开	1176	俴	642	嘐	108
記	188	坬	1132	稼	551			件	649	这	136
誋	196	際	1204	價	616	jiǎn		見	687	鱎	297
劑	343	旣	1214	駕	650	湔	57	薦	787	鮫	302
迦	373	季	1218	嫁	779	寋	121	漸	882	鷦	305
旣	401				1014	蹇	165	灗	902	膠	337
櫅	446	jiā		jiān		瞼	271	澗	908	郊	504
檕	450	珈	29	玪	23	翦	276	間	971	佼	624
槩	467	茄	56	菱	40	剪	340	蟏	1108	醮	714
鄡	504	荚	79	菅	44	簡	358	鋻	1155	縣（县）	715
暨	535	迦	143	蒹	54	柬	472	鑑	1157	驕	777
概	552	嘉	383	薄	82	柬	491	鍵	1159	燋	809
稷	553	枷	465	犍	96	枣	491	鐧	1170	爝	812
穄	553	梜	475	建	144	儉	639	隒	1206	㸚	814
霽	556	家	576	臧	155	襇	660	醬	1232	交	832
宋	579	痂	597	軒	217	鬋	720			憿	860
寄	582	佳	627	鞬	223	薰	823	jiāng		澆	923
癠	591	裌	665	驧	224	筧	865	薑	38	鮫	955
瘠	596	猳	764	堅	238	瀸	920	蔣	60	嬌	1039
闠	606	麚	787	監	266	減	928	韁	93	蛟	1105
偈	642	夾	829	鳽	302	鹼	967	橿	444	鐎	1159
冀	654	浹	931	殲	318	揃	988	僵	645		
臮	655	加	1150	肩	326	戩	1045	江	876	jiǎo	
覬	690			箋	359	繭	1063	漿	922	璬	18
歆	694	jiá		櫼	461	錢	1163	矸	983	敫	248
无	701	荚	64	械	466			姜	1012	脚	327
臮	723	唊	109	兼	562	jiàn		繮	1084	剥	344
苟	730	跲	164	葪	613	荐	43	畺	1145	角	349
魃	732	鞈	219	櫼	614	蕲	70	畕	1145	筊	364
丌	766	鵯	300	監	657	荐	71			籩	393
驥	776	契	347	數	697	趣	126	jiǎng		矯	415
齌	811	郟	512	豜	763	徤	148	講	189	朴	453
悸	860	袷	618	煎	811	建	151	篝	358	疒	593
忌	861	頰	705	䳫	821	衢	152	獎	795	皎	619
惎	870	忦	866	黔	822	踐	162	jiàng		皦	620
濟	892	拤	991	麗	788	諫	185	絳	120	狡	793
灡	900	戛	1043	湔	877	諓	187	將	243	炥	809
洎	919	蛺	1101	瀸	903	笳	339	洚	894	敎	810
霽	945	鋏	1156	霙	943	劒	347	漎	920	絞	833
鰶	951			龗	944	箭	355	匠	1050	湫	918
		jiǎ		籠	960	餞	407	弜	1059	灑	922
		叚	149	椾		楯	442	絳	1074		
		嘏	177								

換	1008	貆	802	慧	847	huò		檵	442	枡	514
轘	1193	灰	810	恚	862	禍	10	机	448	棘	548
	huāng	煇	816	憓	882	矐	36	朹	458	疾	592
荒	67	恢	848	沫	925	賊	263	機	468	疲	600
肓	324	揮	999	濊	929	謋	265	禾	489	伋	625
衁	395	撝	1001	闠	969	奲	286	稽	489	佶	628
巟(㠩)	542	摩	1008	獯	1033	霍	292	齎	497	倢	644
蕻	559	媈	1035	媈	1034	槲	473	積	557	襋	659
怳	611	徽	1082	繪	1037	貨	496	棊	561	覉	691
駺	782	隓	1200	匯	1051	穫	556	櫅	574	岌	742
肓	935	隳	1203	繢	1066	𤕜	701	畢	609	急	855
統	1064		huí	繪	1073	獲	799	僟	631	悈	855
	huáng	回	492	蟪	1111	肏	830	屐	681	湒	913
皇	13	迴	910	鐬	1171	惑	861	磯	760	濈	924
璜	17	蛔	1094		hūn	瀇	896	激	899	汲	925
瑝	22		huǐ	葷	39	濩	913	擊	1005	鮚	957
喤	98	毀	569	殙	315	感	935	姬	1012	抑	988
遑	145	炜	806	昏	529	蠚	938	緝	1087	姞	1012
翌	279	燬	806	惛	861	挄	1001	基	1127	戢	1045
篁	358	悔	863	閽	973	蠖	1098	槷	1129	級	1069
簧	368	揮	1005	婚	1014	鑊	1158	畸	1142	巫	1123
雞	427	嬰	1036		hún			畿	1143	鏶	1160
堭	484	虫	1093	揮	464		J		jí	輯	1184
徨	559	虺	1095	棞	477		jī			聲	1191
艎	683	毀	1135	魂	731	璣	27	蓺	65		jǐ
煌	816		huì	鼲	805	芨	43	嗼	99	邔	521
惶	869	薈	66	渾	900	鞿	46	吉	107	穖	556
湟	879	蕙	67	褌	1126	嘰	100	趌	122	屼	737
潢	907	卉	77	𫐉	1188	吃	108	赽	123	麆	788
蟥	1100	喙	97		hùn	𨁈	124	伋	148	㤸	854
蝗	1102	嘒	105	棞	477	躋	161	踖	160	泲	882
黃	1145	遰	132	圂	494	譏	192	踧	165	濟	889
鍠	1168	誨	181	俒	638	彀	236	喦	172	擠	983
隍	1205	諱	184	顐	706	穀	240	尌	177	掎	999
	huǎng	詯	194	慁	867	卟	254	計	178	脊	1010
詤	199	讀	197	混	894	雞	282	軏	223	改	1020
櫎	467	譓	197	溷	901	幾	311	乩	228	鞼	1043
晄	526	彗	234	掍	1008	肌	323	及	233	給	1071
怳	859	卉	254	縓	1196	臢	323	龑	293	蟣	1096
	huī	翽	278		huó	剞	340	殛	316	几	1177
噂	200	惠	311	活	9	刉	341	膌	329	己	1214
眭	265	會	411	秳	557	筓	359	耤	349		jì
睢	271	穗	442	佸	636	箎	359	籍	358	祭	5
翬	277	檅	479		huǒ	箕	372	即	401	薊	43
暉	528	賄	496	邩	522	丌	373	亽	410	蘮	52
徽	614	晦	529	猓	545	𥁊	396	極	457	芰	53
禕	660	瘣	592	火	806	飢	408	极	473	蔇	62
						飢	409	楫	474		

滈	914	膗	335	虹	1110	颮	1118	縠	828	huān	
灏	923	賀	496			hòng		hú		怘	851	謹	198
鰝	957	何	631	訌	197	瑚	28	户	967	驩	303
皝	1013	褐	669	閧	230	鶘	226	姻	1031	鶾	518
鎬	1158	熇	809	澒	928	鵠	299	妿	1032	歡	694
	hē	赫	828		hóu	胡	331		huā	貛	770
訶	200	垎	1131	喉	97	觳	354	犨	198	驪	777
乤	379		hēi	猴	277	餬	406	琴	488		huán
欱	698	黑	821	餱	404	隺	418	華	488	環	17
抲	1000		hén	俟(侯)	415	黏	562	蘤	841	瓛	18
蚵	1105	報	220	猴	801	狐	801		huá	蔬	46
	hé	痕	599	鯸	957	觚	805	嚄	157	藿	78
荷	56		hěn	鎲	1170	烀	812	劃	343	還	138
迨	135	很	150		hǒu	軤	833	欻	424	萑	286
齕	156	詪	197	吼	723	壺	834	秫	463	桓	461
龢	170		hèn		hòu	湖	907	滑	903	宲	577
詥	186	恨	863	逅	145	搰	1001	姡	1025	寰	584
攽	248		héng	後	149	揊	1002		huà	鬟	723
翮	277	珩	19	帄	420	弧	1057	蘳	63	戉	747
鶷	305	胻	327	厚	420	縠	1072	話	186	貆	764
曷	377	衡	351	鄎	509	斛	1180	畫	197	狟	769
盍	393	橫	475	郈	519	醐	1233	靶	229	驩	773
盇	396	澋	910	候	637		hǔ	畫	237	寬	792
合	410	恆	1123	后	723	琥	17	鮭	352	狠	797
麨	423		hōng		hū	虎	389	稞	557	查	829
柳	456	訇	195	呼	101	廍	522	乇	651	洹	887
郃	506	羄	319	嘑	106	汻	905	化	651	闤	975
郃	522	儚	641	評	189		hù	傀	732	紈	1078
禾	551	烘	811	諱	189	祜	3	峰	737	垸	1130
秴	557	轟	1194	虐	283	苄	53	鱯	951	鍰	1166
覈	609		hóng	膴	333	嚛	101	鯶	952		huǎn
嶉	620	玒	15	習	377	殼	113	魱	958	緩	1092
碻	759	靰	220	乎	380	護	188	觓	1008		huàn
貉	769	粛	280	虍	387	鞲	223	爐	1022	唤	116
駭	784	堆	284	虖	388	雇	283	絓	1064	逭	141
骼	803	鴻	299	榾	453	筀	365	篬	1089	豢	173
河	876	紅	567	吻	526	笏	372	鞋	1146	奐	210
涸	917	宏	577	瘝	591	楛	442		huái	幻	312
闔	970	弘	578	幠	615	枑	473	踝	159	肒	330
紇	1064	仜	629	歔	693	鄠	505	槐	446	宦	580
蝎	1097	洪	894	魖	732	扈	506	褱	662	豢	764
劾	1151	泓	899	曍	766	旿	533	裹	662	焕	819
	hè	浴	938	奉	837	瓠	576	懷	850	患	868
和	104	閎	969	慁	855	詈	608	淮	884	涣	895
嗃	116	弘	1058	忽	858	岵	738	漼	890	瀚	925
鶴	298	紅	1075	溜	905	居	751		huài	鯇	952
叡	314	紘	1077	圂	1051	縠	801	壞	1135	擐	997

涸	901	棺	479	鸄	224	貴	501	頦	713	乾	673
汩	929	冠	602	巂	280	襘	661		hǎi	頷	705
谷	938	倌	640	桂	349	澮	880	海	893	頜	708
鹽	967	觀	688	邦	507	鱖	953	醢	1232	翰	776
縎	1070	鰥	949	鄙	522	匱	1051		hài	骭	782
蠱	1117	關	973	傀	627		gǔn	餀	407	漢	808
穀	1187	綸	1078	蘇	707	‖	32	夆	431	悍	857
	gù	絲	1092	騩	774	稇	491	害	582	漢	878
茴	46	官	1195	麈	789	袞	658	骇	782	洎	915
怙	93		guǎn	規	840	鯀	949	恢	869	汗	927
故	246	鞃	221	閨	969	緄	1077	妎	1030	閈	969
梏	474	筦	359	嫣	1013	輥	1187	亥	1234	撼	999
桔	478	管	369	嬰	1026		gùn		hān	扞	1005
固	494	館	407	蝸	1094	睴	261		hān	蛤	1097
痼	601	韉	1188	龜	1119	睔	261	舺	274	釪	1170
顧	708		guàn	圭	1138		guō	酣	1219		háng
鋼	1156	祼	7		guǐ	聒	225		hán	远	145
	guā	瑾	14	袿	6	墎	418	琀	28	斻	683
苦	52	遺	134	詭	202	郭	520	含	100	航	957
昏	113	瞶	261	匦	351	嶎	738	韓	430		hàng
鴰	302	蘿	286	簋	363	過	885	邯	510	沆	897
骺	321	盥	394	桅	449	活	895	邢	519		hāo
劀	343	罐	415	晷	528	聒	977	函	546	蒿	81
刮（刮）	344	毌	545	宄	583	彉	1059	寒	582	薅	84
瓜	575	貫	545	鬼	731		guó	顧	705	薨	319
騧	775	爟	818	庋	750	虢	390	齡	804		háo
緺	1078	悹	851	厬	751	國	493	涵	915	嗥	114
錁	1173	懽	854	佹	859	幗	617	浛	940	諕	198
	guǎ	灌	882	氿	905	漍	916	鹵	944	号	381
寡	286	涫	920	溪	906	膕	979	涵	1055	號	381
咼	320	摜	991	姽	1024		guǒ		hǎn	譹	438
寡	582		guāng	蛫	1108	果	450	罕（罕）	605	鄠	513
	guà	桄	475	塊	1134	椁	479	厂	750	蠹	766
詿	191	侊	642	鋯	1163	裹	668	嫺	794	劈	1150
註	194	光	817	軌	1190	猓	892		hàn		hǎo
	198	洸	898	癸	1217	蠃	1101	菡	55	郝	506
卦	254		guǎng		guì		guò	藕	78	好	1022
挂	1006	廣	746	襘	9	過	134	譀	196		hào
	guāi	獷	796	跪	159		H	敦	247	璤	24
菲	287	羜	838	贛	218		há	瞵	260	號	387
乖	1010		guàng	創	341	蝦	1108	翰	276	鄗	511
	guài	桎	239	劊	341		hāi	嫺	281	皓	527
夬	232	侳	649	餽	409	咍	116	嗨	305	暞	527
恠	545	悲	859	桂	436		hái	旱	529	耗	554
怪	857		guī	檜	448	咳	99	暵	532	顥	710
	guān	瑰	27	檜	469	趑	122	马	545	昦	838
莞	45	歸	128	鷢	496	骸	322	棟	546	浩	897

復	585	苷	42	gāo		槁	463	韏	212	遘	136
府	595	迀	143	皋	59	槔	473	龔	213	詬	204
覆	610	干	174	羔	288	鄹	514	厷	231	雊	281
傅	633	肝	324	膏	325	䩰	616	攻	251	篝	310
付	635	竿	364	篙	372	佝	636	觵	352	構	456
複	664	甘	376	櫜	384	勾	729	工	375	購	501
髴	721	麿	376	餻	410	雇	945	宫	584	覯	689
復	729	邯	522	高	417	閣	969	躬	584	媾	1017
駙	779	尷	833	槔	480	閤	971	恭	848	姤	1039
蠡	791	忓	854	囊	491	挌	1007	弓	1056	觳	1059
鮒	951	泔	921	皐	838	盍	1106	功	1147	垢	1136
鰒	955	戡	1043	gǎo		隔	1201	gǒng		榖	1218
婦	1015	gǎn		槁	437	gě		珙	30	gū	
縛	1070	敢	314	櫜	454	哿	380	廾	210	苽	60
蝮	1093	秆	558	杲	455	舸	683	鞏	218	菰	83
坿	1132	衦	667	稾	489	駒	781	巩	229	呱	98
鍑	1158	感	866	稾	558	gè		礦	754	鴣	306
輹	1186	贛	1227	夰	838	各	113	碧	755	觚	353
自	1196	gàn		臭	839	箇	364	供	869	箍	370
賦	1203	幹	47	縞	1072	gēn		拱	982	柧	476
餾	1206	旰	244	gào		跟	159	摯	982	罛	606
G		肝	261	告	96	根	450	拲	1007	夃	829
gāi		骭	321	誥	184	gěn		gòng		沽	890
侅	9	幹	456	郜	516	顑	705	贛	49	泒	891
荄	64	肝	528	造	740	gèn		共	212	姑	1016
該	204	軋	535	gē		栭	478	筆	362	嫴	1028
毅	241	戟	535	鴿	295	艮	652	貢	497	蛄	1099
胲	328	榦	828	鴚	299	gēng		贛	498	辜	1215
剴	340	淦	911	胳	326	鶊	226	供	632	孤	1219
核	468	紺	1075	割	343	耕	348	儱	1050	酤	1227
郅	520	gāng		哥	380	搄	997	gōu		gǔ	
晐	533	犅	91	歌	695	緪	1085	句	175	古	176
侅	627	剛	341	菏	887	庚	1215	鉤	176	詁	184
垓	1124	舡	351	滒	923	gěng		刨	340	鼓	251
陔	1204	笐	358	戈	1042	哽	108	篝	362	瞽	270
gǎi		缸	413	gé		骾	322	購	429	羖	289
改	248	杠	462	苔	42	梗	448	溝	907	鶻	295
gài		岡	738	葛	58	郠	517	緱	1082	骨	320
蓋	72	亢	836	諽	203	鯁	956	gǒu		股	327
叡	314	扛	995	革	217	耿	976	珣	24	鼓	383
槩	465	綱	1080	鞈	222	絚	1085	苟	78	盬	392
杚	465	釭	1171	翮	276	埂	1134	笱	176	夃	431
溉	888	gǎng		骼	322	gèng		耇	672	榖	446
槩	1002	釭	837	挌	348	更	248	狗	792	賈	499
囟(勾)	1048	港	930	骼	352	鯁	949	蚼	1110	糓	559
gān		沆	1143	麟	389	gōng		gòu		罟	606
玕	27			格	454	公	89	菇	54	兂	686

梵	482	扉	967	鳶	306	燹	818	fú		涪	876
販	500	妃	1015	饙	403	蠢	1114	福	4	浮	898
飯	753	斐	1036	棼	444	風	1117	祓	8	洑	940
嬎	791	緋	1091	衯	610	封	1130	琲	30	扶	983
犯	797	féi		衯	664	鋒	1169	菔	39	拂	1005
汎	897	腓	327	紛	1084	féng		萺	49	弗	1040
氾	899	肥	338	fén		逢	136	茀	62	丶	1040
泛	911	痱	596	蕡	71	鄽	523	莆	70	緋	1089
釩	936	蜰	1101	粉	289	捀	994	芙	83	蚨	1108
鵫	1015	féi		豷	384	縫	1081	咈	108	蝠	1110
軓	1184	菲	78	幩	616	féng		趡	124	蠢	1115
範	1189	誹	192	豶	764	諷	180	跗	163	輻	1187
畚	1225	翡	276	鼢	803	覂	609	孚	228	fǔ	
fāng		篚	366	汾	880	fèng		昋	233	莆	36
芳	71	棐	404	濆	905	奉	210	鳧	242	黼	225
雊	281	榧	479	鼢	954	鳳	293	孵	279	岐	249
枋	444	斐	718	墳	1138	賵	502	髴	301	甫	255
邡	515	悱	871	鐼	1155	fóu		刜	344	脯	332
方	683	屝	961	韖	1192	紑	1076	符	359	腐	337
匚	1050	匪	1050	fěn		fǒu		簠	367	簠	363
坊	1140	蟲	1117	粉	567	否	113	虙	388	郙	523
鈁	1167	fèi		黺	621		964	富	421	黼	621
fáng		苝	37	扮	995	刬	339	寙	425	俌	634
肪	325	辈	94	fèn		缶	412	扶	453	頫	709
魴	950	吠	114	奮	285	不	964	榑	455	頫	714
房	967	跰	167	糞	309	fū		柎	456	府	744
妨	1031	灊	226	膹	335	荸	48	枎	465	拊	987
防	1200	曹	271	鼢	448	莩	65	柫	472	撫	990
fǎng		肺	324	枌	482	專	243	枹	504	絥	1086
訪	182	艨	353	幩	615	敷	246	鄌	607	斧	1178
魴	296	横	438	僨	645	等	359	罟	607	輔	1194
昉	534	柿	475	忿	862	麩	423	幅	611	fù	
仿	631	費	499	憤	863	柎	472	襆	617	祔	6
舫	682	稵	553	漢	919	酁	507	市	618	蕡	47
瓬	1053	癈	593	坴	1129	郛	519	蔽	621	覆	48
紡	1066	厞	676	坋	1136	稃	557	佛	631	萻	49
fàng		鬓	722	fēng		俘	646	伏	645	赴	118
趽	167	廢	748	葑	52	袱	660	服(𦝺)	682	復	147
放	313	厞	753	徏	148	甫	752	髯	721	趴	160
fēi		沸	906	豐	387	稃	764	匐	728	父	232
靟	260	蜚	1136	豐	424	夫	840	由	733	腹	326
糒	674	圌	1211	夆	431	恱	846	弗	741	榎	468
騛	776	fēn		楓	445	泭	910	羹	808	負	498
騑	779	氛	31	丰	487	魷	958	浮	808	賦	500
霏	946	岎	35	酆	506	紨	1087	烰	808	賻	502
飛	960	分	88	豐	577	鈇	1172	綍	842	馥	563
非	960	翍	230	峯	739			佛	858	富	579

覩	692	竺	1123	惇	846	妸	1033	蜉	1109		fǎ	
dǒu		堵	1127	弴	1056	阿	1197	埑	1128	灋	787	
斗	1180	**dù**		**dùn**		**é**		輄	1188		fà	
dòu		度	235	遁	137	莪	56	陊	1201	髮	719	
逗	139	斁	251	遯	141	吪	112	**ēn**			fān	
鞍	221	殬	318	盾	272	哦	116	袞	811	藩	72	
鬥	229	杜	436	笍	363	誐	187	恩	849	翻	279	
鬪	230	釱	602	頓	709	譌	198	**ēng**		籓	360	
脰	324	渡	910	庉	745	皒	299	鞥	221	旛	539	
豆	385	妒	1030	鈍	1175	囮	494	**ér**		幡	614	
梪	386	蠹	1115	**duō**		俄	644	荋	69	颿	781	
餖	415	**duān**		咄	104	額	704	胹	334	瀿	900	
郖	507	剬	341	多	544	峨	740	栭	458	**fán**		
竇	586	䎷	351	**duó**		碨	757	兒	684	璠	14	
鋀	1159	稌	555	敓	249	洟	876	而	762	蕃	55	
鬭	1181	耑	574	奪	285	娥	1019	洏	919	蘩	81	
dū		褍	663	劙	342	蠡	1113	鮞	948	蕃	82	
督	267	端	841	痩	601	鈋	1174	輀	1194	番	89	
都	503	**duǎn**		釋	662	**ě**		**ěr**		樊	212	
襠	661	短	416	頄	704	厄	725	珥	19	棥	256	
闍	970	**duàn**		掇	997	騀	779	薾	63	嬏	289	
dú		躖	160	鐸	1167	閜	972	尒	88	橎	447	
毒	34	段	241	**duǒ**		**è**		邇	142	礬	507	
薄	41	椴	429	朵	452	啞	104	駬	227	蹯	575	
犢	91	煅	1122	椯	469	瘂	109	爾	256	袢	666	
遺	134	鍛	1156	鐸	836	屹	114	耳	975	觀	690	
讀	180	斷	1179	埵	1128	㫄	117	**èr**		頯	710	
讟	206	**duī**		埵	1133	遏	136	刵	345	煩	712	
犢	223	崔	744	**duò**		餲	142	樲	442	獦	795	
毅	240	鎚	1174	鷄	299	詻	181	貳	498	鬮	803	
殰	315	自	1194	隋	331	軶	222	佴	634	燔	807	
髑	320	**duì**		柮	476	歺	315	毦	673	燔	814	
櫝	463	對	209	疼	601	剭	339	姌	1021	繙	827	
牘	549	役	239	褙	661	餩	408	二	1122	繁	1068	
裻	664	璧	574	隋	739	餓	409	**F**		鯊	1084	
獨	798	僓	649	墮	740	鄂	514	**fā**		蠻	1099	
黷	823	兌(兑)	684	惰	858	瘧	598	發	1059	蟠	1102	
瀆	908	碓	758	鱓	948	頞	704	**fá**		凡	1123	
嬻	1030	埻	840	媠	1021	戶	743	茷	69	**fǎn**		
匵	1051	憞	862	娧	1032	齸	804	乏	131	返	137	
隯	1200	懟	863	鑹	1163	惡	862	廢	273	反	233	
dǔ		㲅	947	陊	1200	阨	968	割	345	軓	1185	
睹	264	錞	1170	**E**		閼	972	橃	474	**fàn**		
管	420	隹	1197	**ē**		搞	985	伐	646	芝	69	
賭	502	**dūn**		痾	592	搤	988	閥	975	范	80	
睹	526	墪	165	娿	1017	姶	1020	妭	1025	范	359	
篤	780	敦	250	妸	1019	蚅	1105			飯	404	

亶	421	憛	858	**dī**		**dì**		驔	776	昳	761
疸	600	惕	859	越	123	帝	2	齂	824	鰈	958
馾	823	瀃	881	鞮	219	禘	7	澱	921	跌	1042
黵	823	澹	894	羝	288	玓	26	電	942	戜	1044
黱	824	嘗	1054	低	650	蒂	64	靛	946	経	1088
抌	1005		**dāo**	祇	661	遞	137	蜓	1095	蜨	1101
紞	1077	刀	339	衼	830	遰	138	坫	1128	墆	1131
	dàn	裯	661	鯷	834	迡	145	墊	1131	埕	1136
襌	11		**dǎo**	滴	909	踶	162	甸	1142		**dīng**
萏	55	檮	8	氐	1064	諦	183		**diāo**	玎	22
啗	100	裯	10	陡	1200	睇	270	琱	21	靪	219
嘾	107	蹈	161		**dí**	弟	430	鵰	266	釘	1156
啖	108	導	243	苖	49	棣	445	雕	282	阝丁	1203
誕	197	倒	650	荻	66	杕	454	鶟	664	丁	1213
鴠	295	曡	736	迪	136	昳	526	裯	670		**dǐng**
膻	328	擣	998	迪	149	懟	849	彫	717	鼎	549
舥	352	壔	1133	跋	159	掃	989	貂	769	頂	704
旦	535		**dào**	靮	224	娣	1017	凋	940	酊	1233
窞	587	到	83	敵	249	締	1070	鯛	958		**dìng**
癉	599	道	144	翟	276	蠕	1111	蛁	1094	訂	182
僤	629	翿	279	鸐	304	地	1124		**diǎo**	定	578
但	646	稻	553	笛	370	欽	1164	扚	555	鋌	1157
憺	854	薞	559	糴	412	軑	1188	扚	1004	錠	1160
憚	869	儔	641	樀	459		**diān**		**diào**		**dōng**
澹	902	盜	701	糴	566	趙	126	蔦	43	苳	80
淡	922	燾	818	扚	633	蹎	164	蓧	74	東	481
撣	985	悼	869	覿	692	槙	452	窵	587	涷	876
彈	1059	到	965	驑	776	瘨	593	弔	648	冬	940
蜑	1111		**dé**	狄	800	顛	704	掉	993		**dǒng**
醰	1227	德	147	煔	815	滇	877	釣	1172	董	52
	dāng	得	150	滌	923	阽	976		**diē**		**dòng**
璫	29	㝵	688	嫡	1027		**diǎn**	跌	165	迵	140
當	1100	悳	845	鏑	1170	董	77		**dié**	峒	262
當	1144		**dēng**		**dǐ**	敟	246	芙	59	筒	369
鐺	1172	噔	25	牴	94	典	373	迭	140	楝	456
	dǎng	登	128	吡	109	站	414	墊	162	駧	782
讜	205	簦	366	诋	140	點	822	訣	196	洞	899
鄴	521	燈	386	詆	203		**diàn**	諜	204	湩	927
黨	823	氈	674	柢	450	唸	111	眣	269	凍	939
攩	990	鐙	1160	邸	504	殿	241	妷	297	桐	990
	dàng		**děng**	底	747	刮	345	昳	534	敵	1023
盪	28	等	358	抵	983	簟	360	疊	540	楝	1111
蕩	356		**dèng**	氐	1042	奠	374	牒	549	動	1149
簜	364	蹬	168	堤	1130	窑	583	帙	575		**dōu**
瀁	394	鄧	512	氐	1192	佃	642	褋	660	呀	109
宕	583	隥	1198	胝	1201	者	672	墊	665	篼	366
碭	754					屟	674	耊	671	兜	686

篅	364	chún		慈	848	澟(溗)	906	倅	649	達	140
櫫	438	雜	284	濨	913	còu		毳	674	靼	218
椽	458	脣	324	瓷	1056	湊	911	顇	712	奎	288
船	681	辜	420	垐	1132	cū		焠	813	笪	368
chuǎn		奄	830	辝	1216	麤	74	慼	852	炟	806
喘	101	滣	905	辭	1216	粗	565	悴	867	靻	821
舛	427	漘(淳)	925	cǐ		麁	790	淬	924	怛	864
chuàn		純	1064	玼	20	cú		璀	1094	妲	1039
歂	253	陙	1206	越	122	徂	134	cūn		dǎ	
貒	298	醇	1226	此	129	殂	316	墫	31	打	1010
釧	1176	chǔn		佌	642	cù		皴	244	dà	
chuāng		胸	338	跐	777	蔟	134	邨	522	眔	264
叴	347	偆	638	泚	896	蹴	161	cún		大	829
窗	586	惷	861	cì		蹙	168	存	1219	亣	839
靚	691	蠢	1116	茦	52	槭	460	cǔn		dài	
囱	826	chuò		莿	52	促	646	刌	341	逮	138
chuáng		啜	99	諫	202	猝	794	忖	872	待	149
橦	462	趂	124	刺	346	敵	1036	cùn		蹛	162
牀	462	辵	132	賜	498	黿	1121	寸	243	戴	213
幢	617	逴	144	束	548	酢	1231	鑹	414	隶	237
chuǎng		踘	336	佽	634	cuán		cuō		隸	238
瓾	1055	歠	700	次	699	欑	470	瑳	20	殆	317
chuàng		龠	790	髮	720	cuàn		蹉	168	貸	497
剙	400	慭	867	廁	746	爨	215	撮	989	帶	611
愴	864	娖	1028	欤	1087	竄	588	cuó		岱	617
chuī		婼	1032	載	1097	篡	734	鹺	154	代	637
吹	102	臺	1092	cōng		cuī		睉	270	襶	736
籥	693	輟	1191	璁	24	榱	458	虘	388	膭	824
龡	170	cī		蔥	77	催	645	夎	423	怠	858
炊	811	趑	120	樅	448	崔	741	郞	516	給	1066
chuí		趀	125	廁	747	摧	983	痤	596	dān	
箠	367	鹺	154	聰	775	縗	1088	嵯	740	單	117
種	413	雌	285	恩	826	cuǐ		齹	966	眈	263
椎	470	毗	290	聰	977	漼	29	瑳	1142	殫	318
巫	488	髭	322	鏓	1075	璀	126	cuǒ		簞	361
顀	705	疵	593	總	1168	漼	902	髿	719	丹	399
鬌	722	覟	689	縱	1169	濢	919	cuò		鄲	510
捶	1005	縒	1068	cóng		cuì		茎	75	儋	632
垂	1138	cí		琮	17	毳	7	造	135	襌	665
錘	1166	祠	7	藂	82	萃	67	剉	344	覘	689
陲	1205	薺	52	叢	209	啐	110	厝	752	耽	976
chūn		薋	66	賨	501	翠	276	挫	983	聃(耼)	976
萅	82	茨	72	从	653	胞	336	措	987	瞻	976
杶	440	鶿	301	從	653	膪	336	銼	1158	媅	1027
椿	440	鷀	303	悰	848	粹	567	錯	1161	匰	1052
剸	1185	瓷	403	淙	852	靫	583			酖	1229
		詞	724	潀	899	窸	589	**D**		dǎn	
								dá			
								荅	36	膽	324

觢	1148	樫	445	癡	602	叱	110	chōu	
	chēn	樘	457	魑	733	遫	123	雔	93
琛	29	稱	560	摛	986	趤	124	䯤	269
讖	200	竀	588	瓻	1056	彳	146	瘳	602
瞋	266	偁	636	絺	1087	敕	248	搊	998
䐜	337	牚	828	蚩	1101	眙	270	犨	1032
棽	482	鎗	1168	螭	1105	翅	276	chóu	
郴	515	chéng		离	1210	袚	276	喐	107
肜	681	呈	106	chí		鴲	307	雠	180
䑿	690	誠	184	茌	58	刺	344	訓	193
綝	1071	丞	210	茬	66	饎	404	彀	240
	chén	胥	329	墀	74	屎	470	歗	252
苨	40	盛	391	趍	123	瘛	601	儔	274
芫	57	椉（乘）	432	踟	125	杘	633	雔	292
諶	183	橙	434	峙	127	魅	731	籌	370
訦	184	棖	469	遲	138	庎	749	椆	437
晨	214	朾	470	鯔	170	熾	817	鄩	514
臣	239	郕	518	謘	181	赤	827	稠	552
陳	248	程	560	匙	652	憏	863	幬	612
鷐	303	宬	578	馳	781	懘	872	篭	852
莀	411	裎	668	治	888	洷	892	忡	852
邖	516	騁	783	泜	889	湁	900	惆	864
農	540	澄	846	漦	895	墋	965	愁	867
宸	577	懲	871	持	983	瘈	993	慅	927
麎	788	净	886	弛	1058	扶	1004	儵	950
鷐	790	澂	901	蚔	1099	飭	1150	紬	1072
煁	810	承	989	墀	1128	chōng		綢	1089
忱	850	塍	1126	坻	1131	衝	152	疇	1142
湛	912	城	1131	chǐ		蟲	393	酬	1228
沈	914	乘	1189	哆	98	舂	569	chǒu	
霃	943	成	1214	齒	153	罿	607	杽	478
鈂	1162	酲	1230	誃	193	傭	631	醜	733
陳	1203	chěng		攱	573	充	684	丑	1221
辰	1222	逞	143	侈	642	憃	857	chòu	
	chěn	程	147	袳	664	憧	859	蒫	65
踸	168	鞓	221	褫	667	仲	868	殠	317
	chèn	庼	750	尺	679	沖	896	chū	
趁	119	騁	781	卶	725	轇	1184	初	340
齔	153	chī		庢	747	chóng		樗	439
讖	180	喫	116	豖	767	種	552	樗	444
櫬	479	鴟	156	炵	815	崇	741	出	485
疢	599	眵	268	恥	870	爞	819	貙	768
闖	974	崺	278	誃	1018	緟	1080	摴	1010
	chēng	雎	282	袳	1134	蟲	1116	chú	
琤	22	胵	332	鉹	1157	chǒng		蒢	45
敞	127	笞	368	chì		寵	580	薴	58
再	310	郗	508	啻	107			芻	75
犓	94								
躇	163								
雛	282								
耡	349								
鉏	360								
廚	745								
狙	764								
滁	930								
媰	1015								
鉏	1163								
除	1204								
chǔ									
䩥	157								
楮	446								
杵	465								
楚	482								
齼	621								
儲	632								
褚	669								
礎	760								
处	1177								
chù									
俶	30								
俶	128								
亍	150								
觸	351								
都	509								
俶	631								
歜	697								
歜	699								
豖	765								
黜	823								
怵	869								
絀	1074								
俶	1132								
畜	1144								
閦	1211								
chuā									
欻	822								
chuǎi									
揣	990								
歂	695								
chuān									
川	934								
穿	586								
chuán									
遄	135								

郭	520	布	616	燦	819	céng		chán	
礴	563	怖	869	皵	1029	鄫	519	嚵	100
庯	575	拊	985	cāng		層	677	躔	162
帛	619	瓿	1055	蒼	67	增	842	讒	201
伯	625	附	1201	鶬	302	cèng		劖	344
柏	648		C	倉	411	蹭	168	鄽	516
襮	659	cāi		滄	924	chā		儃	635
舶	727	赵	122	凔	940	叉	231	僝	643
毂	763	偲	630	匚	1051	差	374	廛	746
駁	776	猜	797	cáng		杈	451	磛	756
驳	784			藏	84	臿	569	毚	790
狛	797	cái		cāo		插	987	夭	809
怕	854	尃	424	操	984	婐	1035	澶	887
搏	984	材	455			艖	1052	潺	930
暴	1078	才	483	cáo		鍤	1161	嬋	1039
勃	1150	财	496	曹	79	chá		纏	1069
鎛	1167	裁	658	曹	378	詧	183	蟬	1103
鑮	1168			槽	471	秅	561	鑱	1165
bǒ		cǎi		棘	481	察	579	鋋	1169
跛	165	采	475	褿	668	庴	747	屛	1220
簸	373	彩	718	漕	928	chǎ		chǎn	
尣	833	倸	857	蠹	1114	chà		兯	32
bò		cài		cǎo		刹	347	蕆	84
檗	188	蔡	69	艸	35	妊	1013	犆	93
簸	373	菜	69	懆	864	chāi		調	191
檗	444	寀	584	cè		釵	1176	產	487
孹	565	cān		荝	50	chái		幝	614
擘	1000	餐	405	蔌	52	茈	5	獖	795
bū		傪	629	萩	75	虮	153	燀	810
逋	141	驂	779	册	170	柴	455	滻	879
晡	188	cán		敇	253	儕	633	闡	971
餔	405	奴	314	策	367	豺	768	繟	1067
bú		殘	318	筴	377	觱	1193	縿	1077
轐	1186	夘	318	畟	426	chǎi		繟	1077
bǔ		憝	870	側	634	茝	41	蚕	1104
哺	100	摲	992	惻	865	chài		鏟	1160
卜	254	戔	1045	測	899	瘥	601	醼	1231
镤	298	蠶	1113	箐	1006	蠆	1097	chàn	
補	667	cǎn		畟	1133	chān		羼	291
探	1004	嚃	112	cēn		延	151	顫	712
捕	1006	晵	378	篸	357	梴	454	磢	758
bù		驂	822	cén		痁	599	chāng	
莎	75	憯	864	岑	412	襜	662	昌	530
步	129	慘	864	梣	438	覘	689	倀	641
胎	334	嵾	1035	岑	412	攙	1009	倡	643
節	358	càn		涔	915	妊	1024	閶	968
錇	413	璨	30	鱻	953	婇	1025	cháng	
部	507	諺	192			鉆	1164	萇	42
		粲	564						

腸	325				
嘗	382				
常	612				
償	637				
長	760				
鱨	952				
場	1138				
chǎng					
敞	247				
昶	534				
氅	674				
chàng					
瑒	18				
蒚	65				
唱	104				
鬯	401				
韔	429				
悵	864				
暢	1145				
chāo					
嘮	110				
超	119				
訬	199				
怊	872				
弨	1057				
鈔	1173				
cháo					
嘲	116				
樔	475				
巢	490				
鄛	513				
漅	894				
鼂	1122				
轈	1184				
chǎo					
齺	227				
chē					
車	1183				
chě					
赿	126				
chè					
屮	34				
徹	245				
偖	632				
硩	758				
軼	978				
墌	1135				

字	页	字	页	字	页	字	页	字	页	字	页
萆	44	蠬	1098	鞞	428	坒	1129	穮	556	餅	403
牬	91		bí	榉	443	陛	1204	標	614	稟	421
犕	94	鼻	274	柲	470	韠	1232	儦	628	柄	470
跉	164	鶊	301	椑	473		biān	髟	719	邴	516
誖	193		bǐ	貟	496	萹	41	鱻	785	炳	815
鞁	221	妣	6	賁	497	邊	121	焱	802	怲	866
蔔	255	彼	147	邲	509	邊	145	爊	809	魳	957
背	325	筆	237	鷩	515	鞭	223	奧	814	丙	1213
孛	486	戟	253	幅	548	邊	363	滮	896		bìng
貝	495	髀	321	柴	565	箯	364	瀌	916	病	591
邶	508	箄	362	痺	598	牑	549	飆	1118	病	592
糒	566	啚	422	痹	598	砭	759	鏢	1169	倂	633
備	632	柀	440	痺	611	猵	801	鑣	1172	偋	640
倍	641	鄙	503	屩	620	鯿	950		biǎo	并	653
北	653	秕	558	敝	620	甂	1055	表	658	屛	746
被	665	夽	562	必	627	編	1083	biào	竝（並）	842
憊	870	疕	594	怭	653	蝙	1110	受	313		bō
鲄	954	吡	613	袚	666		biǎn		biē	癶	128
狙	1083	俾	639	襞	667	扁	170	鷩	304	剝	343
輩	1190	匕	651	髲	720	矈	259	虌	1082	盋	394
	bēn	比	653	即	725	萹	490	鼈	1120	帗	610
奔	832	妣	1016	邲	725	貶	500		bié	袯	669
	běn	紕	1090	辟	727	窆	590	苾	88	磻	759
本	450		bì	犏	728	糄	665	蟞	162	波	898
畚	1053	壁	17	擗	746	辮	855	刖	320	鲅	958
	bèn	珌	19	庳	748	并	1216	胉	331	撥	996
笨	357	碧	26	庇	748		biàn		bīn	播	1002
	bēng	薜	51	駜	778	釆	89	彬	388	皺	1079
繃	6	蔽	68	獒	799	徧	149	賓	499		bó
嗙	109	芯	70	焷	808	變	248	邠	505	薄	69
榜	470	必	89	煏	811	辦	342	份	627	餺	100
㞷	741	趩	126	奔	830	昪	530	豩	765	趠	125
繃	1070	壁	128	變	839	覍	686	汃	875	迫	133
絣	1090	避	139	幅	847	汳	885		bìn		143
	běng	詖	181	泌	895	開	970	殯	317	驋	157
琫	19	靴	220	潷	940	拚	996	髕	321	跋	161
菶	63	敷	251	魮	957	牑	1006	儐	632	踣	165
唪	105	毖	262	閟	971	辮	1069	覲	690	博	177
紺	1089	菲	275	閉	972	緶	1089	鬢	719	暑	199
	bèng	畢	309	婢	1018	辯	1216		bīng	轉	222
迸	146	臂	326	嬖	1030		biāo	兵	211	駮	227
琤	1137	鷩	354	彈	1059	藨	53	栟	439	駁	301
	bī	筭	361	弼	1060	葽	63	仌	939	髆	320
逼	145	筆	371	繹	1071	彪	389	掤	1007	簙	339
邑	401	籦	372	繁	1086	標	452		bǐng	簙	370
福	477	畀	374	坒	1126	杓	466	鞞	220	亳	417
陛	961	饆	406	壁	1127	旚	538	秉	233	檗	457

音序檢字表

愚若　編

A		錐	284	警	191	bá		粪	210	包	730
	āi	盦	393	翱	278			攽	247	胞	730
唉	105	安	578	敖	313	茇	64	芈	309		báo
哀	113	侒	635		485	炦	129	瘢	599	雹	942
挨	1004		ǎn	熬	738	跋	164	頒	706		bǎo
埃	1136	晻	608	敖	796	魃	731	辦	718	葆	81
	ái	領	709	熬	811	废	747	蟹	1102	鴇	301
齷	156	灛	894	激	884	友	798		bǎn	飽	407
敱	247	婚	1033	聱	980	炦	810	販	531	宗	579
殪	318		àn	鼇	1122	拔	998	版	548	寶	580
皚	620	荌	48		ǎo	妭	1018	瓯	1056	保(保)	623
	ǎi	案	466	芺	47	垎	1126	阪	1197	早	652
藹	185	晻	529	鴀	297	載	1189		bàn	褓	1079
矮	417	暗	529	袄	671		bǎ	半	90		bào
怡	643	案	556	抝	1009	把	985	瓣	575	獻	390
靄	947	岸	743	媪	1016	鈀	1215	伴	630	襃	662
毒	1039	犴	769		ào		bà	扶	840	勹	729
緆	1085	騲	775	弇	577	靶	221	妌	1037	豹	768
	ài	黯	821	傲	629	罷	608	絆	1084	爆	812
艾	51	洝	920	鏊	707	埤	842	辦	1151	報	836
藹	72	闇	973	驁	776	鮊	955	料	1181	暴	837
謥	192	按	986	燠	817		bái		bāng	瀑	913
僾	371		áng	昪	838	白	619	邦	503	鮑	956
愛	425	茚	55	嫯	1037		bǎi		bàng		bēi
癌	600	鉚	219	墺	1124	百	274	埲	23	龍	60
優	631	昂	535	嶴	1201	柏	448	磅	148	卑	235
礙	757		àng	**B**		佰	636	謗	193	牌	320
悉	852	盎	392		bā	掉	1004	棓	469	桮	465
慊	857	柳	473	八	88		bài	傍	638	頮	716
閡	973	駉	778	枚	469	退	141	髼	722	碑	755
壒	1140	醃	1227	豝	763	敗	250	蚌	1107	悲	865
黮	1207		āo	馴	774	粺	554		bāo	錍	1162
	ān	坳	1140	捌	1009	粺	564	苞	51	鑼	1163
諳	204	鏖	1159	鈀	1166	狽	793	郶	515	陂	1197
韽	207		áo	巴	1214	捧	982	襃	663		bèi
峖	222	嗷	111				bān	勹	728	琲	29

易	770	昇	213	桀	432	蚰	1113	十五畫	
朩	933	泉	936	畐	421	晿	172	犛	96
佳	280	鬼	731	高	417	嵬	734	齒	153
帛	619	盾	272	冥	539	黑	821	朁	1211
臼	1196	食	402	能	805	毳	674	稽	489
金	1153	皀	790	十一畫		黍	562	歠	700
夊	256	風	1117	堇	1140	筋	339	履	680
兔	791	亯	419	黃	1145	須	716	十六畫	
炙	827	音	207	崔	286	舜	427	燕	959
京	419	酉	1233	麥	490	象	771	虤	391
亯	421	首	715	麥	423	焱	826	毅	569
庚	1215	宮	584	瓠	576	惢	873	龤	1206
放	313	韋	428	奢	836	畫	237	雔	292
並	842	眉	272	雀	285	舛	85	章	418
炎	819	孨	1220	鹵	966	絲	1092	龍	959
彔	551	飛	96	異	213	十三畫		弜	226
隶	237	癸	1217	咼	770	鼓	383	十七畫	
弦	1060	十畫		巫	1010	蓐	84	龜	1119
叕	1208	素	1092	鳥	293	嗇	422	龠	169
希	765	冓	310	教	253	裘	671	十八畫	
甾	1052	華	488	魚	947	甃	244	豐	387
九畫		彡	719	麻	573	虚	387	棗	491
垚	1140	馬	773	鹿	787	豊	386	瞿	292
壴	383	馭	535	率	1093	黽	1120	蟲	1116
首	287	禹	224	寅	1221	晨	214	犇	291
革	217	棘	546	習	275	鼠	803	十九畫	
苟	730	鬥	229	巢	490	琴	488	瀨	933
頁	703	舁	208	十二畫		會	411	二十畫	
面	714	甝	271	琴	1047	厥	767	癵	590
韭	574	皋	420	琵	375	廌	786	二十二画	
鹵	547	畕	1145	喜	382	辟	727	鱻	959
昰	131	員	495	莧	792	十四畫		二十四畫	
旻	258	哭	118	壹	835	覞	692	鹽	966
冕	715	豈	385	壺	834	骍	523	韊	292
思	843	秝	562	臸	275	箕	372	二十七畫	
品	169	巫	488	雲	947	鼻	274	蠡	936
峕	574	烏	307	羑	209	誩	206	三十畫	
骨	320	殺	242	米	621	辡	1216	爨	215
香	563	冘	401	鼎	549	齊	547	三十三畫	
重	656	倉	411	晶	540	熊	805	麤	790

予	312	禾	489	戍	1234	辛	208	禿	687
刅	212	丘	654	有	542	亥	1234	臼	214
冊	545	白	619	而	762	肌	536	身	657
毋	1039	白	273	死	319	羊	288	皁	401
五畫		瓜	575	至	965	米	564	兒	685
玉	13	用	255	耒	573	聿	236	囪	826
未	1223	印	726	此	129	弜	1059	卮	724
示	3	氐	1042	虍	387	艸	35	辵	132
正	131	句	175	虫	1093	劦	1151	釆	89
去	394	冊	170	曲	1052	叒	484	合	174
甘	375	卯	1222	吅	117	羽	275	谷	938
艹	286	包	730	吕	584	凸	1207	豕	767
古	176	广	592	屾	743	糸	1063	角	349
可	379	立	840	网	605	丝	311	卵	1122
丙	1213	玄	312	肉	323	**七畫**		系	1061
左	374	半	90	缶	412	走	118	言	178
石	754	宁	1208	先	686	赤	827	辺	718
本	837	穴	585	舌	173	芈	309	辛	1215
齐	838	它	1119	竹	355	臣	980	尚	620
戉	1213	永	937	仏	655	克	550	弟	430
戊	1045	聿	236	自	273	巫	376	次	700
北	653	司	724	白	569	車	1183	尾	679
夂	315	民	1040	由	733	束	491	**八畫**	
延	151	疋	168	自	1194	豆	385	珏	30
旦	535	米	486	血	395	酉	1224	青	399
目	259	出	485	囟	843	辰	1222	長	760
且	1177	皮	244	后	723	百	713	亞	1208
甲	1212	癶	128	行	151	豸	762	林	572
申	1224	矛	1182	辰	937	步	129	林	481
号	381	**六畫**		肙	657	奴	314	來	422
田	1141	耒	348	舟	681	貝	495	東	481
只	175	韧	347	受	313	見	687	更	311
史	235	开	1176	危	754	里	1141	卧	656
兄	685	冊	178	兆	686	足	158	臥	238
户	743	老	671	旨	382	男	1146	雨	941
皿	391	耳	975	舛	427	邑	502	狀	802
四	1207	共	212	多	544	网	604	夌	835
凸	320	臣	239	色	727	囚	543	非	960
生	487	而	609	亦	831	冏	175	虎	389
矢	415	束	548	交	832	告	96	門	968
禾	551	西	965	衣	658	我	1046	明	542

部首檢字表

一畫		几	1177	口	97	四畫		壬	655
一	1	凡	242	口	492	王	12	壬	1216
丨	32	冖	602	日	603	井	400	夭	832
丿	1047	了	1219	山	736	夫	840	片	548
丿	1040	凵	117	巾	610	木	434	斤	1178
丶	397	丩	176	毛	487	朮	572	爪	228
乙	1212	刀	339	川	934	五	1209	爿	348
乚	1048	力	1146	彳	146	市	485	兮	380
〈	934	九	1210	彡	716	市	618	从	653
乁	1041	乃	378	人	410	支	236	夂	939
乙	963	又	231	夕	543	丏	714	爻	256
二畫		厶	734	夂	431	不	964	凶	570
二	1122	厸	394	夊	424	犬	792	月	540
十	177	乞	151	久	431	牙	158	勿	761
丁	1213	巛	934	勹	1176	戈	1042	欠	693
厂	750	马	545	丸	753	无	701	丹	399
廾	235	三畫		广	744	先	685	殳	239
匚	1050	三	12	亡	1048	比	653	氏	1041
匸	1049	干	174	宀	576	瓦	1053	亓	839
七	1209	亐	381	之	484	止	127	六	1209
丆	379	工	375	孔	961	支	245	文	718
上	2	土	1123	尸	674	日	525	亢	836
卜	254	士	31	己	1214	曰	377	方	683
卩	417	才	483	巳	1223	月	603	火	806
厂	1041	寸	243	弓	1056	冄	762	斗	1180
八	88	开	373	子	1217	水	875	戶	967
人	623	井	210	屮	34	內	1210	心	844
入	411	大	829	冂	724	牛	90	尺	679
勹	728	兀	833	女	1012	午	1223	丑	1221
儿	684	尢	1220	刃	347	手	980	毌	228
匕	651	矢	831	亐	766	气	31	巴	1214
七	651	小	87	幺	310	毛	672	卯	727